Florian Huber
Hinter den Türen warten die Gespenster

PIPER

Zu diesem Buch

Nach Jahren der Zerrissenheit träumten die meisten Deutschen 1945 davon, ein normales Leben in der wiedervereinten Familie zu führen. Aber die private Welt hinter den Haustüren war nicht jener Ruhepol, den sich alle ersehnten. Was geschehen war, hinterließ tiefe Spuren im Alltag der Familien. Die Väter und Ehemänner waren nach Krieg und Gefangenschaft nicht mehr dieselben. Als Fremde kehrten sie heim zu Frauen, die zuvor jahrelang auf sich allein gestellt waren. Ihre Kinder wuchsen in einem Klima aus Schweigen, Andeutungen und Strenge auf. Am Ende entlud sich der Konflikt der Generationen in offenen Straßenkrawallen.
Wie in einem Roman entwickelt Florian Huber das Familiendrama der Nachkriegszeit aus dem Blickwinkel dieser Menschen. Unter ihnen sind ein Kriegsheimkehrer mit einem Doppelleben, eine junge Mutter, die sich in ihren Geheimnissen verstrickt, ein Schuljunge, der die Lügen der Erwachsenen entlarvt, und ein Mädchen, das den Aufstand gegen seinen Soldatenvater wagt. In diesen Schicksalen, die von der Gegenwelt zur biederen Aufbaugesellschaft erzählen, werden Tiefe und Abgrund der Epoche spürbar. Es sind bewegende Geschichten, wie sie sich in Deutschland millionenfach zugetragen haben.

Florian Huber, geboren 1967, promovierte zur Besatzungspolitik der Briten in Deutschland. Er ist der Autor von historischen Büchern wie Meine DDR. Leben im anderen Deutschland und Schabowskis Irrtum. Das Drama des 9. November. Als Filmemacher hat Florian Huber preisgekrönte Dokumentarfilme zu zeitgeschichtlichen Stoffen produziert, darunter der Mauerfall, das mysteriöse Ende des Dichters Antoine de Saint-Exupéry sowie die Olympischen Spiele von 1936.
www.florian-huber.com

Florian Huber

Hinter den Türen warten die Gespenster

Das deutsche Familiendrama
der Nachkriegszeit

PIPER

Mehr über unsere Autoren und Bücher:
www.piper.de

Von Florian Huber liegen im Piper Verlag vor:
Kind, versprich mir, dass du dich erschießt

MIX
Papier aus verantwortungsvollen Quellen
FSC® C083411
FSC
www.fsc.org

Ungekürzte Taschenbuchausgabe
ISBN 978-3-492-31300-1
August 2018

Umschlaggestaltung: zero-media.net, München
Umschlagabbildung: bpk/Will McBride
Satz: Büro Sieveking GmbH, München
Gesetzt aus der Garamond
Druck und Bindung: CPI books GmbH, Leck
Printed in the EU

Inhalt

Editorische Notiz

Dieses Buch beruht einesteils auf Tagebüchern, Briefen, Erinnerungen und mündlichen Berichten aus anderthalb Jahrzehnten nach dem Zweiten Weltkrieg. Die Verfasser schildern darin ihren Weg durch die Nachkriegszeit im Zusammenleben mit ihren Männern und Frauen, Vätern, Müttern und Kindern. Solche Texte sind im Quellen- und Literaturverzeichnis unter »Zeitgenössische Berichte und Tagebücher« versammelt. Darüber hinaus kommen auch die sogenannten Kriegskinder sowie die Enkelgeneration in Erinnerungen und eigenen Reflexionen zu Wort, vergleiche den zweiten Abschnitt »Nachträgliche Erinnerungen und Familiengeschichten«. Die Ausführung des Hintergrundgeschehens stützt sich auf zahlreiche historische Darstellungen, wie im dritten Teil unter »Weiterführende Literatur« verzeichnet. Wörtliche Zitate sind entweder kursiv gesetzt oder eingerückt und in Originalschreibweise belassen. Die Quellenbelege finden sich unter »Zitatnachweise« im Anhang. Aus persönlichkeitsrechtlichen Gründen sind einzelne Namen geändert.

Vorwort

Es gibt viele Gründe, die Fünfzigerjahre zu hassen.

Das beginnt mit dem Blick auf den Täterfilz, der in das Geflecht des Aufbaustaates hineinwucherte. Bis in höchste Positionen saßen die alten Kameraden und knüpften an neuen Netzen. Ihnen zur Seite standen Juristen und Bürokraten aus derselben Kloake, die ihresgleichen nicht ans Messer liefern wollten und stattdessen alles taten, um den Blick auf die Verbrechen, die auch die ihren waren, zu verschleiern. Sie stapelten die Akten des Völkermords in die Winkel ihrer Ordnerschränke und überließen sie dem Papierfraß.

So kam es, dass diejenigen, denen man den Besitz gestohlen und die Verwandten ermordet hatte und die sich mit letzter Kraft in die Befreiung geschleppt hatten, sich verhöhnen lassen mussten: keine Zuständigkeit, keine Handhabe, kein Interesse. Schon gar kein Mitgefühl. Ihre Hoffnung auf Gerechtigkeit zerging an dieser Kaltschnäuzigkeit. Dafür spielten sich andere in den Rang der letzten Opfer des Diktators: die Millionen Deutschen, die von nichts gewusst und am Ende alles erlitten haben wollten. Veteranen von allen Fronten strickten an der Legende vom Wehrmachtssoldaten von der ritterlichen Gestalt. Sie vergossen öffentlich Tränen im Kameradengedenken an Stalingrad, ohne auch nur im Stillen zu fragen nach ihrem eigenen Anteil am deutschen Jahrtausenddesaster.

Man kann den ganzen Geist dieser Aufbaugesellschaft hassen. Die Beflissenheit, mit der sich die Männer ins Hamsterrad der Karriere begaben, um darin Stufe für Stufe die Leiter höher zu klettern, während die Frauen nicht weniger beflissen zurück in die Küche und das Kinderzimmer huschten. Jeder spielte seine Rolle auf dem Weg zur Privatfestung Eigenheim und zum Kraftwagen als Blickfänger für die Nachbarn. Sie waren so in ihrem Eifer verfangen, dass sie keine Gelegenheit fanden, sich mit Vergangenheit oder Verantwortung aufzuhalten. Derart rechtwinklig war dieser Rahmen, dass bald alles in musterhafter Norm daherkam. Der Andersartige, krumm Gewachsene sollte sich daran den Kopf einrennen, wenn er ihn nicht einziehen wollte. Das verkündeten auch die Produkte der Unterhaltungsindustrie, die das Leben in simplen Farben ausmalten. Als Leitfiguren des Bewährten standen an der Spitze dieser Gesellschaft Männer, die mit der Autorität des alten Schlages ausgestattet waren. In ihrer Sprache klang der Befehlston der Kasernen nach, wenn sie ihre Automobilunternehmen, Versandhäuser oder den Staat dirigierten, im Bewusstsein ihrer Macht, harthörig auf dem Ohr des Widerspruchs.

So kann man diese Jahre sehen, und man kann sie für all das verabscheuen.

Es gibt aber auch viele Gründe, die Fünfzigerjahre zu lieben.

Es sind sogar verblüffenderweise die gleichen, man muss nur einen anderen Standpunkt zu ihnen einnehmen. In diesem Licht betrachtet erscheinen dieselben hartleibigen Männer als Staats- und Firmenlenker, die nach der Niederlage Selbstvertrauen verströmten. Nichts brauchte das jeder Orientierung beraubte Volk nötiger. Figuren ohne Wenn und Aber waren es, die vorangingen und der Ratlosigkeit ihre Zuversicht entgegenstellten.

Sie verkörperten einen Stolz, den bald eine ganze Generation für sich in Anspruch nehmen konnte. Anders als der Reichsstolz von gestern speiste sich dieser aus eigenhändiger Leistung. Mit dem Bungalow in der neu erschlossenen Wohnstraße erkämpfte man sich das Glück eines privaten Lebens zurück, das man, ausgebombt, vertrieben oder auseinandergerissen, verloren hatte. So gesehen war der Arbeitseifer jener Jahre nicht bloße Beschäftigungswut, sondern hatte ein Motiv. Mehr noch als wieder wer zu sein, ging es darum, endlich wieder etwas zu haben. In einem Gefühl fröhlicher Unschuld konnte man zusammen feiern. Die deutsche »Party« war eine Erfindung dieser Zeit. Es war die Entdeckung der Lebensfreude der kleinen Dinge.

Der Geist der Aufbaugesellschaft atmete Optimismus, so erlebten es viele, die dabei waren. Die Rollen vom rackernden Büromann, der nimmermüden Hausfrau und den gehorsamen Kindern folgten Mustern von gestern, doch sie boten Sicherheit. Zur Ära der Wunder ist die Nachkriegszeit erst im Nachhinein stilisiert worden, denn die Zeitgenossen selbst waren vom Wunderglauben geheilt. Viel wichtiger als Wunder waren ihnen Ruhe und Normalität. Ein normales Leben zu führen in der wieder vereinten Familie, das war nach den Jahren der Zerrissenheit die deutsche Idee vom Paradies auf Erden. Endlich kam das Land zu einer inneren Atempause. Diese Ruhe schaffte Abstand zum Grauen von gestern.

Für die einen war es also die Rettung aus dem Mahlstrom der Tragödien, für die anderen die Lebenslüge der Epoche. Denn der Ruhe lag ein Schweigepakt zugrunde, der die Verbrechen einer Gesellschaft im eigenen Namen verdrängte. Aus dieser Sicht wirkt das Klima der Fünfzigerjahre wie die Friedhofsstille über den Grabplatten der Millionen Opfer, auch der eigenen. Das Vergessen wurde zur Bürgertugend. Der Lärm von Motoren und Baustellen war die äußere Begleitmusik der Epoche. Drinnen herrschte beklemmende Stille.

Darin deutet sich an, was nicht zusammenpasst: Die Deutschen kamen aus der moralischen und materiellen Katastrophe getaumelt und wollten nur noch das kleine Glück. In den gängigen Epochenbildern erscheint die Zeit nach den Dramen der Dreißiger- und Vierzigerjahre meist als glatte Oberfläche: »Motorisiertes Biedermeier«, »Kinder, Küche, Kirche«, »Petticoat und Nierentisch«. Keine Tiefe, aber auch kein Abgrund. Dabei waren die späten Vierziger- und Fünfzigerjahre eine Phase der Widersprüche und des Nebeneinander von kaum vereinbaren Empfindungen. Unter der erstarrten Oberfläche gab es eine Ebene, wo Bruchlinien aufklafften und sich das Psychodrama einer in seinen Fundamenten erschütterten Gesellschaft entfaltete.

Der Schauplatz dafür war ein Ort, nach dem sich alle Deutschen vor und nach der Katastrophe sehnten: die Familie, Fluchtpunkt des *normalen* Lebens. Obwohl oder weil der Schweigepakt eine Gesprächskultur verhinderte – in der Enge der Familien ließ sich das Beschwiegene nicht so einfach begraben. Auch wenn niemand darüber sprach, machte es sich in jedem Einzelnen bemerkbar. Es drängte nach draußen durch die Ritzen des Alltags, kleidete sich in Gestalt von Marotten und Ritualen und mündete in Kämpfe zwischen Männern und Frauen, Eltern und Kindern. Die Atmosphäre, die sie zusammen erzeugten, war die Summe ihrer Erlebnisse.

Es war die Ära der Familiengeheimnisse. Sie gaben dieser Zeit ihre Abgründe, die zu verdecken man bestrebt war. Die Welt hinter den Haustüren war nicht jener Ruhepol, von dem alle in Deutschland, von Heimkehrer und Hausfrau bis zum Familienminister, träumten. Geordnet wie in einer Tanzstunde ging es dort selten zu. Die Konstruktion vom »normalen Leben« und dem Glück durch Langeweile blieb eine Wunschvorstellung. Hinter den Türen saßen Männer mit namenlosen Erinnerungen, Frauen, die sich verleugneten, und Kinder, die dem Treiben der Erwachsenen zusahen, sich zu Komplizen machten oder dagegen aufbegehrten. Frauen, Männer, Kinder – drei Welten, drei

Perspektiven, verknotet in Widersprüchen, aus denen kein Entkommen möglich war.

Es ist eine banale Feststellung, dass die Familien den Kern der Gesellschaft bilden. Dieser Kern hatte viele Schattierungen, von schäbiggrau bis grellrot und tiefschwarz. In den darin verborgenen Schichten herrschten Leidenschaften, Sehnsucht oder eisige Kälte. Sie führten zu Erwartungen und Illusionen, Identitätswechseln, Ersatzpartnerschaften, Doppelleben und Parallelfamilien.

Der deutsche Familienkosmos nach 1945 war eine historisch einzigartige »Versuchsanordnung«. In ihm liegt der Schlüssel zum Verständnis einer Epoche und der Menschen, die darin aufeinandertrafen. Davon handelt dieses Buch: vom deutschen Familiendrama hinter den Türen, vom Schweigen, vom Hassen und vom Lieben.

1. ZERRISSENE WELT

Seemann in der Wüste

Es hatte ihn in die Wüste verschlagen. Gerade ihn, der immer aufs Meer hinaus wollte. Jetzt also das: Wenn er vor sein Zelt trat, traf ihn der Gluthieb der Sonne und ließ vor seinen Augen die Farben verblassen. Unter den Stiefeln knirschte Sand. Ringsherum sah er eine Lagerstadt in geometrischer Anordnung. Ein Meer aus Zelten, Segeltuch an Segeltuch, streckte sich in ein Rechteck, das von Wachtürmen eingefasst war. Hätte er ausreißen wollen, er wäre nicht weit gekommen. Hinter dem Stacheldraht lag tote Welt – Staub, Geröll, glühende Steine. Die Wüste war der beste Bewacher, die Sonne ihre Waffe.

Wüste statt Meer, Gefängnis statt Freiheit, Lagerstumpfsinn statt Heimkehrfreude. Wenn am Abend in den Lagern die elektrischen Birnen zwischen den Zäunen aufflammten, konnten die Gefangenen das Gefühl nicht mehr verdrängen, Zuschauer der eigenen Groteske zu sein.

> Die Welt verschwand hinter diesem undurchdringlichen Vorhang von Licht. Es entstand, mitten im unendlichen Sand, ein gläserner Raum, sinnlos ins Nirgend gestellt und doch mit genauer Sorgfalt bewacht: ein Bild, das die Merkmale des Unwirklichen trug.

Unwirklich und zerrissen fühlte sich die Welt nach dem Untergang an. Wolfram Matschoss war sein Leben lang Seemann gewesen. Für diesen Traum hatte er 1930 die Flucht gewagt vor seinem Vater in Waldenburg in Schlesien. Der Studienrat hatte Wolfram auf Schritt und Tritt gemaßregelt, bis der fortrannte, mit siebzehn, und sich durchschlug bis Hamburg. Dort besuchte er die Seefahrtschule, um sich jederzeit davonmachen zu können. Sobald er seine Ausbildung abgeschlossen hatte, fuhr er über die Weltmeere.

Wolfram Matschoss, Steuermann auf großer Fahrt. So einen konnte die deutsche Kriegsmarine 1939 gut gebrauchen. Während des Kriegs kreuzte er auf einem Minensuchboot im Mittelmeer, bis ihn die Engländer einkassierten. Weihnachten 1945, im Gefangenenlager unterm selbst gebastelten Weihnachtsbaum, feierte er seine Rettung. Er hatte überlebt, er war 32 Jahre alt, sein Leben konnte neu beginnen – das Leben am graublauen Meer in Norderney, wo seine Familie auf ihn wartete.

Der Transporter jedoch, den Matschoss Anfang 1946 besteigen musste, fuhr nicht Richtung Deutschland, sondern immer weiter nach Süden. Bei El Fayid am Westufer des Suezkanals setzten ihn die Engländer in den Sand Ägyptens. Matschoss war einer von schätzungsweise 100 000 deutschen Kriegsgefangenen, die von den Briten in einem Dutzend Wüstenlagern bewacht wurden. Statt in der Meeresbrise stand er im Sandstrahl des Chamsin, wie die Ägypter ihren Wüstenwind nannten. Das nächstgelegene Gewässer war ein 30 Kilometer langer Salzwassersee, der den Hochseeschiffern im Kanal als Ausweichstelle diente. Es passte ins Bild, dass Gott an dieser Stelle das Kriegsheer des Pharao bei der Verfolgung von Moses' Israeliten in den Wassermassen vernichtet haben soll. Der Name des Salzsees klang so, als hätte der gute alte englische Humor an die deutschen Gefangenen gedacht: Großer Bittersee. Matschoss war nicht zum Lachen. Nicht einmal auf dem Mond hätte er sich weiter weg fühlen können von dem, was er liebte.

Natürlich wusste er, warum er hier war und weshalb sie ihn nicht einfach gehen ließen. Sie hatten Fragen zu seiner Rolle in den Organisationen des nationalsozialistischen Staates. *Am An-*

fang der Gefangenschaft wurde jeder einer Befragung unterzogen und danach einer Gruppe zugeteilt. Matschoss sortierten sie zur Gruppe C, der größten, der Gruppe der »Nazis«. Darüber sprachen die Gefangenen kaum miteinander, weil es sie nicht beschäftigte. Die Politik, die Partei, der Krieg, mit all dem waren sie fertig, denn ihre Gedanken gehörten der Heimat. Der Krieg war verloren, Deutschland liquidiert, die Marine auf den Grund der Meere gejagt. Nur eine Hoffnung brannte in ihnen: die Rückkehr zur Familie. So wie seine Zeltnachbarn Schipper, Meyer, Rüstmann und die anderen 100 000 quälte sich Matschoss mit seiner Sehnsucht nach der Heimat. Umso mehr nagte die Ungewissheit, seitdem der Kontakt abgerissen war. Wolfram Matschoss wusste nicht, wo sich Hanny und seine Töchter befanden. Ob sie überhaupt noch am Leben waren.

Er hatte die Buchhändlerin Johanne Berg aus Norderney am Flottenstützpunkt Wilhelmshaven kennengelernt. Wolf und Hanny heirateten 1942 und bekamen in zwei Jahren ihre beiden Töchter Eva und Renate. Um Unterstützung zu haben, war die Mutter mit den Töchtern zu seiner Mutter nach Waldenburg gezogen. Doch Schlesien war von der Roten Armee erobert worden. War Hanny und den Kindern die Flucht gelungen? Hatten sie es geschafft bis Norderney? Warteten sie überhaupt auf ihn? Diese Gedanken sprangen im Käfig seines Kopfes hin und her. Nichts war ihm geblieben als die Familie, Hanny, Eva und Renate. Ihre Namen waren für ihn Hoffnung und Erwartung, Trost und Zuversicht, Angst, Sorge, Liebe, alles zugleich. Sie waren sein letzter Anker, sie mussten leben.

Briefe ins Nirgendwo

Elf Millionen Männer saßen nach 1945 als deutsche Kriegsgefangene in 80 Ländern und Tausenden von Lagern über den Erdball verteilt. Millionen Kameraden galten als vermisst. Kaum eine Familie in Deutschland, in der nicht der Vater, Sohn, Bruder oder sonst jemand fehlte. Die Druckwellen des Krieges hatten sie auseinandergefegt. 30 Millionen Menschen waren voneinander getrennt, jeder Vierte war auf der Suche nach Angehörigen. Suchen und Warten wurde zum Schicksal einer Generation. Eine zerrissene Welt.

Lass mich nicht allein auf dieser schrecklichen Welt! Komm wieder, ich kann lange warten, wenn ich weiß, daß Du kommst. Berta Boese wartete auf Gustav Boese. Als der Krieg zu Ende ging, saß sie in Passau bei ihren Eltern, ganz so wie ehedem, als sie Gustav noch nicht gekannt und sich durch die Ausbildung zur Bankangestellten geplagt hatte. Als hätte es dieses andere Leben nie gegeben: ihre Einberufung als Stabshelferin zur Wehrmacht 1943, den Sprung ins Abenteuer, die Einsätze im Osten, die Begegnung mit dem Mann ihres Lebens, die Tage in einem Paradies namens Dubno, die Hochzeit in Königsberg. Das war alles weggewischt, als wäre es nie geschehen.

> Ich hab Dich ja so lieb, tausendmal möchte ich diese Worte Dir sagen, wie weit Du auch von mir weg sein magst. Ich trage den Sternen auf, daß sie es Dir sagen, wie lieb ich Dich habe, wie sehr ich mich nach Dir sehne.

Sie schrieb diese Zeilen einige Monate nach der Kapitulation an ihren Ehemann Gustav, der aus dem Krieg nicht zurückgekehrt war. Seit Januar 1945 hatte sie nichts von ihm gehört. Da hatte sie gerade ihren Sohn Detlev zur Welt gebracht. Mit lautem Geschrei war der eine in ihr Leben gestürzt, während der andere still daraus verschwunden war. Es gab keine Nachrichten, keine Briefe, keine Botschaften von den Kameraden, nicht einmal eine Todesmeldung. Den Soldaten Gustav Boese aus Königsberg hatte das Monster des Krieges verschluckt. Berta glaubte fest daran, dass es ihn wieder ausspucken würde. Bis dahin würde sie auf ihn warten. Der kleine Detlev hielt ihr die Erinnerung an ihr gemeinsames Leben vor Augen. Sie wollte es weiter mit Gustav teilen, selbst wenn der nicht da war.

Also begann sie im Juni 1945, ihm zu schreiben. Es waren Liebesbriefe, für die es keine Adresse gab und die niemals auf die Reise gingen. Sie schrieb sie nicht auf Briefpapier, sondern mit Bleistift in ein Heft, das sie aus ihrer Königsberger Zeit gerettet hatte. Am Ende manch endlosen Tages als Mutter verwandelte sie sich für ein paar stenografierte Zeilen zurück in die 23-jährige Geliebte. Diese Briefe wollte sie ihm vorlegen, sobald er wieder unter ihnen war.

> Ich habe da meine ganzen Sehnsüchte hineingedacht und geschrieben und wollte ihm das alles doch einmal so gerne selbst erzählen. Vielleicht weiß er alles und hat mir zugesehen, wenn ich abends über diesem Heftchen saß und an ihn gedacht und geschrieben habe.

In ihren Briefen ins Nirgendwo erzählte Berta Gustav von ihrem Nachkriegsleben mit dem Sohn, den der Vater nie gesehen hatte. Immer wieder stahl sich der Stadtname Dubno in ihre Zeilen, wo sich die beiden 1943 kennengelernt hatten. Dubno war eine kleine Stadt am Ikwa-Flüsschen in der Westukraine, die die deutsche Wehrmacht in den ersten Tagen des Russlandfeldzugs besetzt hatte. Dort hatte sie den Sommer ihres Lebens verbracht.

Nicht weinen!, flüsterte es in ihrem Kopf. Gustavs Abschiedsworte aus dem letzten Urlaub, aber sie halfen nicht. Sie blickte auf das Foto, auf dem ihr Mann seine lachenden Augen niemals abwandte. Es stand auf ihrem Tisch. Aufgenommen an ihrem Hochzeitstag in Königsberg im Herbst 1944, von dem ihr jede Kleinigkeit vor Augen stand. Er im Soldatengrau, sie mit dem Rosenstrauß, die Stimme des Standesbeamten, Momente wie im Traum. Sie konnte spüren, wie der Ring kühl auf ihren Finger glitt. Der Duft des Hasenbratens, hinterher Kirschen, dann feierten sie allein weiter, innig und ein bisschen ernst. Alles kam wieder, wenn sie sich in das Hochzeitsbild versenkte. Zum ersten Mal hatte sie mit »Boese« statt »Pritzl« unterschrieben. Da hatte sie gewusst, dass alles Wirklichkeit war. In derselben Wirklichkeit wehte der Lärm der Front schon nach Ostpreußen hinein. Sie hatte damals nicht wahrhaben wollen, was ihnen vor Augen stand. Genauso ging es ihr jetzt, daheim am Schreibtisch in Passau.

Gusti, ich darf überhaupt nicht denken. Ich bilde mir immer krampfhaft ein, dass es Dir gut geht, dass es all das schreckliche, das ich schon gehört hab, für Dich nicht gibt, nicht geben darf.

Das Spiel geht zu Ende

Im November 1947 stand in Bratislava ein vielfacher deutscher Familienvater vor Gericht. Die Anklage lautete auf »Verstoß gegen die Menschlichkeit«. Hanns Elard Ludin war zwischen 1941 und 1945 als Gesandter des Deutschen Reiches in der Slowakei für die Deportation von 70 000 slowakischen Juden politisch verantwortlich gewesen. Seine Familie hatte er zurück ins Reich bringen lassen, ehe er selbst im April 1945 vor den sowjetischen Truppen aus Pressburg nach Österreich flüchtete. Kurz darauf stellte er sich den Amerikanern, die ihn aufgrund seiner Aussagen als Kriegsverbrecher einstuften. *Hanns sagt, er wolle, dass seine Kinder wüssten, er habe für seine Sache geradegestanden. Keine sichtbaren Anzeichen von Reue, kein Schuldeingeständnis. Geradestehen.* Im Herbst 1946 lieferten ihn die US-Behörden an die tschechoslowakische Regierung aus.

Hanns und Erla Ludin hatten sechs Kinder. Nur drei Jahre zuvor lebten sie in einer herrschaftlichen Villa in Pressburg, die man dem jüdischen Eigentümer weggenommen hatte. Sie hatten ein Ferienhaus in der Hohen Tatra. Sie feierten Fasching mit Verwandten und Freunden. Bis kurz vor seinem Ende ging der Krieg an diesem Winkel Europas vorbei, und so lange führte die Familie Ludin ein Diplomatenleben im Wohlstand. Nun trennten sie 700 Kilometer und ein Prozess mit fast dreißig Anklagepunkten. Seine älteste Tochter, die 14-jährige Erika, schrieb ihrem Vater Briefe voller Sehnsucht ins Gefängnis. Sie war, so erzählt es ihre Tochter Alexandra Senfft später in ihrem Buch *Schweigen tut weh* über die Familiengeschichte, sein Lieblingskind, eine

Vatertochter. Seit Kurzem ging sie auf sein Betreiben hin im Internat Salem zur Schule.

In den Schreiben, die Hanns Ludin aus dem Gefängnis nach Deutschland schickte, fehlen Bekenntnisse von Nähe, Trauer oder Schmerz. In seinen Familienbriefen suchte er vielmehr nach dem Sinn dessen, was sein Leben und sein womöglich bevorstehender Tod bedeuten mochten. Er wollte sich seiner Verantwortung stellen und musste davon ausgehen, seine Familie niemals mehr zu Gesicht zu bekommen. *Es ist nicht gut, noch schlecht, es ist so, wie wir selbst sind. Die innere Freiheit ist das Entscheidende.* Hanns Ludin kämpfte um Haltung vor sich und vor der Welt. Erika schickte er aus der Haft eine Handlungsanweisung für ein moralisches Leben. Darin schrieb er in strengen Worten von Gewissen, Fleiß, Kameradschaft, von Selbstdisziplin und Härte gegen sich selbst. Er warnte seine Tochter vor Taktlosigkeiten. Eine Tugendpredigt als väterliches Vermächtnis.

Am 3. Dezember 1947 sprach der Gerichtshof in Bratislava mit vier zu zwei Stimmen den früheren »Gesandten des Großdeutschen Reiches« Hanns Ludin der Mitwirkung an den Judendeportationen in der Slowakei für schuldig. Statt ihn zu erschießen, verhängten sie den Tod durch den Strang. Am nächsten Tag setzte er sich in seiner Zelle an den Tisch und schrieb seine Abschiedsbriefe. *Das Spiel geht nun zu Ende. Ich habe es verloren und muss mir das, wie ich deutlich fühle, selbst zuschreiben.* Den Brief an seine Familie steckte er einem Priester zu, der ihm die Beichte abnahm. In fahriger Handschrift wandte er sich an seine Frau Erla im »Schlösslehof« im oberschwäbischen Ostrach.

> Du kennst mein Herz durch und durch. Es ist weder eines unmenschlichen Gefühls, noch einer unmenschlichen Handlung fähig. Meine tragische Schuld liegt wohl darin, dass ich die ganze Hintergründigkeit des Systems, dem ich diente, nicht durchschaute.

Ein Verführter, Überrumpelter, vorübergehend Erblindeter. In einem Gnadengesuch berief sich Ludin auf den Zwang der Verhältnisse und der Befehle von oben. Irrtümer räumte er ein, aber keine Verbrechen. Es war die deutsche Schicksalsformel gegen die eigene Verantwortung.

Am frühen Morgen des 9. Dezember 1947 fand ihn sein Anwalt gelassen vor. Sein grauer Flanellanzug war ihm in den Haftmonaten zu weit geworden. Dem Anwalt trug er einen letzten Gruß an seine Frau auf. Dann bekam er den Strick um den Hals gelegt, den der Henker langsam zusammendrehte. Er starb nach neunminütigem Todeskampf. Die Familie Ludin hatte ihren Mittelpunkt verloren.

Seemann im Hafen

Über dem Zeltlager am Großen Bittersee brütete die Tageshitze. Hinter dem Draht Steppengebüsch und ausgebackener Lehm. Auf seinen Gängen durch den »Käfig«, wie die Bewacher das Gefangenenlager nannten, blieb Wolfram Matschoss gelegentlich stehen, um sich Gedanken zu notieren, aus denen er abends im Zelt lange Briefe komponierte. Er hatte seine Familie wiedergefunden. Hanny, Eva und Renate waren auf Norderney. Es ging ihnen gut. Seit Weihnachten 1946 kreuzten ihre Briefe zwischen Deutschland und Ägypten. Der Schriftverkehr war begrenzt, weshalb er seine Handschrift so zusammenschnürte, dass aus drei Zeilen eine wurde. Die Papierbögen beschrieb er beidseitig. Oftmals nutzte er sogar noch die Umschlaglasche. Wolfram Matschoss hatte seiner Frau viel zu sagen.

Sein Fluchtpunkt war der Moment des Wiedersehens in Deutschland. Was erwartete ihn zu Hause, wo er Jahre nicht gewesen war? In immer neuen Bildern träumte er sich diesen Augenblick herbei. Dutzende Male durchlebte er den ersten Kuss, den längsten, den sie sich jemals geben würden. Von Brief zu Brief fügte er der Wiedersehensszenerie Einzelheiten hinzu. Einmal war es die Uhrzeit: Auf keinen Fall dürfte es zu früh am Tage sein; im nächsten Brief fragte er nach dem Ort: Wäre ein Hotelzimmer zu nüchtern, oder fühlte man sich dort besonders frei? Die richtige Beleuchtung schien ihm wichtig.

Ich hätte eine lange, dicke Kerze bereit (habe ich auch wirklich), einen Halter dazu und die würden wir anstecken und spät wür-

> de es werden bis ich Dir sage: Komm, Hannylein, laß uns ins Bett gehen. Wir würden die Kerze brennen lassen und auf den Nachttisch stellen. Langsam würden wir uns ausziehen, gegenseitig dabei helfen und bevor wir uns dann hinlegen würden wir uns noch einmal umarmen, küssen, lang und fest.

Unverblümt schilderte Matschoss sein Verlangen nach ihrem Körper. Sie in den Armen zu halten, ihre Wangen und Lippen zu berühren, ihre Brust zu streicheln, ihre Beine, und kein Stück Stoff dürfte sich dazwischenschieben. Viele Abende saß er in seinem Lagerzelt und schrieb ihr Seiten voll Sehnsucht. Im Luftzug des ägyptischen Wüstenwinds krümmten sich die Zeltstäbe in ihren Halterungen – Seufzer wie Begleitmusik zu seinen Fantasien.

> Wenn wir in dieser Nacht doch die Augen zumachen sollten, dann wissen wir, daß wir einer Steigerung nicht mehr bedürfen, daß dieser Tag und diese Nacht uns die Kraft geben wird alle Fährnisse des späteren Alltags zu überwinden.

Der Alltag danach … Es würde ein Leben nach der Wiedersehensfeier geben, das wusste er. Doch so sehr er sich bemühte, fehlte ihm dafür die Vorstellungskraft. Einen Familienalltag hatten sie in den letzten sieben Jahren nie gehabt. Wie wenig ahnte er von den Verhältnissen zu Hause, wo alles auf den Kopf gestellt worden war, während ihm die Monate im Warten verrannen. Was wusste er schon von der Heimat. Matschoss beschwor seine Frau, ihm alles zu berichten, doch wie wenig sich dadurch vermitteln ließ! Er grübelte viel über den Alltag danach.

Der hatte längst ohne ihn begonnen. Die Fotos aus Norderney, die er über seinem Feldbett aufgehängt hatte, zeigten zwei Töchter, die ihm, dem Zaungast hinter Stacheldraht, davonwuchsen, und eine Ehefrau, die gelernt hatte, für sich selbst zu stehen. Er hatte sie um Offenheit angehalten. So klang es nun seltsam aus ihren Briefen, wenn sie von ihrer Selbständigkeit sprach, an die er sich fortan zu gewöhnen habe.

Ungewohnt war die Kritik, die sie an ihm übte. Sie sprach seine Manieren an, dass er beim Frühstück nur Zeitung lese, dass er ein schwacher Tänzer und unaufmerksamer Gatte sei, und wie er sich vor Aussprachen drückte. Von Erziehungsfehlern war die Rede, von Fehltritten. Wolfram Matschoss fragte sich, ob er in seiner Ehe wohl schon mal etwas richtig gemacht hatte. Der Krieg war vorbei, aber in der Heimat warteten neue Kämpfe auf den Oberleutnant zur See. *Wenn ich wieder bei Dir bin wird es auch nicht gleich am ersten Tage gehen bis ich die Befehlsgewalt in unserem Haushalt übernehmen kann.*

An manchen Abenden, wenn er nicht weiterwusste, suchte er Rat bei den Kameraden. Stundenlang hockten sie unter den Zeltbahnen im Dämmer, Grensemann, Meyer, Schipper, sein Schwager Hans. Hagere Gesichter, rissig vom Sonnenbrand. Fotos der Familien gingen von Hand zu Hand. Briefstellen kamen zum Vortrag, die hin und her gewendet wurden auf ihre Botschaft. Unweigerlich landeten sie bei der letzten aller Gefangenenfragen: Ist sie mir treu? Gibt es einen anderen?

Im Briefwechsel zwischen Wolf und Hanny Matschoss nahm dieser Punkt viel Platz ein. Er beschwor seine Frau, alles offenzulegen. *Ob ich Dir damit aber einen Gefallen tue oder Dich nur kränke, soweit habe ich bisher nie gedacht.* Damit war der Geist aus der Flasche, denn nun konnten sie von dem Thema nicht mehr lassen. Als ihm Hanny den Kuss ihres »Hausfreunds« Nowak gestand, setzte Wolfram ihr seine Episoden mit Christel und Lydia entgegen. Er versuchte, seine Unruhe zu kaschieren, und kam doch immer wieder zurück auf Wer und Wo und Wann. Zwischen die Sehnsucht, die Matschoss in herzzerreißende Zeilen zu kleiden versuchte, schlich sich der Argwohn in ihre Fernehe. Am 9. Mai 1948, drei Jahre nach der Kapitulation, schrieb er seinen letzten Brief an Hanny, denn die Entlassung stand bevor. Doch dazu fiel ihm nur ein Satz ein, der ihm auf vielsagende Weise verunglückte: *Was bin ich froh, daß es bald ein Ende hat und Du mit mir.* Statt über Umarmungen schrieb er in seinem letzten Brief über Missverständnisse, falsche Gewohnheiten, Fehler in ihrer Ehe und über Nowak, den Hausfreund.

Anfang Juni 1948 stand Wolfram Matschoss am Hafen von Port Said, der ägyptischen Stadt an der Mündung des Suezkanals, bereit, das Schiff nach Europa zu besteigen. Vor ihm lag das Meer, das Wolf der Seefahrer so lange vermisst hatte. Am Kai wimmelte es von Heimfahrern, die sich auf ihre letzte Soldatenreise machten. In ihre Vorfreude mischten sich Ahnungen. Wussten sie, ob sie zu Hause noch gebraucht würden? Matschoss hatte viele Briefe geschrieben und über manches nachgedacht. Seine Frau klang anders als die, von der er sich verabschiedet hatte. Wie konnte er sicher sein, ob ihm diese Hanny noch gefallen würde?

> Aber wenn ich wieder bei Dir bin, dann möchte ich doch mal sehen ob diese Abgeklärtheit wirklich so echt ist wie Du jetzt vielleicht bei Dir vermutest und ich möchte doch mal sehen, ob ich doch nicht das andere Hannylein bei Dir hervorzaubern kann. Weißt Du, wenn ich das nicht könnte, dann könnten wir uns getrost scheiden lassen, denn dann wären wir doch nicht für einander bestimmt.

Der Transport durchquerte das Mittelmeer nach Triest, von wo aus Matschoss weiter mit dem Zug über die Alpen bis nach Norddeich-Mole fuhr. Dort bestieg er das Schiff nach Norderney. Er wurde von Hanny erwartet. Es war ein sonniger Tag. Sie blieben die ganze Überfahrt draußen auf dem Vorschiff. Der Heimkehrer war wieder in Deutschland angekommen. An diesem Punkt enden Wolfram Matschoss' Briefe an seine Familie. Das deutsche Familiendrama hatte da aber gerade erst begonnen.

2. REISEN DURCH DIE STUNDE EINS

Deutschland ein Trümmermärchen

Wer in den ersten Jahren nach dem Krieg nach Deutschland reiste, verfiel mitunter in den Habitus eines Archäologen oder Insektenforschers. Auf den ersten Blick bot das Land den Eindruck eines Ameisenbaus, der unter dem Fußtritt eines Riesen auseinandergeborsten war. Zwischen den Bruchstücken aus den ehemals kunstvoll errichteten Gängen herrschten Chaos und zuckendes Hin und Her. Wer den Aufschlag überlebt hatte, fand sich in einem beinahe prähistorischen Schattenreich wieder. Die Zeit war zum Stillstand gekommen, wie ein britischer Reisender in Köln bemerkte:

> Die Bürger existieren weiter auf einer Stufe niederen mechanischen Lebens, wie Insekten in den Ritzen der Mauern, zu krabbelig und unscheinbar, um von den stürzenden Mauern vernichtet zu werden. Die Zerstörung der Stadt mit all ihrer Vergangenheit und all ihrer Gegenwart ist wie ein Vorwurf an die, die weiterhin in ihr leben.

Stephen Spender war 36 Jahre alt, als er seinen Reisebericht verfasste. Er war Brite deutsch-jüdischer Abstammung. Vor dem Machtwechsel zu Hitler hatte er sich lange in Deutschland aufgehalten, wo er wie ein Pilger die Stätten seines Gelobten Landes bereiste. Spender gehörte zu den Ersten, die sich im Dienst der Alliierten Kontrollkommission ins zerstörte Deutschland aufmachten, um beim Aufbau des kulturellen Lebens mitzuhelfen. Früher hatte er Schiller, Wedekind und Rilke ins Englische übersetzt, nun baute er ihnen Häuser: Die öffentlichen Bibliotheken vieler Großstädte gehen auf sein Engagement zurück. So sehr Spender das NS-Regime verabscheute, hatte er doch seine Liebe zu diesem Land bewahrt. Es war ein Wiedersehen voller Zwiespalt.

Er machte sich Notizen über das, was er in Deutschland erlebte. Überall sprach er mit Freunden von früher oder neuen Bekanntschaften, mit Intellektuellen ebenso wie mit schlichten Gemütern. Auf diese Weise entstand eine Sammlung von Erfahrungsberichten, Landschaftsbeschreibungen, Begegnungen und Kuriositäten. *Ungewöhnlich an diesem Buch ist nur ein Thema, das jedoch ist von größter Bedeutung: Es geht um Deutschland nach dem Zusammenbruch der Nazidiktatur.* Stephen Spender schrieb als Rückkehrer über seine verlorene zweite Heimat, deren Bewohner er kaum wiedererkannte.

Kein Volk ist je so tief gefallen wie die Deutschen im 20. Jahrhundert. Ihr Staat, der sie zur Weltherrschaft aufgerufen hatte, hatte aufgehört zu existieren. Sie waren nicht mehr Herren ihres Geschicks, sondern standen nackt da, ohne Dach, ohne Werte, ohne Selbstbewusstsein. Die Regeln für das Zusammenleben gingen von den Feinden von gestern aus. Man hatte sich daran zu gewöhnen, fremdbestimmt im eigenen Haus zu leben. Schwer drückte das Gewicht der Niederlage. In den Schmerz über die Verluste mischte sich das Gefühl, die eigene Jugend verloren zu haben. Die Menschen, denen Spender begegnete, misstrauten dem Leben und beschuldigten dafür eine dunkle Macht namens Schicksal.

Der Kurort Bad Oeynhausen in Ostwestfalen war der Sitz der britischen Militärbesatzung und das Hauptquartier der Rheinarmee. Die Sieger hatten die Innenstadt beschlagnahmt, Stacheldraht darum gewickelt und die Bewohner zwangsumgesiedelt. Hier verbrachte Spender die ersten Tage seines Aufenthalts in gepflegter Langeweile wie an einer englischen Privatschule. Er erschlug die Zeit mit Ausflügen ins Umland, die seinem Reisezweck dienen sollten. Er war auf Spurensuche nach dem Seelenzustand der Deutschen.

Bei seinen Unternehmungen fühlte er sich erinnert an die Doppelbödigkeit jener deutschen Märchen, wo in schönster Kulisse Grausames geschieht. Er sah Kinder wie Puppen gekleidet, Häuser im Lebkuchenstil und wunderte sich über die Sprüche, mit denen die Hausbesitzer ihre Wände verziert hatten: »Wünsch mir einer, was er will, Gott schenk' ihm noch mal so viel.« Spender überlegte, was dahinter stecken mochte. Vielleicht war es das Verlangen des Teufels, aus den Heiligen Schriften zu zitieren.

Dieses Anheimelnde, das im Gegensatz zu den Gewaltexzessen der jüngsten Zeit stand, begegnete ihm auf Schritt und Tritt. Auf einer Parkbank in Oeynhausen belauschte er das Gespräch eines Liebespaars, das einen Heiratsantrag erörterte. Sie malten sich aus, wie sie nach der Trauung ihre Flitterwochen verbringen würden: Sie wollten sich einen Mercedes-Benz kaufen und aus dem tristen Deutschland hinaus in die Welt fahren. Das war erkennbar Fantasie, aber die beiden jungen Leute führten diese Unterhaltung in aller Treuherzigkeit, ohne ein Körnchen Schuldbewusstsein. Der Gedanke, dass sie in den Ländern ringsum nach sechs Jahren Krieg nicht willkommen sein könnten, trübte keinen Augenblick ihren Liebestraum.

Von einem britischen Offizier hörte er die Geschichte, wie dieser einige SS-Männer in den letzten Kriegstagen erschießen ließ. Sie waren plündernd durchs Land gezogen und hatten Zivilisten an Bäumen aufgehängt. Als er die Hingerichteten durchsuchte, fand der britische Major Briefe an deren Eltern, die voller unschuldiger Landschaftsbeschreibungen und Botschaften waren. Ein paar von ihnen trugen Alben mit sich, in die sie Blumen vom Wegesrand gepresst hatten. Darunter standen Widmungen an ihre Familien.

Wenn Spender bei seinen Begegnungen fragte, wie sich solches mit der Gefühlskälte des Handelns im Krieg vereinbaren ließe, hörte er Gemurmel von Pflicht und Gehorsam. Niemand schien bereit, die eigene Person mit den Taten in Verbindung zu bringen, die er im Namen der Pflicht zu verüben hatte. Der Zusammenhang funktionierte eher umgekehrt: Je brutaler sich die Deutschen unter Hitler verhalten hatten, desto stärker wuchs ihre Sentimentalität. Bad Oeynhausens geräumte Stadtvillen waren Schreine der Gefühligkeit.

> Andere Beobachter werden mir beipflichten, wenn ich sage, daß ich selbst in Deutschland nie so viele sentimentale Bilder, Bücher und Gedichte gesehen habe wie heute in den von Briten beschlagnahmten deutschen Häusern, wo sie von ihren Bewohnern zurückgelassen wurden: Unzählige Bilder von Babies und Schmetterlingen und Blumen, unzählige Bilder von leuchtenden Berggipfeln und Sonnenuntergängen, unzählige Mütter und Bauern und Hütten und Herdfeuer, unzählige Heimwehtränen, so viele Phrasen über Vater, Mutter, Gott und Schönheit.

Ihre romantische Kehrseite war den Deutschen bei ihren Unternehmungen nicht abhandengekommen. In den Lagern der Kriegsgefangenen florierte das Genre der Lager-Lyrik, je nach Begabung auch von Zeichnungen flankiert. Sie verarbeiteten nicht den Tod auf dem Schlachtfeld, den Horror des Nahkampfs oder Gewissensqualen. Vielmehr erklang darin der Generalbass vom Heimweh, dem die dichtenden Gefangenen in Stücken wie »Seelenheimat«, »Erdenschwere« oder »Meiner Mutter« Ausdruck verliehen. Nie fehlte die Sehnsucht nach der Familie. In einem britischen Camp am Suezkanal in Ägypten schrieb ein unbekannter Kamerad in blassblauer Tinte:

> Die Sonne schien heiß, der Sand ist ganz weiß
> es ist nicht die Sonne der Heimat

der Mond scheint ganz hell und wandert ganz schnell
es ist nicht der Mond unserer Heimat
und unser Denken geht, dort wo der Nordstern steht
und in der Heimat, weit, ein Mädel weint.

In Traumwelten wie dieser lebten Männer, die kurz zuvor dem Tod auf dem Schlachtfeld gegenübergestanden hatten.

Selbstmitleid, Herzlosigkeit, Realitätsverweigerung. Bei ihrer Reise durch Deutschland fand die aus Königsberg stammende Exilschriftstellerin Hannah Arendt nichts Versöhnliches über ihre früheren Landsleute zu sagen. Schon die Aufgabe, mit der sie von der »Commission on Jewish Cultural Reconstruction« hergeschickt worden war, war beklemmend in ihrer Aussichtslosigkeit. Sie sollte die von Nazistiefeln zertrampelten Splitter der jüdischen Kultur in Deutschland aufspüren.

Hannah Arendt war 42 Jahre alt und mehr als fünfzehn Jahre nicht in Deutschland gewesen. Sechs Monate lang fuhr sie durchs Land und beschrieb im Anschluss in einem schmalen Buch ihre Erlebnisse. Ihr *Besuch in Deutschland* wurde zum bekanntesten Reisebericht in die deutsche Nachkriegszeit. Arendt verspürte die gleiche Irritation wie Stephen Spender angesichts der Rührseligkeit der Deutschen, mit der sie Gefühlen wie Trauer, Schmerz, Scham und Schuld auszuweichen schienen. Sie machte darin ein Leitmotiv aus: Die Deutschen befanden sich auf der Flucht vor ihrer Verantwortung.

Fast alle Begegnungen verliefen ähnlich. Sie spürte kaum Reaktionen auf das Geschehene. Ihr fiel auf, dass nirgendwo weniger über den Albtraum von Zerstörung gesprochen wurde als im Herzen der Zerstörung selbst. Angesichts der Massengräber nichts als kalte Herzen. Nicht einmal die eigenen Toten würden in den Familien angemessen betrauert. Ihre Beobachtungen gipfelten in einem Bild von Aberwitz, das oft zitiert worden ist: *Inmitten der Ruinen schreiben die Deutschen einander Ansichtskarten von Kirchen und Marktplätzen, den öffentlichen Gebäuden und Brücken, die es gar nicht mehr gibt.* Obwohl die Naziverbrechen das Leben jedes Einzelnen angingen, griffen die Menschen zu Buchhaltertricks, um sich dem zu entziehen. Gegen die Opfer der anderen Seite rechneten sie ihre eigenen Opfer auf. Die Fremdherrschaft unter der alliierten Besatzung führten sie an, um sich in dieser Rolle einzurichten. *Es sieht so aus, als ob sich die Deutschen nun, nachdem man ihnen die Weltherrschaft verwehrt hat, in die Ohnmacht verliebt hätten.*

In der Ohnmacht lag Befreiung. Nach dem Ende des Kriegsregimes mit seinen Gefahren, nach zwölf Jahren des emotionalen Ausnahmezustands zwischen Pathos, Euphorie und Verzweiflung konnte man sich dem Fatalismus hingeben. Darin keimte die Hoffnung auf einen leiseren Alltag. Man sehnte sich danach, ein Haus zu bauen, einen Gemüsegarten anzulegen und gemeinsam zu Abend zu essen. Man sehnte sich nach Ruhe. Die Menschen träumten von einem unverrückbaren Ort, der Geborgenheit versprach.

Dieser Sehnsuchtsort war die Familie. Nur sie konnte über die Verluste hinweghelfen. Der Nimbus der Familie hatte keinen Schaden dadurch genommen, dass die Nationalsozialisten sie als »Keimzelle der Volksgemeinschaft« für ihre Zwecke vereinnahmt hatten. Damals hatten junge Paare von Ehestandsdarlehen profitiert, Familien hatten Kinderzuschüsse bekommen, nachwuchsfreudigen Müttern waren Orden angeheftet worden. Der »Führer« hatte unentwegt Kinderwangen getätschelt. Nichtsdestotrotz stand die Familie nun unangreifbar da, als eine Institution jenseits aller Zeitläufte. Sie wirkte wie ein Magnet, der die versprengten Einzelteile aus allen Richtungen anzog. Selbst wer seine Heimat verloren hatte, besaß immer noch seine Familie. Wer aber seine Familie verloren hatte, besaß nichts mehr. Sie galt als Rückgrat der künftigen Gesellschaft.

Wo ist meine Familie?

Diese Anziehungskraft war so stark, dass der Reisende sie nicht übersehen konnte. In den Städten an Rhein und Ruhr beobachtete Stephen Spender Szenerien, wie man sie in Deutschland millionenfach antreffen konnte. Sie spielten in Wohngebieten, die jede Ähnlichkeit mit dem Erscheinungsbild moderner Städte verloren hatten. So weit das Auge reichte, sah er gebrochene Linien. Fassaden standen wie Pappmasken vor den Hohlräumen der Häuser. Ihr Innenleben war in die Keller hinabgestürzt und zu einer Masse aus Geröll, Möbeln, Teppichfetzen zusammengewuchert. Der Gestank nach Brand lag über den Resten einer toten Zivilisation. Nebelwolken von Fliegen flirrten über den Schuttbergen. Nach einer Weile begriff Spender, warum die Menschen diese Leichenstädte nicht einfach hinter sich ließen, um anderswo neu anzufangen.

> Die Menschen blieben in den Trümmern ihrer ehemaligen Wohnungen vor allem, weil es die einzige Möglichkeit war, ihre Familien wieder zusammenzubringen. Die Familien hatte zuerst der Krieg völlig auseinander gerissen und nach Kriegsende die Zonenaufteilung der Besatzungsmächte. Heute ist der sehnlichste Wunsch der einfachen Leute in Deutschland, ihre Familien wieder zusammenzuführen. Dafür blieben sie monatelang in den Kellern unter den Überresten ihrer früheren Wohnungen wohnen.

An verglühten Hausfassaden sah Spender die alten Verkündigungsformeln: »Unsere Mauern brechen, unsere Herzen nie«,

»Der Tag der Rache kommt«. Mahnungen aus einem Geisterreich, neben denen sich wie zum Hohn sehr irdische Kreide-Inschriften ausbreiteten. Hastig hingekrakelte Namen: »Vietheer: leben alle« – »Familie Vogel und Breidenstein: Schöneberg Kufsteiner Straße 12« – »Wir suchen dich Ernst u Cläre«. Es war die Sprache der Ausgebombten, die im Telegrammstil Auskunft gab über Leben und Tod. Auf einer Kölner Hauswand war die Schlussbilanz der Familie Pönner zu erfahren: »20 Jahre Anschaffung – Glückliche Ehe – Alles im Arsch – Total 4 Brüder, Vater tot«. Eine Handvoll Worte für ein existenzielles Drama. Die schlichte Frage eines Soldaten, der bei seiner Rückkehr ein Hausgerippe vorfand, las sich wie ein Kreideschrei der Verzweiflung: »Wo ist Frau Brylla?«

Wo ist meine Familie? Manche Menschen forschten Jahrzehnte nach der Antwort. Die Auswirkungen der deutschen Kriegsführung bis zur totalen Selbstdemontage hatten zur Folge, dass alle Nachrichtenkanäle im Reich gekappt waren. Die Lage schrie nach einer großen deutschen Organisationsleistung. Zwei Wehrmachtsoffiziere von der Ostfront, die nach ihrem Rückzug in Flensburg gestrandet waren, begriffen beim Anblick der bekritzelten Hauswände die Not der Stunde. Kurt Wagner war als Mathematiker ein Meister der komplexen Mengen, und Helmut Schelsky als Soziologe in den Umständen menschlichen Zusammenlebens bewandert. Beide hatten in Diensten von NS-Organisationen gestanden, brauchten diesmal jedoch keinen Auftrag von oben. Im Zentrum von Flensburg eröffneten sie ein improvisiertes Büro, wo sie die Familiensuchanfragen von Soldaten, Flüchtlingen und Ausgebombten in die Mechanik ihres »Begegnungsverfahrens« einspeisten. Jeder Suchende musste zwei Zettel ausfüllen, eine »Stammkarte« mit den eigenen Daten und eine »Suchkarte« mit dem Namen des Angehörigen, die alphabetisch in eine Zentralkartei, den großen Suchautomaten, einsortiert wurden. Wurde der Suchende nun seinerseits gesucht, begegneten sich zwingend zwei Karten. Eine Mutter hatte ihren Sohn, ein Kind seine Eltern wiedergefunden.

Anfangs begnügten sich Wagner, Schelsky und ihr Trupp von Freiwilligen mit Papierfetzen. Bald kamen Karteikarten dazu, kistenweise angekarrt, während sich vor der Flensburger Ladentür Menschenschlangen stauten und ihre Datensammlung aus den Ordnerdeckeln quoll. Jeden Tag klärten sie Hunderte Familienschicksale auf, jeden Tag kamen Tausende hinzu. Aus der Provinzinitiative erwuchs eine deutschlandweite Familiensuchmaschine mit Sitz in München. Endlos erstreckten sich ihre Regalfluchten mit Gängen und Wegweisern, eine Stadt der verlorenen Seelen. Darin reihten sich nach dem Alphabet die Schubkästen aneinander, in deren Holzgehäusen 50 Millionen Karteikärtchen dieselbe Frage flüsterten: Wo ist meine Familie?

Bis zum Mai 1950 konnte der Suchdienst des Roten Kreuzes neun Millionen Antworten geben. Trotzdem hielten über zwei Jahrzehnte hinweg immer neue Wellen von Aufrufen, Befragungen, Plakataktionen und Vermisstenbildlisten das Thema Familienzusammenführung wach. Die im Radio mit überartikulierter Nüchternheit vorgetragenen Suchmeldungen gruben sich den Hörern ein als Andachtsmomente der Vergeblichkeit. Jeder Name, jede Ortsmarke, die aus dem Empfänger knisterten, klang wie ein Echo des Krieges. Sie erinnerten den Zuhörer daran, dass das deutsche Familiendrama noch lange nicht ausgestanden war.

Nicht einmal für die, die wieder vereint waren. Der Traum vom Familienglück endete häufig an der Wohnungstür. Mit der Behaglichkeit war es dahin, sobald das Wohnungsamt Räume oder ganze Fluchten teilbelegte. Dorthin wurden Ausgebombte und Flüchtlinge mit ihren Kindern zugewiesen, die sich notdürftig einrichteten, mit Trennwänden aus Sperrholz. Die Einweisungen schufen

Zwangsgemeinschaften, in denen sich keiner wohlfühlte. Es gab zu wenig Badezimmer, zu wenig Toiletten, zu wenig Privatsphäre. Wer zuvor da gewesen war, fühlte sich belästigt, wer neu dazukam, verachtet. Es war ein Leben in Beklommenheit. Der Weg zum Heim war für viele Familien weit.

Um sich selbst ein Urteil darüber zu bilden, machte sich der britische Verleger Victor Gollancz in den bombardierten Städten auf den Weg zu den Wohnungen der Menschen. Seine Erfahrungen hielt er in eindringlichen Berichten fest. Sieben Wochen lang ging er im Herbst 1945 auf Tour durch die britische Zone. Es war, wie er anmerkte, der wohl längste Besuch eines Briten seit Kriegsende. Nach seiner Auffassung ließen die Verantwortlichen in London die Bevölkerung in Deutschland im Stich. Gollancz war als Vorkämpfer der Menschenrechte in London eine bekannte Figur. Dass er als Jude nach Kriegsende als Anwalt der Deutschen auftrat, trug ihm den Zorn seiner Kritiker ein. Dabei hatte er sich nur vorgenommen, genau hinzuschauen. Ihn interessierten die Lebensumstände der deutschen Familien.

Als Mann der Medien wusste er um die Kraft der Bilder, und so hatte er bei seinen Reisen nach Kiel, Hamburg, Jülich oder Düsseldorf Fotografen dabei. Das Buch, das aus seiner Reise ins Herz der Finsternis, *In Darkest Germany*, hervorging, beeindruckt durch seine über hundert Fotoseiten mehr als durch seine Texte. Auf einer Seite ist in einiger Entfernung ein älterer Herr mit weißem Haarkranz abgebildet, die Hände ineinander verschränkt, den Blick starr in die Kamera gerichtet. Eine einsame Gestalt im Herbstregen vor einer archaisch anmutenden Trümmerkulisse. Dieser Herr war der Autor selbst. Mehr brauchte es nicht, um die Trostlosigkeit der Katastrophe auf den Punkt zu bringen.

Auf seinem Erkundungszug durch die Familienstuben fand Gollancz Kellerlöcher, in denen Kanalwasser dümpelte; Baracken ohne Dach; Wohnräume, von denen der Putz in dicken

Placken herabhing; Fensterhöhlen, die mit Pappe vernagelt waren. Hie und da ragten Ofenrohre aus dem Schutt. Eine seiner Aufnahmen zeigt ein Wohnhaus mit abrasierter Seitenfassade, in dessen ausgesetztem Mittelgeschoss sich eine zehnköpfige Familie zum Gruppenbild versammelt hat. Auf der nächsten ist ein Kellergelass zu sehen, in dem sich drei Familien am Holztisch um den Großvater drängen.

Wo früher Mietshäuser gestanden hatten, erstreckte sich ein Meer aus Betonklippen, dem Anschein nach für alle Zeiten unbewohnbar. Trampelpfade führten zu Notunterkünften, in denen bis zu drei Generationen in einem Zimmer hausten. Manche Kinder teilten sich ein Bett mit Geschwistern oder der Großmutter. Die Stimmung war gereizt. Säuerlicher Geruch nach Eingemachtem blieb in den Kleidern hängen. In solcher Enge stießen die Lebensalter und Geschlechter ohne Trennwände aufeinander. Der Eindruck, mit dem Victor Gollancz Deutschland verließ, war einer von Bedrängtheit, nicht von Aufatmen. So begann für viele Familien der Traum vom normalen Leben.

3. DIE WELT DER FRAUEN

Das Ende der Familie

Um das Jahr 1950 war die deutsche Familie zerrieben und am Ende. Diesen Eindruck konnte bekommen, wer eine seit geraumer Zeit durch die Öffentlichkeit wogende Debatte verfolgte. Leitartikler von Zeitungen, Statistiker einschlägiger Fachjournale sowie die Berufsmahner auf den Podien sekundierten sich bei ihren Abgesängen auf jene Institution, die zur Rettung des Gemeinwesens ausersehen war. Anlass waren die seit Kriegsende in allen Landesteilen in die Höhe geschnellten Scheidungsraten. Im Jahr des Kriegsbeginns 1939 hatten sich im Westen 30 000 und im Osten 14 000 Paare scheiden lassen. 1948 dagegen taten dies in den Westzonen 87 000 und in der Ostzone 38 000 Paare. Darunter waren zahlreiche Blitzehen aus dem Krieg, die sich unter dem Eindruck näheren Kennenlernens zerschlissen hatten. Die Kommentatoren erkannten die »Ehe in Gefahr« und »Ehekrisen, wohin man blickt«, eine »Scheidungsseuche« oder einen »Krebsschaden der Gesellschaft«.

Ärzte, Psychologen, Politiker, Kolumnenschreiber, Experten jeden Wassers meldeten sich mit Diagnosen, aber auch mit Gegenreden zu Wort. Einer von ihnen war jener Helmut Schelsky, der 1945 in Flensburg den Suchdienst des Roten Kreuzes begründet und Millionen Familien zu einem Wiedersehen verholfen hatte. Er hatte sich mittlerweile aus der Praxis der Familienzusammenführungen verabschiedet, um sich dem Thema aus akademischer Distanz widmen zu können. Sein Glaube an die Familie war unerschüttert. In einer soziologischen Studie hielt er den Schwarzmalern entgegen, dass die Familie infolge von

Kriegsverlusten und sozialer Deklassierung nicht etwa auseinandergebrochen, sondern enger denn je zusammengerückt sei. In diesem Verbund, so sah es Schelsky, überdauerte der letzte Rest von Stabilität in der ansonsten zermürbten Gesellschaft. Dabei wies er auf die ihm gegenüber immer wiederkehrende Aussage von Befragten hin, dass sie nur noch für die Familie zu leben gedächten.

Andere wähnten den Mikrokosmos Familie im Zusammenbruch begriffen. Bis hinein in die öffentlichen Verwaltungen kroch die Angst vor dem Zerfall der kleinsten Einheit des Staates. In dieser Lage empfahl sich die Wiederbelebung einer sozialen Einrichtung, die es bereits in der Weimarer Zeit gegeben und die in den NS-Jahren den Schwerpunkt auf Rassenpflege gelegt hatte. Die Eheberatung Charlottenburg hatte schon 1945 ihre Arbeit wieder aufgenommen. Fünf Jahre später kam das Landesgesundheitsamt Berlin zu einem Fazit über die Rolle der Frauen in dieser Familienkrise. Mit einer Wortwahl, die männliche Einfühlung mit Hemdsärmeligkeit kombinierte, charakterisierte der preußische Amtmann die Besonderheit der weiblichen Lebensumstände jener Jahre:

> Zum Teil haben sich die Ehepartner entfremdet, zum Teil sind die Frauen, denen die Erhaltung der Familie zur Last fiel, sehr selbständig geworden und es fällt ihnen schwer, diese Selbständigkeit nach Rückkehr des Mannes ganz oder teilweise wieder aufzugeben. Zum Teil haben sich die Frauen während der Abwesenheit der Männer Freunde angeschafft, meist aus wirtschaftlicher, manchmal aus sexualer Not, was ebenfalls zu verstehen ist, und endlich hat der männermordende Krieg einen großen Überschuß von Frauen zurückgelassen, von denen man unmöglich erwarten kann, daß sie in Zukunft endgültig auf Glück verzichten werden.

Das war, auf ein paar Zeilen verknappt, das Drama einer ganzen Frauengeneration. Sie ließen erahnen, wie sehr deren Welt in nicht einmal zehn Jahren aus der Bahn geworfen worden war. Zuvor hatte der Muttermythos des Dritten Reiches das Weib zur Hüterin des Heims stilisiert und zur Ikone der deutschen Familie. Dann wurde ihnen der Krieg aufgezwungen, infolgedessen sie Träume aufgeben, Pläne begraben und sich durch ein Leben kämpfen mussten, das sie sich so nie gewünscht hatten.

Unfreiwillig waren Millionen Frauen mehrere Rollen zugleich zugefallen. Während die Männer an den Fronten standen, mussten sie zu Hause für alles sorgen. Sie mussten die Familie ernähren, die Geschäfte am Laufen halten, mit den Behörden verhandeln, den Haushalt führen, die Kinder durch Schule und Bombennächte schleppen. Zu gleicher Zeit rangen sie darum, die Liebe zu den Männern in der Ferne aufrechtzuerhalten. Die meisten taten das mit einer Willensstärke, die im Nachhinein als selbstverständlich verbucht wurde. Die Frauen waren das zentrale Kraftfeld der Familien geworden. Ihre Männer und Familien aber waren durch den Krieg nicht mehr dieselben.

Der Mann im Haus

Das Haus wimmelte von Unbekannten, die von den Berliner Wohnungsbehörden in den vergangenen zwei Jahren einquartiert worden waren. Die Mutter konnte Elsa und ihre Kinder, zwei Töchter und zwei Söhne, gerade noch in die einzige Wohnung schieben, die keiner haben wollte, weil sie von Bomben getroffen worden war. Es war nicht mehr als ein Zimmer mit Küche – für sie fünf, das musste reichen.

Zusammen mit Elsas Mutter und ihrer Schwester reparierten sie das Nötigste und stemmten sich gegen den Dreck, der sich in mehreren Schichten abgesetzt hatte. Die Glassplitter der Scheiben, die der Luftdruck aus den Fenstern gepeitscht hatte, kalkiger Staub, Putz und Mörtel knirschten unter den Schuhen. Es bedurfte vieler Gänge, bis das Wasser im Blecheimer nicht mehr zur Sedimentschlacke gerann. Dann schleppten sie ihre Habseligkeiten herein. Es gab Feldbettstellen mit Strohsäcken für jeden, außerdem hatte Elsa das Federbett ihrer Hochzeitsausstattung retten können. Alles zusammengepfercht in dem einen Raum. Trotzdem war Elsa, als sie die Tür hinter sich zuzog und sich auf eines der Feldbetten sinken ließ, zufrieden. Sie waren zurück in Berlin. Sie hatten eine eigene Wohnung. Sie waren alle am Leben.

Seit sechs Jahren war Elsa Köhler alleinerziehend, alleinsorgend, alleinflüchtend, alleinkämpfend. Sie war mit ihrem Mann Rudi nach der Hochzeit 1930 Seite an Seite durch schwere Jahre gehetzt, sie in ihrem Kohlenladen mit den Kindern zwischen den Füßen, er als Kraftfahrer mit seinem Fuhrgeschäft. Erst dank Hitlers Kriegsplänen kam Rudi Köhler zu seiner privaten

Rüstungskonjunktur, denn nun erhielt er regelmäßig Fuhraufträge für Militärbaustellen. Bedingung war, dass er ins NS-Kraftfahrerkorps eintrat, wenn er schon nicht in die Partei wollte. Elsa versorgte den Haushalt und den Laden nebenbei, während er gutes Geld verdiente. So fühlten sie sich zum ersten Mal auf beiden Beinen stehend, als sie im Frühjahr 1941 ein Formblatt mit Hakenkreuzstempel auseinanderriss.

Das erste Foto nach dem Einberufungsbefehl zeigt Rudi Köhler in der Uniform der Wehrmacht als Mann mit festem Kinn, dichten Augenbrauen und Selbstbewusstsein im Blick. Hätte derselbe Fotograf auch Elsa aufgenommen, hätte er in den blassen Zügen einer Frau von Anfang dreißig nichts gefunden als Schmerz. Elsa hatte ihren Mann aus Liebe geheiratet. Sie waren sich gegenseitig Herz und Rückgrat.

> Nun stand ich da mit dem Geschäft und mit vier Kindern, und der Mann war einfach futsch. Tag und Nacht hab ich geheult. Ich hab ihn sehr vermißt. Schließlich hatten wir ja auch zusammen gearbeitet. Da war man so aufeinander eingespielt und aneinander gewöhnt. Es war schrecklich.

Der Stellungsbefehl fällte ein Urteil wie lebenslänglich über Rudi und Elsa Köhler, denn er veränderte ihr Leben und ihre Ehe für immer. Von da an vergingen lange Monate, in denen sie ihn gar nicht oder nur stundenweise zwischen seinen Einsätzen in Berlin zu sehen bekam. Den Kohlenladen musste sie schließen, da sie ihn ohne Rudis Hilfe nicht mehr bewältigen konnte. Den Jüngsten sah der Vater erstmals, als er schon drei Monate alt war. Keine Minute verließ Elsa die Angst, ihren geliebten Mann zu verlieren, da konnte er noch so oft schreiben, dass es ihm gutginge und er nur Baustellenfahrer im Hinterland sei, ein kleines Licht hinter der großen Front. Wenn er sie nun beschwindelte oder die Wahrheit nicht aussprechen durfte?

Mehr als vor den Bombergeschwadern am Himmel fürchtete sie sich vor dem Stück Papier im Briefkasten, von dem wieder so ein Adlerstempel mit Hakenkreuz glotzte, daneben ein Zweizeiler und eine in Beileidsroutine verkümmerte Unterschrift. Sie lernte notgedrungen, sich von Tag zu Tag der Angst zu stellen.

Ansonsten galt es, von dem zu leben, was ihr geblieben war. Das war zum einen die Unterstützung für Soldatenfrauen, die sie so einteilen musste, dass der Monat nicht am 15. zu Ende war. Zum anderen war da ihre Familie. Ihre Eltern lebten im Stadtviertel um die Ecke, auch die beiden Schwestern wohnten nicht weit. Sie halfen, den Unersetzlichen zu ersetzen. Wie oft kam die Mutter, um auf die Kinder aufzupassen, wenn sie mal wieder bei den Ämtern vorsprechen wollte. Ihre Schwestern übernahmen notwendige Gänge, und so baute sich Elsa ihr Netz um die Leerstelle namens Rudi herum. *Einsam mußte ich mich nicht fühlen, Gott sei Dank. Und das Leben mußte ja irgendwie weitergehen.*

Das Wichtigste war, dass sie lernte, Entscheidungen allein zu treffen, ohne Rücksprache mit ihrem Mann, der wer weiß in welchem Frontabschnitt saß und vom täglichen Überleben in Berlin nicht die geringste Vorstellung hatte. Undenkbar wäre es früher gewesen, dass Elsa auf eigene Faust mit den zwei kleinen den beiden älteren Kindern hinterherreiste, die mit der ganzen Schulklasse vor den Luftangriffen nach Ostpreußen evakuiert worden waren. Ihren halben Hausstand schleppte sie mit sich – Decken, Matratzen, Federbetten, Kochtöpfe, der Kinderwagen musste mit, eine Frau als Umzugsunternehmen. Vor Ort in Tannenberg tat sie sich mit ihrer Schwägerin, zwei Freundinnen und ihren Kindern zusammen, alle in einer Fischerkate. Sie fühlten das starke Band, das sie zusammenhielt, und die Bewunderung der Leute aus dem Dorf für die vier Frauen mit ihren elf Kindern. *Der Sommer hat uns allen gutgetan.*

Der Krieg zwang ihr eine Verantwortung auf, die sie nicht gesucht hatte, an die sie sich jedoch gewöhnte. Elsa Köhler spürte neben der Last auch die Freiheit, die in Momenten wie jenem lag, als sie sich gegen die Anordnung von oben mit dem ganzen Hausstand auf die Flucht nach Westen machte. Es war Bürde und Auszeichnung zugleich, dass das Leben für sie alle von ihrer Kraft abhing. Sie saßen in einem Bauernhaus, als die sowjetische Armee sie einholte. Sie war fast verrückt vor Angst, doch entschlossen, ihre Kinder um jeden Preis gegen die Soldaten zu verteidigen. Irgendwie brachte sie es fertig, dass sie ungeschoren davonkamen. Schließlich konnte sie im Frühjahr 1947 eine der Zuzugsgenehmigungen nach Berlin ergattern.

Dort saß sie nun in ihrem Zimmer mit Bombenschaden auf einem der Feldbetten. Ihre eigene Wohnung in der Elberfelder Straße hatte aufgehört zu existieren, und ihr Vater war im Volkssturm umgekommen. Sie selbst hatte bei Luftangriffen ihre Kinder in Eisenbahnunterführungen gezerrt. Nur um Haaresbreite war sie der Vergewaltigung entronnen. Unter all dem aber würde sie nicht zerbrechen, das wusste sie jetzt. Sechs Jahre hatte sie allein durchgestanden, zwei Töchter und zwei Söhne aus dem Inferno in die Heimat zurückgebracht und sogar den letzten Schatz, ihren Trauring, vor den Russen retten können. Sie hatte ihren Krieg nicht verloren. *Für mich war die Welt wieder in Ordnung.* Voller Vorfreude wartete sie auf den Moment, in dem ihr Mann Rudi wieder seinen Platz an ihrer Seite, in ihrem Bett einnehmen würde. Eineinhalb Jahre war sie ohne Nachricht von ihm gewesen, bis sie erfahren hatte, dass er in sowjetischer Gefangenschaft war. Sie schrieb ihm, wo er sie finden würde. Sie freute sich auf ihr neues altes Leben.

Unten im Hof stand ein Tisch, an dem ihre Tochter spielte. Durch die offenen Fensterlöcher hörte Elsa ihre Stimme, die auf einmal anders klang als sonst. Sie blickte hinunter, und da fuhr ihr der Schreck in die Glieder: Dort unten saß ein Russe mit der Kleinen am Tisch, sie sah die erdbraune Jacke und das kurzgeschorene Haar. Es war helllichter Tag, was hatte der in ihrem

Hinterhof verloren? Sie war gleich wieder mitten im Krieg, der sie zur Kämpferin gemacht hatte. Da war ein Russe, aber nur einer, mit dem würde sie schon fertig werden. Sie stürzte die Treppe hinunter, durch die Tür auf den Hof hinaus, in ihren Schritten stampfte Entschlossenheit. Sie wollte ihn anfahren, was willst du hier, das ist mein Kind, scher dich davon, aber dann traf sie sein Blick, und es war ihr Mann. Es war Rudi Köhler. Aber – war er es wirklich?

> Ich hab ihn kaum wiedererkannt. Nur die Augen waren noch wie vorher. Sonst sah er ganz anders aus. Älter, abgemagert und unheimlich niedergeschlagen. Er konnte kaum laufen, er ist kaum die Treppe hochgekommen, so schwach war er.

Die kräftige Nase war spitz geworden, in die Wangen hatten sich Furchen gegraben, und die Ohren hingen wie angeschraubt an dem schmalen Gesicht. Sogar das energische Kinn schien zurückzuweichen. Die Kleidung schlackerte um seine Knochen wie vom Kleiderbügel. Wo früher Tatkraft gestrahlt hatte, lagen Schatten von Traurigkeit.

Rudi Köhler war wegen chronischer Unterernährung in der Gefangenschaft zum Pflegefall geworden. In den ersten Wochen überwog die Freude über das Wiedersehen, das Elsa so lange herbeigesehnt hatte. Für sie war Rudi nach wie vor der Mann ihres Lebens, mit dem sie alles teilen wollte. Aber sie musste begreifen, dass das Leben nie mehr so sein würde wie früher, wie sie beide gehofft hatten. Es gab kein Anknüpfen an die Vorkriegszeit, kein Zurück in die alten Rollen. Wie sollte ein Mann seine Familie versorgen, der sich vor Schwäche kaum aus dem Bett stemmen konnte? Jetzt waren sie zu sechst in der engen Wohnung, und Elsa scheuchte die Kinder von der Stube in die Küche und zurück, damit sie ihrem Vater nicht lästig fielen. Die älteste Tochter quartierte sie zu ihrer Mutter aus. Sie wurde zum

Wächter über seine Ruhe. Es schien, als müsste er Jahre ohne Schlaf nachholen.

Aber Rudi Köhler war nicht nur erschöpft, er war auch hungrig. Seine Lebensmittelkarte für Arbeitsunfähige reichte gerade aus, um den Zustand der chronischen Unterernährung aufrechtzuhalten. Bald fiel er über alles her, was er in die Finger bekam und machte dabei nicht einmal halt vor den Rationen der Kinder. Auf den Brotkasten, der in der Küche stand, richteten sich gierige Blicke. Elsa Köhler wusste sich nicht anders zu helfen, als den Kasten mit einem Vorhängeschloss zu sichern und den Schlüssel bei sich zu tragen. *Ich seh noch meinen Mann und meinen jüngsten Sohn, der war ja noch im Wachsen, in der Küche um den Brotkasten schleichen.* Wenn sie bei den Mahlzeiten das Brot schnitt, belauerte jeder den anderen, um nicht zu kurz zu kommen.

Elsa Köhler tat mehr denn je, was ihr im Krieg als Aufgabe zugewachsen war. Sie versuchte, die Familie zusammenzuhalten, die in der Enge ihres Wohnkäfigs vor inneren Spannungen auseinanderzureißen drohte. Keiner von ihnen hatte damit gerechnet, wie fremd sich Vater und Kinder geworden waren, wie fremd sie sich bleiben sollten. Obwohl sie kaum sprachen von diesen sechs Jahren, lagen sie unüberwindlich zwischen ihnen. Sie stahlen sich in ihr Miteinander mit Vorwürfen und Unverständnis.

> Ich hab versucht zu vermitteln – in beide Richtungen. Den Kindern hab ich erzählt, daß sie doch Geduld haben müßten mit ihrem kranken Vater. Und dem Rudi hab ich erklärt, was die Kinder schon konnten und wie ich mit ihnen ausgekommen bin, als er weg war. Sie wollten es oft gar nicht verstehen.

Keines der Kinder kannte den Vater mehr, am wenigsten der Jüngste. Seit der seinen Vater zum ersten Mal sah, fragte er die Mutter immer wieder voller Argwohn nach dem fremden Mann. Es schmerzte Rudi Köhler, dass der Kleine nicht an seiner Hand gehen wollte. Er antwortete mit einer ratlosen Strenge, die die Kinder aus dem Zusammenleben mit der Mutter nicht gewohnt waren. Immer wieder kamen sie zu ihr gelaufen, um sich zu beklagen. Der Faden zwischen Vater und Kindern war gerissen.

Es dauerte Jahre, bis Rudi Köhler auf die Beine kam. Dass er Mitglied im NS-Kraftfahrerkorps gewesen war, bereitete ihm Schwierigkeiten bei der Entnazifizierung. Einen Laden eröffnen wie damals, als sie das Kohlengeschäft und er das Fuhrunternehmen gehabt hatten, dieser Traum war nicht mehr erfüllbar. Mehr als die Hilfstätigkeit auf einer Baustelle, als Aufsicht über die Werkzeuge, war fürs Erste nicht drin. Elsa, die inzwischen ihren Trauring auf dem Schwarzmarkt verkauft hatte, entschloss sich, etwas dazuzuverdienen, auch wenn ihr Mann das nicht gern sah. Sie begann auf derselben Baustelle zu putzen, auf der auch er arbeitete. Damit hatte er das Scheitern seines Rückkehrertraums jeden Tag in Person seiner eigenen Frau vor Augen.

> Statt dessen mußte er sich von mir versorgen lassen. Er hat sich gar nicht mehr richtig als Mann gefühlt. Er hat gelitten, daß ich das alles allein geschafft hab und daß er mir kaum helfen konnte.

Noch einmal vergingen sechs Jahre, bis die Familie Köhler den entscheidenden Schritt nach vorn tun konnte. Die Wohnung, die für Elsa anfangs die Rettung gewesen war, war zum Gefängnis geworden. So fühlte es sich an, wenn man sich zu fünft ein Zimmer teilen musste. Drei Kinder und die Eltern, Stunde um Stunde in Seh- und Hör- und Riechweite. Sie sehnten sich nach Luft zum Atmen, nach der Freiheit des Alleinseins.

Als sie 1953 endlich über die Schwelle ihrer neuen Dreizimmerwohnung traten, fiel von Elsas Seele eine eiserne Klammer ab. Zum ersten Mal wagte sie, von etwas zu träumen, woran sie sich seit zwölf Jahren jeden Gedanken hatte verbieten müssen: Sie träumte von Ruhe. Die Anstrengungen im Kampf um die

Familie hatten ihren Preis gefordert. In ihre Züge hatten sich die Spuren der Erschöpfung eingegraben. Zum ersten Mal konnte sie durchatmen, nachdem Rudi wieder als Lastwagenfahrer hinter ein Lenkrad geklettert war. Jetzt erst begannen sich die dunklen Schleier des Krieges in seinem Gemüt zu lichten, die ihn zu einem so niedergeschlagenen Menschen gemacht hatten. Das erste Weihnachtsfest im neuen Heim war für Elsa ein buchstäblich Heiliger Abend. Nie gab es ein glücklicheres Fest im Haus der Köhlers.

Auf das Gefühl, gebraucht zu werden, wollte Elsa Köhler in ihrem Leben nicht mehr verzichten. Bis ins hohe Alter unterstützte sie ihren Mann und ihre Kinder, sie blieb berufstätig und ging mit 53 Jahren noch einmal in die Lehre. Als ihr Mann Rudi Köhler 1965 starb, war sie zum ersten Mal in ihrem Leben über Nacht allein in einer Wohnung. Sie vermisste ihn von der ersten Minute an.

Wenn Besuch ins Haus der Lodemanns kam, erzählte Elfriedes Gatte wieder einmal seine Geschichte vom Widerstand. Am liebsten in großer Runde, in der er dann seine blauen Augen blitzen lassen konnte. Wie oft hatte sie sich anhören müssen, wie er sich nach dem Krieg geweigert hatte, als die Herren von der Elektrizitätsgesellschaft ihm dazu geraten hatten, den Kopf einzuziehen, nur für ein Weilchen. Sein stolzes Nein von damals machte ihm selbst stets aufs Neue Eindruck. Er sei eben keiner zum Taktieren, gleich was auf dem Spiel stehen mochte. Ein starker Abgang, fand auch sein jüngster Sohn.

> Ich sah ihn ein bißchen wie Luther vorm Reichstag, oder wie Wilhelm Tell. Mutter dagegen war unzufrieden. 23 Jahre hatte ihr Mann für den Konzern gearbeitet, nur noch zwei Jahre, dann wäre sein Pensionsanspruch fällig gewesen. Nun war gar nichts mehr fällig. Nicht mal eine Abfindung.

Für Elfriede Lodemann schimmerte hinter seiner Familienlegende selbst bei ihrer wiederholten Beschwörung keine Heldensage durch. Für sie blieb es der Fehler seines Lebens. Unüberlegt, vermeidbar, ja, weltfremd war das gewesen. Sie musste es ausbaden.

Die Eheleute Friedrich und Elfriede Lodemann trennte mehr als neun Jahre Altersunterschied. Gemeinsamkeit bestand zumindest darin, sich gegenseitig »Friedel« zu nennen. Elfriede war eine schwarzhaarige Schönheit von zarter Rundlichkeit. In ihrer eigenen Familie hatte der Vater, ein Mann der preußisch geraden Art, alles gegolten. Sie selbst war von praktischer Veranlagung und glaubte an den Gehorsam als Fundament gesellschaftlichen Erfolgs. Ihre Ausbildung als Krankenschwester trug beidem Rechnung.

Ihr Mann Friedrich hingegen war ein groß gewachsener Bauernsohn, hinter dessen hoher Stirn viel Raum für Grübeleien war. Er galt als lesender Sonderling, erst recht, als er das Hoferbe ausschlug, um Elektrotechnik zu studieren. Außerdem besaß er ein Talent, sich bei Vorgesetzten jedweder Klasse (Militär, Beruf, Partei) mit schroffer Direktheit ins Abseits zu stellen. Als sich die beiden in einem Eisenbahnabteil begegneten, war sie zunächst beeindruckt von seinen akademischen Schmissen im Gesicht sowie vom Ingenieurdiplom in seiner Tasche. Seiner Neigung, über Glück, Wahrheit und Gerechtigkeit zu brüten, stand sie von Anfang an ohne Verständnis gegenüber. Neben Fragen des Alltags bildete das Wetter ihre einzig solide Gesprächsgrundlage. Auf einem frühen Familienfoto irren seine Augen unter steilen Stirnfalten wie suchend in die Ferne. Elfriedes Blick dagegen heftet sich ohne Umschweife ans Objektiv. *Der Grundriß einer Ehe.*

Die Lodemanns lebten in Essen, wo ihre drei Söhne Rudolf, Gert und Jürgen zur Welt kamen. Bis zum Krieg war alles jenen Gang gegangen, den Elfriede sich als Lebensrahmen abgesteckt hatte. Sie besorgte den Haushalt, während ihr Mann beim Essener AEG-Konzern eine maßvolle Karriere bis zum Abteilungsleiter abschritt. Es waren Jahre des Fortkommens, sein Gehalt wuchs, und ihre Wohnung im Stadtwald-Viertel entsprach ihrem Status in der Gesellschaft. Sie störte sich nicht wesentlich an seinen Anwandlungen von Tiefsinn. *In dieser Familie keinerlei Außerordentlichkeit. Kein Trinker, kein Held, kein Genie, kein Krimineller, nicht mal eine Ehescheidung. Ja nicht mal ein höherer Nazi.* Mitglied der NSDAP war Elfriedes Mann zwar seit 1931, und er bekleidete im Ehrenamt verschiedene Funktionärsposten. Doch in dieser Partei aufzusteigen, dazu mangelte es ihm an Ehrgeiz oder Begabung.

Elfriede Lodemann beobachtete mit Skepsis, wenn Friedrich zur Feder griff, um die Reichsleitung in Berlin über parteiliche Missstände ins Bild zu setzen. So monierte er die Alkoholexzesse in manchen Essener Parteilokalen. Er äußerte sich zu Fragen der NS-Wirtschaftspolitik mit kleinteiligen Rechenexempeln, kritisierte den Egoismus der Bonzen und stellte gar das »Führerprinzip« infrage. Nach Kriegsausbruch wuchs Elfriedes Unwille, als er die Parteileitung weiter mit Einlassungen torpedierte, anstatt seine niedrige Mitgliedsnummer, die er ja hatte, für ihre Familie auszunutzen. Es war ihr nicht begreiflich, dass er Vergünstigungen wie das »Führerpaket« (Hartwurst, silbern glänzende Ölsardinen, Schokolade in raschelndem Packpapier) als Vater dreier Kinder in solchen Sauergurkenzeiten ablehnen konnte.

Sie begann an ihm zu zweifeln. Das Essener Parteigericht konfrontierte ihn nach einem als »Stimmungsbericht« titulierten Brandbrief, in dem er weder Goebbels' Frauenaffären noch Görings Versagen im Luftkrieg aussparte, mit dem Vorwurf der Wehrkraftzersetzung. Nun war es plötzlich eine Sache auf Leben und Tod. Friedrich Lodemann kam mit einer Verwarnung davon, aber ab da hing Elfriedes Bild vom Ehemann in Schieflage. Seine Verstiegenheiten wurden ihr unheimlich. In dieser Zeit muss sich in ihr die Erkenntnis durchgesetzt haben, dass sie das

Steuer besser in ihre eigenen Hände nehmen sollte. Zur Not ohne oder gegen ihren Mann. Während er seinen Ideen hinterherspann, beschloss sie, sich selbst um das Wohl der Familie, um Essen, Kleidung, die Kinder zu kümmern – um das echte Leben, zu dem er so wenig fähig war. *Sie tat es mit praktischer Energie.*

Und mit Verschwiegenheit. Der Staat hatte Verdunkelung angeordnet, wegen der Luftangriffe, daher zogen sie schwarze Papierrollen über die Fenster. Dicht machen, abschotten, tarnen. Nichts sollte aus den vier Wänden nach draußen dringen, wo die Gefahr lauerte. Wenn ihr einer der Söhne frech kam, musste Elfriede nur sagen: Ruhig, oder du kommst ins Lager. Schweigen sollte selbst, wer recht hatte. Sie hatte besser begriffen als ihr Mann, der ewige Beschwerdeführer, was das Gebot der Stunde war. Im Esszimmer, wo niemand es übersehen konnte, hängte sie einen Wandspruch auf: »Lerne schweigen, ohne zu platzen.« So lehrte sie ihre Familie Verschwiegenheit. Jürgen, der Jüngste und Gelehrigste, saß halbe Tage am Fenster, sah hinaus und sagte nichts.

Nach dem Kriegsende, das sie trotz Fronteinsatz zweier Söhne ohne Verluste überstanden hatten, fand sie sich in allem bestätigt. Für sein Entnazifizierungsverfahren, dem er sich als Parteimitglied zu unterziehen hatte, sammelte Friedrich Lodemann handschriftliche Fürsprachen zusammen. Die Kollegen wussten nichts Schlechtes über den früheren Blockleiter und AEG-Betriebsobmann zu berichten. Die Spruchkammer jedoch sah in ihm einen Parteiaktivisten, der in die Kategorie III der »Minderbelasteten« zu zählen war. Fassungslos nahm er dieses Urteil entgegen, so sicher war er seiner Sache gewesen. Er sei doch nur ein Idealist mit reinem Herzen!

Seine Frau widersprach nicht einmal mehr. Ein Idealist war er wirklich immer gewesen. Einer, der alle Vergünstigungen von sich wies. Er hatte »Führerpakete« liegen und sich in der Partei ausbremsen lassen. Er lehnte es ab, beim elterlichen Bauernhof in Celle um Lebensmittel vorzusprechen. Dabei war er dort der Älteste, der eigentliche Erbe, aber nein, er war zuvorderst Idealist. Dieses Attribut nahm, je öfter Elfriede es im Mund führte, einen eigenartigen Klang an. Die Kinder hörten es fallen, wenn die Eltern sich stritten, wenn ihre Mutter den Vater wegen Kohlen, Holz und Essen anging, unter Tränen erstickt.

> Sie kämpft, müht sich, ich höre aber auch, wie sie in ihren Reden nun das alte, früher doch eher noch respektierte Wort »Idealist« abwandelt und daraus etwas macht, was ganz ähnlich klingt. Dieses andere ähnliche Wort wird sie nur in Momenten höchster Bedrängnis aussprechen – nein, »Idiot« hat sie fast nie gesagt, sie bremst sich noch jedesmal rechtzeitig, und es kommt dann nur ein »Idi…« heraus.

Friedrich verschaffte sich seinen starken Abgang bei der AEG, zwei Jahre ehe die Betriebsrente fällig war. Damit war er arbeits- und mittellos. In den Augen seiner Frau hatte er mit seiner Stolzgeste, die für sie alle das Dasein schwer machte, verspielt. Das sah ihm ähnlich, das Angebot seiner Dienstherren nicht anzunehmen und nach 23 Betriebsjahren alle Ansprüche fallen zu lassen. Es war, um eine ihrer Redensarten zu zitieren, wie kurz vor dem Klo in die Hose zu machen.

Aus allen seinen Irrtümern, dem Mitschwimmen in der Partei bei gleichzeitiger Widerborstigkeit, seiner Prinzipientreue ohne Lohn hatte er nichts gelernt. Sie war es satt, solche Fehltritte im Namen des Idealismus gutzuheißen. Im Haus der Lodemanns spürten alle, dass sich in der Familie etwas verschoben hatte. *In Mutters Sicht hat Vater seine einsame Höhenposition verloren. Nicht nur im Aussehen ist er heruntergekommen zum »Gandhi«, auch im Ansehen.*

»Gandhi« nannte sie ihn, weil er mager geworden war, und darüber hinaus ein Fantast. Die Rollen waren von da ab klar verteilt. Elfriede war die Organisatorin, die das Heft in der Hand hielt. Er gab dagegen den Papierhelden, der Seiten vollschrieb, englische Vokabeln paukte oder sich hinter weitverzweigten Familienstammbäumen vergrub. Hin und wieder verlegte er seine Brille. Elfriede Lodemann nahm in diesen Jahren kein Blatt mehr vor den Mund. Häufig kam es zu Wortwechseln, auch wenn die Kinder dabeistanden. Wenn er mit wütend blitzendem Auge in den Keller oder in seine Papierhöhle zurückgestampft war, fand Elfriede schnell wieder zu sich. Nein, ihr Mann war nicht schlecht. Er war eher zu gut. Ein Nutzloser, ein Träumer. Ein Idealist.

Es war ein Septembertag im Jahr 1954. Edith Sänger hatte gut gefrühstückt und war gegangen, um ihren Laden zu öffnen. Wie jeden Morgen lagen die Obstkisten auf den Regalen. Die Schaufenster hatte ihr Mann Heinz blank gewischt. Die Geschäfte nebenan, die Putzmacherin auf der einen und die Textilverkäuferin auf der anderen Seite, hatten schon auf. Durch die Wände konnte sie ihre Stimmen hören, Frau Niepolt und Fräulein Beutler. Sie waren wie drei Schwestern im Geiste: jede auf eigenen Füßen, doch keine brauchte sich einsam zu fühlen. Diese Momente, wenn noch keine Kunden da waren, gaben Edith ein Gefühl der Geborgenheit. Wie viele Menschen würden sie wohl um ihr Leben beneiden, dachte sie. Das sollte ihr die Kraft geben, die sie für ihr Vorhaben brauchte; gegen das Unglück, das in ihr wühlte.

Ende September war es kühl geworden im Waldecker Land. Hinter Edith Sängers Laden befand sich ein kleines Zimmer, das ihr Mann für sie vorgeheizt hatte. Hier wollte sie damit anfangen, ein Tagebuch zu führen. Vielleicht sollte sie es eher ihre Bekenntnisse nennen. Immer wieder hatte sie es aufgeschoben. Jetzt setzte sie sich an das Tischchen.

> Es ist alles noch so unklar, so verworren und durcheinander in meiner Seele, und ich sehne mich so sehr nach innerer Ordnung, Sauberkeit und Klarheit. Ich werde alle meine Gefühle und Gedanken so klar und ehrlich wie nur möglich niederschreiben und hoffe aus diesem Rechenschaftsbericht für mich selbst, den Seelenfrieden und die Kraft zu schöpfen, die ich zu einem pflichterfüllten und glücklichen Leben brauche, aber bisher noch nie wirklich erreicht habe.

Wer die äußeren Daten im Leben dieser Frau kannte, hätte ihr ein Höchstmaß an Glück und Ausgeglichenheit unterstellt. Sie war 30 Jahre alt, verheiratet und Mutter zweier Kinder. Ihre Eltern gingen ihr im Obst- und Gemüseladen zur Hand. Sie wohnte an ihrem Geburtsort Bad Arolsen, einer Fachwerkstadt im nördlichen Hessen, die beliebt war als Kulisse für Bilderbuchillustratoren. Es klang nach dem deutschen Kleinstadttraum der Fünfzigerjahre. Aber der Begriff Kulisse bedeutet auch Schiebewand, hinter der ein verworrenes Getriebe arbeitet. Edith Sänger hatte beschlossen, die Wand beiseitezuschieben, um aufzuräumen, was sie mit sich herumschleppte. Es galt, den Gespenstern ihres Lebens in die hässliche Fratze zu schauen, alles beim Namen zu nennen, was sie quälte. Dann könnte sie Ordnung in ihre Gefühle bringen. Gleich bei den ersten Zeilen spürte sie den Widerstand. *Irgend etwas hemmt mich und hindert mich an der Ausführung.*

Sie nahm einen langen Anlauf. Sie beschrieb sich selbst, als stünde eine Person neben ihr, die sie vermessen würde. Penibel tastete sie sich Zentimeter für Zentimeter ab. Sie horchte auf den Schlag des Herzens. Sie vermerkte die Färbung der Augen und Schattierungen der Haut. Ihre Beine schienen ihr dünn, die Füße winzig (Schuhgröße 35), der Gang schleppend wegen des Körpergewichts (65 Kilogramm). Das Fazit ihrer Selbstuntersuchung war ohne Mitleid.

> Fast immer sehe ich sehr blaß aus. Die Augen liegen tief und glanzlos in den Höhlen, von dunklen Ringen umgeben, die Haut ist schlapp und welk und oft durch schlechte Verdauung auch unrein. Die Haare haben keinen Glanz und sind stumpf und brüchig. Der ganze Körper ist viel zu dick und haltlos. Nein, ich gefalle mir wirklich nicht und bin mir auch völlig darüber im klaren, daß ich durch schlechte innere und äußere Haltung vieles selbst verschuldet habe.

Ihrem Hausarzt Dr. König war nicht entgangen, wie intensiv sich seine Patientin mit sich selbst beschäftigte. Sie neigte dazu, daraus Bedrohungen für ihr Leben abzuleiten. In der Nacht nach dem ersten Tagebucheintrag träumte sie von Schmerzen am ganzen Leib. Am Morgen erwachte sie mit einem leichenhaften Geschmack im Mund. Aber sie konnte nicht mehr aufhören. Sie musste sich die Angst von der Seele schreiben. Die eigene Gefühlskälte war ihr unbehaglich. Mit ihrem Mann zu schlafen war eine Pflicht geworden, die sie unwillig antrat. *Bin ich denn eigentlich noch eine richtige Frau?* Am Ende dieses Kapitels voll Selbstekel stellte sie fest: Sie war todunglücklich.

Obwohl sie nie über Bad Arolsen hinausgekommen war, war Edith Sänger kein einfältiger Mensch. Sie formulierte klar, und ihre Handschrift floss geübt dahin. Mit den Grundzügen der Psychologie war sie vertraut, so wie sie von »Minderwertigkeitskomplexen« oder »Neurosen« sprach. Nach ihrer Selbstbespiegelung wollte sie den Ursachen ihres Zustands von der Kindheit an auf den Grund gehen.

Ihre Mutter hatte das Regiment geführt in einer Ehe ohne Liebe. In Ediths Geburt suchten die Eltern Trost gegen ihr eigenes Unglück, den das Kind niemals bieten konnte. Mal wurde sie überschüttet mit Zärtlichkeiten, mal hagelte es Schläge. *Meine Mutter verfluchte und verdammte mich oft um nichts.* Sie beschrieb sich als Kind, das niemals eines sein durfte. Mit sechzehn verließ sie die Schule, weil sie den Drill nicht ertrug. Sie fühlte sie wie eine, die nicht dazugehörte.

Dann kam der Krieg. Wilhelm Isenberg war Pilot bei der Luftwaffe und besuchte seine Heimatstadt Arolsen. Sie waren sich seit Jahren vertraut. Mit ihm verlobte sie sich im Juni 1940. Die Aussicht, das Elternhaus gegen ein Leben mit dem Geliebten zu tauschen, verlieh ihr Flügel. In einer Nacht glaubte sie dreimal laut ihren Namen zu hören. Da war, wie sie später erfuhr, Wilhelm in Russland mit seinem Flugzeug abgestürzt. Sie war 18 Jahre alt, doch der Schmerz verging nicht. Sie ließ sich fallen in bedeutungslose Liebschaften. Alle sprachen darüber, denn Edith war als Ladenbesitzertochter im Ort bekannt. Sie wünschte sich einen Schlund, der sich im Boden auftäte.

An dieser Stelle hielt sie inne. Es war der 8. Oktober 1954, das halbe Heft war mittlerweile vollgeschrieben. Das Tagebuch wurde zur Lebensbeichte, die sie aus sich herausriss. Mal stieg die Röte in ihr auf, mal waren es Tränen. *Die Gedanken überstürzen sich und mir ist als würde ich getrieben und gejagt. Ich weiß, daß ich nicht eher Ruhe finde, bis ich mir alles von der Seele geschrieben habe.* Nachts schlief sie unruhig, sie fühlte sich wie ausgewrungen. Trotzdem war ihr, als ob sich alles in ihr löste. In solchen Momenten wurde ihr in ihrer Kammer ganz feierlich zumute.

Zwei Monate später. Sie war nicht fertig geworden mit ihrer Geschichte, das wichtigste Kapitel fehlte. In diesen zwei Monaten hatte sie kein Wort zu Papier gebracht. Der Faden war gerissen. Sie fragte sich, ob sie dem Leben überhaupt noch gewachsen war. Am liebsten wäre sie fortgerannt. Am liebsten hätte sie sich vergiftet. Was war geschehen?

Wovor sie am meisten Angst gehabt hatte, war eingetreten: Edith Sänger war schwanger geworden. Niemand in der Familie war bereit für ein drittes Kind. Nicht ihre Mutter, nicht ihr Mann Heinz, auch nicht sie selbst. Sie fürchtete die Schwangerschaft, die Geburt und die vereinte Abwehr der anderen. Sie griff zu

Hausmitteln der Verzweiflung. Sie trug ihren 80 Kilo schweren Mann durch die Räume, stieg in siedend heiße Bäder, trank becherweise starken Mokka und versuchte es mit Spülungen. Keine der erbärmlichen Rosskuren schlug an. *Ich fühlte mich dadurch, daß ich ein Kind erwartete, so wie ein Mensch, der ein Verbrechen begangen hat.* Schließlich überredete sie ihren Arzt, einen Schwangerschaftsabbruch vorzunehmen, wie schon viele Male zuvor. Sie verabscheute sich dafür, noch mehr aber ihren Mann, der sie mit ihrer Gewissensnot im Stich ließ.

Sie war zum Kern ihrer Seelenerforschung vorgedrungen. Der Mann, mit dem sie ihr Leben teilte, war ihr fremd geworden. Hätte man sie aufgefordert, seinen Charakter zu beschreiben, wäre sie verstummt. Heinz Sänger war ein Mann mit vielen Gesichtern. Gemessen an den äußeren Gepflogenheiten war er ein Kavalier. Jeden Morgen pumpte er ihr Fahrrad auf und feuerte den Kessel an. Er wischte ihre Schaufenster. Er nahm ihr ab, was er konnte. Manchmal brachte er ihr eine Tasse Kaffee ans Bett. Für die beiden Kinder sorgte er, wie es von einem Vater erwartet wurde. Er liebte Musik, Reisen und Tanz, was ihn über den Durchschnitt der Provinzleute von Bad Arolsen erhob.

Es gab aber auch den anderen Heinz – jenen, der allen Anstand vergaß, sobald die Haustür ins Schloss fiel. Dann zischten Worte wie Dreckspritzer aus seinem Mund. Wer dagegenhielt, bekam einen Kübel davon über den Kopf gekippt. Sie ertappte ihn beim Betrügen, doch er scherte sich nicht darum. Der gleiche Mann, der seinem Sohn Schnittchen schmierte, schlug ihm bei anderer Gelegenheit ins Gesicht. Er schlug auch Edith und ihre Mutter, bis sie am Boden lag. Seltene Entgleisungen, gewiss. *Aber trotzdem war ich sehr erschrocken über diese urwüchsigen Triebe, die da zum Vorschein kamen.* Am meisten machte ihr zu schaffen, dass er sie ausschloss aus seiner Gedankenwelt. Sein Inneres blieb ihr verriegelt. Beklagte sie sich darüber, so nannte er sie unsachlich.

Außerdem ist er öfters von einer solchen Kälte und Unfreundlichkeit, daß mich körperlich und seelisch friert. Vielleicht kommt alles von seiner großen Verschlossenheit her. Ganz, ganz selten spricht er einmal aus, was ihn bewegt. Weder Freude noch Kummer noch Schmerzen teilt er mir mit. Alles trägt er ganz allein.

Wer war dieser Heinz Sänger? Wen hatte sie da vor elf Jahren geheiratet? Im November 1943 hatte sie im Bahnhof von Bad Arolsen gesessen, auf dem Weg zu Verwandten. Die schalkhaften Augen des jungen Soldaten ihr gegenüber fielen ihr auf. Er trug ihr den Koffer ins Abteil. Die ganze Fahrt über unterhielten sie sich. *Nach 1½ Stunde Bahnfahrt, nahm er einfach meine Hand. Er tat das so selbstverständlich, daß ich mich nicht wehrte.* Monatelang hatte sie mit niemandem so offen über sich selbst reden können. Nun sprudelte es aus ihr heraus: der tote Wilhelm, ihre Affären, das Getuschel der Nachbarn. Es tat ihr wohl, einen Menschen zu finden, von dem keine Verachtung ausging. Sie ließ sich am Ende von ihm küssen, da wusste sie nicht mal seinen Namen. Nur dass er bei der SS war, hatte sie an den Kragenlitzen erkannt. Sie sahen sich bald wieder.

Niemals hätte ich gedacht, daß dies einmal mein Mann würde, und wenn ich heute darüber nachdenke, dann muß ich sagen, daß er damals ganz anders wirkte wie jetzt. Sah ich ihn damals oder heute falsch, oder hat er sich so sehr verändert?

Heinz erzählte ihr von seinen Eltern und seinen vielen Brüdern, doch von der SS sprach er kaum, außer dass er mit achtzehn freiwillig beigetreten war, inzwischen Unterscharführer, als Kame rad beliebt. Wenn eine Kleinstadt den Ruf einer SS-Hochburg verdient hatte, dann war es Bad Arolsen. Hier waren Einheiten wie die Totenkopf-Division und die Verfügungstruppe »Germania« stationiert. Vom Neuen Schloss aus befehligte der Erbprinz zu Waldeck den SS-Oberabschnitt Fulda-Werra. Im Herbst 1943 wurde die Führerschule des Wirtschafts-Verwaltungsdienstes in die Arolsener Kaserne verlegt, um dort SS-Junker zu Kampfmaschinen abzurichten. Sie lernten Gefechtsverhalten, Geländekunde, Heerwesen und Panzerlehre. Auf dem Kasernenareal befand sich ein Außenlager des Konzentrationslagers Buchenwald. Den Junkern standen die Gefangenen als Haussklaven zur Verfügung.

Heinz Sänger war Ausbilder in dieser Junkerschule gewesen. Wie sein Dienst in der SS in den Jahren zuvor ausgesehen hatte und wie er die letzten Kriegsmonate zubrachte, als die Schule aufgelöst wurde, darüber hüllte er sich später in ein Schweigen, das sich wie eine Mauer zwischen sie schob. Dabei sehnte sich Edith nach einem Gefährten, mit dem sie darüber sprechen konnte, was sie bewegte. Sie fühlte mehr, als sie es wusste, dass er in sich etwas vergraben hatte. *Wenn er sich nur einmal richtig aussprechen würde, mir alles sagt, was er fühlt und denkt. Es wäre für ihn wie für mich sicher eine große Wohltat. Aber er kann oder will es nicht.*

Jahre später fand sie heraus, dass er sie von Anfang an belogen hatte. Er war geschieden, und er hatte ein uneheliches Kind. Als sie sich auf dem Bahnsteig von Arolsen kennenlernten, war er nicht jener unbedarfte Schalk gewesen, sondern an Seele und Körper zerrüttet. Heinz Sänger war ein anderer, als er vorgab zu sein. Wenn Edith ihrem Mann mit Scheidung drohte, hörte der gar nicht hin. Er wusste ja, das war es nicht, was sie wollte. Sie wollte ihren Heinz behalten. Nur nicht diesen Heinz.

> Was man nicht richtig kennt, das kann man auch nicht wirklich lieben. Diese Tatsache tut mir sehr weh und ich werde alles tun, was in meinen Kräften steht, um diesen Zustand zu ändern.

An dieser Stelle beendete Edith Sänger ihr Tagebuch, nach neun Wochen und 86 Seiten, im Dezember 1954.

Haus ohne Mann

Vom Zerfall der Ehe sprach zu diesem Zeitpunkt kaum noch jemand, da die Scheidungsraten keinen Anlass mehr dafür gaben. Der Zustand der deutschen Familie hörte trotzdem nicht auf, das Land in Sorge zu halten. Nach seiner Wiederwahl zum Bundeskanzler schuf Konrad Adenauer ein eigenes Bundesministerium für Familienfragen. Zum ersten Mal überhaupt gab es im deutschen Staat eine eigene Zuständigkeit für die Familienpolitik. Der Minister hieß Franz-Josef Wuermeling, hatte fünf Kinder und war strenger Katholik, der die Deutschen unermüdlich vor der Überalterung ihrer Gesellschaft warnte, sollten sie nicht zurückkehren zum Ideal der kinderreichen Familie im klassischen Modell.

Wuermeling galt als mitreißender Redner, zu dessen Auftritten die Menschen in Sonderzügen anreisten. Er polemisierte gegen »ehezerstörende Tendenzen« in der Kultur und verherrlichte das »Mutterwirken«, womit er sich andererseits zu einer der meistgehassten und verspotteten Figuren der Adenauer-Ära machte. Dennoch hielt sich »Bundessittenwächter« Wuermeling bis 1963 im Amt. So umstritten das neue Amt war, zeigte es doch die Bedeutung, welche die öffentliche Meinung den Fragen der Familie beimaß.

In der ersten Hälfte der Fünfzigerjahre beschäftigte sich sein Ministerium mit dem Phänomen der »Onkelehe«. Gemeint waren die weitverbreiteten »wilden Ehen« von Kriegerwitwen mit Männern (aus Sicht der verwaisten Kinder »Onkeln«), die sie nicht heirateten, um ihre Ansprüche auf Hinterbliebenenrente behalten zu können. Zwischen 50 000 und 300 000 lagen die Schätzungen der Zahl solcher unehelichen Lebensgemeinschaften, die nicht nur den Bundesfamilienminister empörten. Juristen, Sozialpolitiker, Ministerialbeamte, Kirchenvertreter, Publizisten und Leserbriefschreiber witterten ein amoralisches Zersetzungswerk gegen die Grundlagen des Zusammenlebens in Deutschland.

Ursache für die vielen Onkelehen war jedoch das Bundesversorgungsgesetz von 1950, demzufolge eine Witwe im Fall ihrer Wiederverheiratung ihren Rentenanspruch gegen eine geringe Abfindung verlor. Der Gesetzgeber argumentierte dabei mit der »natürlichen Gesellschaftsordnung«, auf deren Grundlage der Ehemann für die wirtschaftliche Sicherheit von Frau und Kindern zu garantieren hatte. Der Mann als Alleinernährer war aber angesichts von Millionen Kriegsgeschädigten zur Fiktion geworden. Das hinderte die Vertreter des Staates nicht daran, gegen die »wilden Ehen« zu Felde zu ziehen. Der Vorstoß, die Polizei und das Strafrecht gegen die Onkelehen in Stellung zu bringen, konnte sich zwar nicht durchsetzen; moralisch aber waren Frauen in unehelichen Verhältnissen langfristig erledigt. Die Position der Onkel schien dagegen nicht der Rede wert zu sein.

Im Jahr 1954 fand das Thema Eingang in die Nachkriegsliteratur. Der Kölner Schriftsteller Heinrich Böll veröffentlichte einen Roman, der die Geschichte zweier vaterloser Jungen und ihrer Witwenmütter erzählt. Darin ließ er eine Reihe von unechten »Onkeln« aufmarschieren, die die Sehnsucht der Kinder nach Geborgenheit und der Mütter nach Liebe kaum erfüllen können. Es gehört zu Bölls Grundmotiven, zu beschreiben, wie Frauen und Männer nach den Kriegserschütterungen ein neues Verhältnis zueinander zu finden versuchen. Wie in seinen früheren Büchern stehen seine Figuren im Kampf gegen ein bigottes Wertesystem. Mit *Haus ohne Hüter* fand Böll einen Titel, der die Verunsicherung der Gesellschaft ohne Männer auf den Punkt brachte.

Für die breite Öffentlichkeit befeuerte der Boulevard die Debatte mit zotigen Geschichten, wo »lustige Witwen« sich mit wechselnden Onkeln in »Bratkartoffelverhältnissen« einrichteten. Als die Polemik um die Onkelehen nach Jahren abebbte, zog ein Vertreter des Hinterbliebenenverbands ein Fazit voll Bitterkeit.

> Verächtlich aber war es, daß hier in Bausch und Bogen mit der Lärmtrommel moderner Publizität die Ehre und das Ansehen hunderttausender unschuldiger Frauen in den Schmutz gezogen wurde, die durch den Kriegstod ihres Mannes ihr Lebensglück zerstört sahen und sich dennoch unbeirrt und tapfer, zum größten Teil aus eigener Kraft und Arbeit, mühsam ein neues Leben aufzubauen suchen. Von dieser stillen Tapferkeit alleinstehender Frauen und Mütter wäre ein hohes Lied zu singen gewesen, das noch heute viele Zeitungsspalten füllen könnte.

Jenseits der Aufregung um die Onkelehen war das Leben der Kriegerwitwen den Zeitgenossen kaum ein Stirnrunzeln wert. Der Krieg hatte mehr als eine Million Soldatenwitwen hinterlassen und Deutschland in ein Land der alleinstehenden Frauen verwandelt. Man begegnete ihnen auf Schritt und Tritt, doch ihr Schicksal fand wenig Anerkennung. Frauen ohne Männer gehörten zu jenen Kriegsfolgen, die so gleichgültig aufgenommen wurden, als hätte es sie immer schon gegeben.

Berta Boese lebte mit ihrem wenige Monate alten Sohn Detlev wieder bei den Eltern in Passau, aber daheim konnte sie sich hier nicht mehr fühlen. Die Not hatte sie Anfang 1945 auf der Flucht vor der Roten Armee aus Königsberg hierhergetrieben. Jetzt sägten Mutter und Vater an ihren Nerven, weil sie sie zurückscheuchten in den Käfig der Kindheit. Sie machten sie wieder zu ihrer kleinen Berta Pritzl, dabei war sie doch Berta Boese geworden und hatte in Ostpreußen ein Heim mit ihrem Mann Gustav bezogen. Hier dagegen war sie nichts als immer nur Tochter.

Ich habe mich so sehr darauf gefreut, mit unserem Baby in unserem schönen Heim zu wohnen, auszufahren, meine kleine Wirtschaft zu versorgen. Nun kam alles anders. Hier führt Mama die Wirtschaft, ich bin nur Hilfe hier im Haus, »Stütze« sozusagen, und gerade das kann ich manchmal nicht mehr ertragen, selbst der Herr sein, das möchte ich.

Sie geriet mit ihren Eltern aneinander, denn sie wollte nicht mehr das dumme Mädchen der Familie sein. Die Suche nach einer Wohnung trieb sie um. Unter dem Dach der Familie fühlte sie sich wie ständig auf Besuch, ein Gast, ein Untermieter. Niemand war da, dem sie ihr Herz ausschütten konnte, nichts, was ihr allein gehörte, nichts konnte sie nach ihrem Geschmack einrichten, weil jeder in der viel zu kleinen Wohnung es besser wusste.

Ihren geliebten Mann Gustav und ihr Königsberger »Dornröschenschloss« hatten ihr der Krieg gegeben und genommen. Sie konnte sich schwer damit abfinden, in ihr gebrauchtes Leben zurückzukehren. Sie klagte darüber in ihren Briefen an den verschwundenen Ehemann, in denen sie die gemeinsamen Erinnerungen beschwor, das Gefühl der Freiheit, den Rausch der Sommermonate im ukrainischen Städtchen Dubno. In ihren Vorstellungen hatte sie längst eine eigene Wohnung gefunden. Ihr Kopf arbeitete an einer gemeinsamen Zukunft, als hätte Gustav sein Kommen für jede Minute angekündigt.

Gusti, wenn Du kommst und gehst nach Wolf Huberstr. 8 triffst meine Mama an und sie kann Dir dann sagen, dass ich schon eine kleine Wohnung habe und schickt Dich über die Strasse in unsere Wohnung über drei Treppen hoch und Du klopfst und stehst vor unserer Tür.

Die kleine Wohnung gab es in Wirklichkeit nicht. Niemand klopfte an ihre Tür. Von den 160 000 Postkarten von deutschen Gefangenen aus Russland, von denen Berta gehört haben wollte, verirrte sich keine zu ihr nach Passau. Sie schickte ihrerseits Briefe aufs Geratewohl nach Königsberg, an Gustavs alte Adresse, an die Freunde von damals, an Frau Bolz und an die Brettschneiders. Nichts kam zurück. Sie betete in der Kirche. Sie gab Anzeigen auf und durchkämmte die Listen vom Suchdienst des Roten Kreuzes. Sie ging zum Pfarramt, weil sie gehört hatte, dass man dort nach den Männern in russischer Gefangenschaft forschte.

Dann kam die Weihnachtszeit. Der Vater schleppte den Christbaum herein, der seinen Duft in der Wohnung verströmte. Sie besorgte Geschenke für Detlevs erstes Weihnachtsfest, einen Puppenwagen und ein Hündchen auf vier Rädern. Bis spät in die Nächte vergrub sich Berta Boese in ihre Liebesbriefe, die immer länger gerieten, je näher der Heilige Abend rückte. Noch einmal legte sie ihre Sehnsucht, Schmerz und Hoffnung in die Zeilen an den Verlorenen, den sie nicht preisgeben wollte. *Diese Briefe waren ihr Hilfeschrei. Ein Ruf nach dem verschollenen Ehemann.* Sie beschwor ihre Erinnerungen herauf an das Weihnachtsfest in Königsberg.

Der Weihnachtsbaum war seit langer Zeit der Inbegriff der deutschen Innerlichkeit. Alle Bemühungen der Nationalsozialisten, das Fest der Familie als »Deutsche Weihnacht« zur nationalen Wiedergeburtsfeier umzudeuten, waren gescheitert. Niemand wollte das Christkind gegen den Hitler-Messias eintauschen. Niemand wollte in seiner Stube statt des Christbaums mit Kerzen einen »Germanischen Lichterbaum« mit Holzschmuck in Runenform aufstellen. In den Kriegsjahren stand der Weihnachtsbaum in seiner klassischen Gestalt sogar an allen Fronten, in afrikanischen Mannschaftszelten genauso wie in den U-Booten im Atlantik. In der Heimat waren es die Frauen, die alle Improvisationskünste aufboten, um ihren Lieben trotz des Mangels ein gelungenes Fest zu bereiten.

Dabei blieben unter dem von Goldschmuck schimmernden

Baum die Plätze vieler Ehemänner, Väter, Söhne und Brüder leer. Das schmälerte nicht etwa den Rang der Festlichkeit. Die Tage, an denen traditionell alle Verwandten zusammenströmten, vereinten die Übriggebliebenen im Schmerz um den Verlust jener, die fernblieben. Indem der Tod in die Mitte der Weihnachtsgesellschaft trat, sorgte er vor dem Hintergrund dunkler Winterstimmung für eine tragische Tiefe. Weihnachten wurde über die Feier von Geburt und Liebe hinaus zum Gedenktag der Toten und Vermissten. Mehr als je zuvor war es das Hochamt der deutschen Familie.

Wie alle Jahre ließ sich Berta Boese von den Stimmungen der Feiertage überschwemmen, doch das Wohlgefühl von früher war dahin. Das Bild von Gustav schob sich darüber, über den Kerzenschimmer, den Geschmack der Plätzchen und die Orgel mit Chorgesang. Am Heiligen Abend stand er als Schemen neben ihr.

> Ich habe so stark an Dich gedacht. Vielleicht haben sich auch dieses Jahr unsere Herzen irgendwo weit draussen im Weltall getroffen und haben sich eine lange, heilige Nacht gegenseitig ausgesprochen und wieder getröstet. Ach, Du lieber, guter Gustimann! Wo magst Du gewesen sein, als bei uns hier zuhause der Tannenbaum mit seinen vielen Lichtlein angezündet wurde?

Weihnachten ging vorüber. 1945 sank hinab ins Meer der Zeit. Berta Boese schrieb noch zweimal. Sie berichtete Gustav von ihren Plänen für 1946. Sie würde wieder in der Bank arbeiten. Den geforderten Fragebogen zur Entnazifizierung hatte sie ausgefüllt. 131 Fragen, eine unangenehme Selbstoffenbarung. Aber sie musste arbeiten, auch wenn sie lieber Hausfrau für Detlev gewesen wäre. Sie brauchte das Geld, um ihr Heim vorzubereiten, bis er kam. Es waren ihre letzten Zeilen an Gustav. *Warum ich nicht mehr weiter geschrieben habe, ich weiss es nicht mehr. Es waren Briefe, die niemals dort ankamen, wohin sie gedacht waren.* Berta spürte, dass sie ihm alles gesagt hatte und dass sich ihr Schmerz im Kreis drehte. Auch wenn sie es nicht auszusprechen vermochte, war die Zeit des Loslassens gekommen. Gustav Boese blieb für alle Zeit verschwunden.

Der Winter auf dem »Schlösslehof« bei Ostrach in Oberschwaben war kein Vergnügen, auch nicht an Weihnachten. In ihrem Buch über die Geschichte ihrer Familie beschreibt Alexandra Senfft dies Jahrzehnte später. Es gab keine Toilette und keine Badewanne. Zur Wasserpumpe schickte Erla Ludin ihren Viertgeborenen, außer wenn es zu sehr fror. Die Älteste jagte sie morgens und abends raus zum Melken, was der schwerfiel, denn sie war körperliche Arbeit nicht gewohnt. Aber das Leben als Diplomatenfamilie, das sie jahrelang geführt hatten, würde nicht wiederkommen. Genauso wenig wie ihr Mann, der das Anwesen ein paar Jahre zuvor gekauft hatte, damit der Familie eine Zuflucht bliebe.

Seit Jahrhunderten stand das große Hofgut am Waldrand, als Einöde in der schwäbischen Region Hohenzollern. Zum Grabhügel hinter dem Anwesen sagten die Leute »Hünengrab«, angeblich lag dort der Hunnenkönig Attila. Im benachbarten Dorf gab es ein Kino, aber für Zerstreuung hatte Erla Ludin keine Zeit. Der Alltag im bäuerlichen Betrieb nahm sie in Beschlag, auch wenn die Arbeiten in den Ställen (Rinder, Pferde, Schweine, Hühner) unter dem Personal aufgeteilt waren. Es gab Tage, da kochte sie für zwanzig Personen. Die Ämter hatten ihr eine Flüchtlingsfrau mit zwei Kindern in den Hof einquartiert. Außerdem waren da ihre Kinder Erika, Barbara, Ellen, Tilman, Malte und Andrea. Ihnen fiel ihre Bedrücktheit kaum auf, denn sie ließ sich kaum etwas anmerken. *Erla ist die meiste Zeit sehr beherrscht, zum Trauern hat sie gar keine Zeit, denn nun gilt es, die sechs Kinder und den Hof allein durchzubringen.* Unter ihrer Leitung lief der Schlösslehof wie ein Uhrwerk.

Sechs Tage hatten zwischen dem Urteil und seiner Vollstreckung gelegen. Der Gerichtshof in Bratislava hatte ihren Mann Hanns Elard Ludin, den ehemaligen Gesandten des Deutschen

Reiches in der Slowakei, wegen Kriegsverbrechen zum Tode verurteilt. Seine Frau Erla hatte davon übers Hörensagen erfahren, als ein alter Kamerad die Nachricht im Radio aufgeschnappt hatte. Sie hatte den Kindern nichts von diesem Todesurteil erzählt. Als er an jenem Dezembermorgen 1947 zum Galgen trat, soll er sich ein letztes Mal an seinen Anwalt gewandt haben. *Doktor, grüßen Sie mir meine liebe Frau.* Jetzt weinte Erla Ludin gemeinsam mit ihren Kindern. Es war ein Winter, in dem der Frost die Welt erstarren ließ.

Sie trug schon länger die Last des Familienlebens, aber von nun an war klar, dass sich daran nichts ändern würde. Es war ein steiler Abstieg von der Diplomatengattin zur verwitweten Bäuerin mit sechs Kindern. An der Seite ihres Mannes hatte sie geglänzt als des Herrn Gesandten Gemahlin von der schönen Gestalt. Auf einem Foto von 1941 steht sie zusammen mit ihrer ältesten Tochter im weißen Sommerkostüm auf dem Gehsteig in Pressburg. Im rechten Ohr glänzt ein Perlenohrring. Eine schwarze Limousine steht mit geöffnetem Schlag zum Einsteigen bereit, auf ihrem rechten Kotflügel reckt sich ein Stander mit Hakenkreuz. Das Sonnenlicht fällt seitlich auf Erla Ludins strahlendes Gesicht mit den fein geschwungenen Lippen und den hellen Augen – so beschreibt es Alexandra Senfft.

Über ihre Repräsentationspflichten hinaus hatte sie kaum Einblick in die Arbeit ihres Mannes, hielt jedoch stets für richtig, was er tat. Auch dann noch, als Hanns Ludin im Angesicht der Niederlage die Zweifel an seinem Führer und an sich selbst aufzufressen drohten. *Sie kann oder will seine Ahnung, einem Verbrecher aufgesessen, ja schlimmer noch, selbst in ein Verbrechen verwickelt zu sein, nicht zu Ende denken.* Beim Hobeln fielen Späne, so verteidigte sie seinen Einsatz. Sie ahnte, dass hier der Sinn ihres eigenen Lebens zur Verhandlung stand.

Auf dem schwäbischen Einödhof verblasste die Erinnerung an das Pressburger Diplomatenleben. Erla Ludin war noch immer eine aufrechte Frau, die aber dem Gepränge von damals nicht nachweinte. Ohne zu jammern kniete sie sich in die Arbeit am Hof, um die Familie durchzubringen. Sie kämpfte, als der frühere Hofbesitzer sie enteignen lassen wollte. Sie kämpfte gegen ihren ersten Verwalter, der die Ludins als Nazis beschimpfte. Sie tat alles, um ihre Familie vor Anfeindungen zu schützen. Es war eines der letzten Versprechen gewesen, das sie ihrem Mann gegeben hatte. Die Durchsetzungskraft dafür hatte sie. Was die Zukunft bringen sollte, wusste sie nicht.

Obwohl sie auf dem »Schlösslehof« umringt war von Menschen, umgab Erla Ludin eine Aura von Einsamkeit. Ihre Selbstbeherrschung, die sie niemals ablegte, und eine feine Zurückhaltung waren wie eine Glaswand, hinter der sie die Zudringlichkeiten der Welt von sich fernhielt. *Wenn sie sich mit Verwandten austauscht, dann per Brief, aber selten von Angesicht zu Angesicht. Sich an einen vertrauten Menschen anlehnen zu können, daran ist gar nicht zu denken.* Den Menschen, dem sie am nächsten gewesen war, gab es nicht mehr. Sie hatte nicht vor, einen anderen an seine Stelle zu setzen. Jedenfalls nicht irgendeinen Mann.

Hanns Ludin war kein Verbrecher – so hatte er ihr in seinem Abschiedsbrief zugerufen. So wollte sie sein Andenken bewahren. Die Erklärung vom aufrichtigen, missbrauchten Nationalsozialisten, mit der er selbst vom Leben Abschied genommen hatte, machte sich Erla zu eigen, und sie vermachte sie ihren Kindern. So herrschte in der Familie die Legende vom Vater, der stets das Gute wollte und von der Vernichtung der slowakischen Juden in seinem Machtbereich nichts gewusst habe. Sie wirkte fort bis in die Generation danach. Ihre Enkeltochter schrieb später:

> Meine Großmutter hat ihre sechs Kinder im Glauben an den guten Nationalsozialisten erzogen; sie hat ihnen beigebracht, nur seine guten Seiten zu sehen, und ein guter Mensch kann keine Verbrechen begehen. Alles, was in das makellose Bild nicht pass-

te, durfte nicht sein, wurde verschwiegen, wegdiskutiert, schöngeredet. Die Täter, das waren die vulgären Nazis, nicht wir, das können wir gar nicht sein, denn wir sind gebildet und kultiviert.

Diese Haltung strahlte sie ihren Kindern und Enkeln gegenüber aus, eine *Königin der Gerechten* voller Güte. Das Böse sollte in der Familie Ludin keinen Platz haben. Erla Ludin wusste freilich, dass die Umstände des Todes von Hanns Ludin – hingerichtet im Morgengrauen am Würgegalgen in einem Gefängnis am anderen Ende von Europa – einen düsteren Schatten auf das Bild werfen mussten. Also wurde auch sein Ende ein Teil der Legende. Er galt als gefallen auf dem Schlachtfeld, und sie, Erla Ludin, eine Kriegerwitwe. Viel mehr sollte man über die entrückte Figur des Ehemanns, Vaters und Großvaters in der Familie nicht wissen.

Erst im März 1959 fiel in Württemberg-Hohenzollern das Urteil im Entnazifizierungsverfahren post mortem gegen Hanns Ludin, das ihn als Belasteten erklärte, als Aktivisten, Militaristen und Nutznießer des Systems. Seine Frau kämpfte bis zu ihrem Tod gegen diese Einordnung. Zwanzig Jahre lang stritt sie vor Gericht um eine Beamten- oder Diplomatenrente, auf die sie als seine Witwe Anspruch zu haben glaubte. Ein ums andere Mal verweigerten die Richter ihr als Frau eines Entscheidungsträgers des Regimes die Witwenversorgung. Jedes Mal empfanden es die Ludins als Angriff auf ihre Familienehre.

Sie war eine Frau mit vielen Geheimnissen. Ob das in ihrer Natur lag oder an den Umständen der Nachkriegsjahre, ist schwer zu entwirren. Ohne Zweifel stellten diese das Selbstverständnis vieler Menschen vor Herausforderungen. Im Fall von Emilie Edelmann entwickelte sich daraus ein jahrzehntelanges Rätselspiel mit Fragezeichen, Unbekannten, falschen Fährten und Enthüllungen. Die Zahl der Mitwirkenden war groß, wenngleich kaum jemand freiwillig an ihrem Spiel teilnahm.

Ein Passbild zeigt sie im Alter von 31 Jahren. Es hing an einer jener Kennkarten aus grauem Ölpapier, die seit den späten Dreißigerjahren als Personalausweise in Benutzung waren. Sie war ausgestellt am 10. September 1946 in Bad Tölz. Neben dem kleinen Foto sind die Papillarlinien ihrer Zeigefinger in einem dafür vorgesehenen Feld wie Stempel aufgedrückt. Jahrzehnte später beschrieb ihre Tochter Gisela in ihrer Aufarbeitung der Familiengeschichte dieses Bild:

> Das schmale, blasse Gesicht mit den zu einer seitlichen Tolle aufgesteckten, überraschend dunklen Haaren, den sehr hellen, auffallend großen Augen gehört einer melancholischen jungen Frau. Die Augen haben selbst auf dem sechzig Jahre alten Passfoto eine große Ausstrahlung: Sehnsucht, Hingabe, Traurigkeit.

Es war das Antlitz einer Kriegerwitwe, auch wenn Emilie Edelmann nicht mit dem Vater ihres Kindes verheiratet gewesen war. Von dem hieß es nur, dass er in Russland vermisst sei. Ein uneheliches Kind war in den Zeiten flüchtiger Soldatenbekanntschaften keine Seltenheit. Oft war der Tod schneller als die hastig anberaumte Blitztrauung. Hier jedoch war der Fall komplizierter.

Sie hatte in der Bad Tölzer Junkerschule der SS als Sekretärin für den Kommandanten der Funkerausbildung gearbeitet. Mit seinen tiefblauen Augen unter dem hellblonden Haar verkörperte Ernst Kemper das Rasseideal seiner Organisation. Von Zeit zu Zeit ritt er hoch zu Pferd durch Bad Tölz. Es fiel ihm nicht schwer, Emilie mit seiner Galanterie zu beeindrucken, und irgendwann wurde sie seine Geliebte. Kemper aber war ein verheirateter Familienvater, der in seiner Position als hoher SS-Offizier keinen Skandal gebrauchen konnte. So verschwieg Emilie ihrer Familie nicht nur, dass sie schwanger war, sondern behauptete, aus dienstlichen Gründen das Deutsche Reich verlassen zu müssen.

Im besetzten Norwegen trat sie zur Arbeit bei der SS-Organisation »Lebensborn« an. In einem »Lebensborn«-Heim bei Oslo kam 1943 ihre Tochter zur Welt. Als sie gegen Kriegsende nach Deutschland zurückkehrte, erklärte sie diese zum norwegischen Waisenkind, das sie in Pflege genommen habe. Darüber hinaus verlor sie nur wenige Worte über ihre nordische Episode. Während ihre Mutter und Schwester in Bad Tölz ihr auf die Schliche kamen und ihr Schwager verächtlich von dem Kind als einem »SS-Bankert« sprach, blieb sie nach außen bei ihrer Erklärung vom Pflegekind aus Norwegen. Es war nicht das letzte Mal, dass sie die Wendungen ihres Lebens zu verheimlichen suchte. Aber die Vergangenheit klopfte immer wieder bei ihr an.

So wie die zwei US-Soldaten, die in Bad Tölz vor ihrer Tür standen. Es war im April 1947, der Frühling war angebrochen. Sie trugen weiße Gamaschen und weiße Helme mit den Buchstaben MP an der Stirnseite. Was das bedeutete, wusste jeder. Die amerikanischen Militärpolizisten bestanden darauf, Emilie Edelmann gleich mitzunehmen, wie sie in ihrem blauen Dirndlrock mit Blümchen vor ihnen stand. Sie packte ihren Lederkoffer und verabschiedete sich von ihrer Mutter und ihrer Tochter Gisela, die drei Jahre alt war. Die Furcht der Erwachsenen vor den Männern mit den weißen Helmen spiegelte sich in ihren Kinderaugen. Emilie versuchte sie zu beruhigen. *Ich bin doch nicht verhaftet! Ich muss nur etwas erledigen, dienstlich.* Aber die beiden Soldaten packten sie an den Oberarmen.

So liefen sie mit ihr durch die Straßen, ein Spießrutenlauf in einer Stadt, wo jeder sie kannte. Ihre Tochter lief hinterher, die Notlüge ihrer Mutter hatte sie nicht beruhigt. Als sie ans Gittertor der Kaserne kamen, scheuchten die Wachposten sie weg wie eine Fliege. Sie führten Emilie durch das Festungstor mit den zwei Rundtürmen, durch das sie früher ein- und ausgegangen war. Hier war ihr Arbeitsplatz gewesen, an dem sie den Vater ihrer Tochter kennengelernt hatte. Die amerikanische Flint-Kaserne war in die Gebäude der ehemaligen SS-Junkerschule von Bad Tölz eingezogen.

Die Amerikaner brauchten Emilie Edelmann als Zeugin für die Abrechnung mit dem untergegangenen Regime. Wenige Monate zuvor hatten die Alliierten in Nürnberg die Hauptkriegsverbrecher abgeurteilt, ein Dutzend von ihnen zum Tode. Es war der Auftakt zu einer Serie von zwölf Nachfolgeprozessen, die ein US-Militärgerichtshof gegen Systemträger wie Ärzte und Juristen, Industrielle und Manager, militärische Führer und Politiker sowie Mitglieder von SS und Polizei führte.

Im Prozess um das Rasse- und Siedlungshauptamt der SS stand auch die Organisation »Lebensborn e.V.« mit vor Gericht. Für sie hatte Emilie Edelmann in Oslo als Sachbearbeiterin die Vermittlung von deutschen Pflegeeltern für uneheliche »Ostkinder« organisiert, die meist deutsche Soldaten mit norwegischen Frauen gezeugt hatten. Hier hatte sie Zuflucht gefunden, um die uneheliche Tochter von SS-Obersturmbannführer Ernst Kemper zur Welt zu bringen. Über diesen Lebensabschnitt in Norwegen hatte sie sich immer bedeckt gehalten. Nun sollte sie als Zeugin die Vorgänge um die von wilden Fantasien umgebenen »Lebensborn«-Heime aufklären helfen.

Einzelzelle Nummer 389. Im »Zeugenflügel« des Gerichtsgefängnisses in Nürnberg fiel hinter ihr die Eisentür ins Schloss.

> Fassungslos starrte sie auf das vergitterte Fenster ganz oben in der Mauer. Ihr wurde schwindelig, sie spürte die Beklemmung, die Enge in ihrer Brust, die dumpfe Luft nahm ihr den Atem. Sie ließ sich auf die Pritsche mit der grauen Decke fallen und begann zu weinen. Was wollte man von ihr, wieso sperrte man sie in eine Einzelzelle?

Sie musste sich auf Monate hinter Gittern einstellen. Wie dankbar war sie, als jener Mann mit der warmen Stimme in der Zelle stand. Es gelang dem Interniertenbeauftragten Horst Wagner, wie er sich vorstellte, ihren Schrecken zu mildern. Am nächsten Tag schrieb sie an ihre Familie in Bad Tölz. Ihre Briefe nach Hause, wo ihre Mutter und Tochter auf sie warteten, handelten von Haltung und vom Fortgang ihres Prozesses. Ansonsten praktische Fragen: Bezahlung ihres Krankenkassenbeitrags, ein zweites Handtuch, reichten die Kartoffeln in Bad Tölz? Eher beiläufig fragte sie nach ihrer Tochter.

Wovon sie nicht berichtete, war der freundliche Herr Wagner. Dabei war er es, der bald jede Stunde ihrer Internierung ausfüllte. Ihm galt ein zweiter, sorgsam gehüteter Briefwechsel, der eine Parallelwelt aus Leidenschaft vermessen sollte in Hunderten von Schreiben. Auf irgendeine undurchschaubare Weise gelangten sie von Zelle zu Zelle.

> Alles an und in mir, mein ganzes Sein und Wesen, gehört Dir, nimm mich in Dich und lasse mich in Dir sein, immer. Lasse unser heißes brennendes Blut zusammenströmen und uns in unserer Zweisamkeit ein unendlich schönes Glück aufbauen, das wir uns von keiner Macht mehr rauben lassen. Ich liebe Dein stürmisches Herz, deine flammenden Augen, Deine heilenden Hände, Deine beseligende Sprache und – eben alles, was »Du« bist – und ich brauche Dich, damit mein Herz atmen kann. Ohne Dich kann es nicht mehr leben.

So schrieb die Frau, die am selben Tag ihrer Familie nüchterne Sachstände mitteilte. Ein oder zwei Stockwerke unter ihr, in der Zelle des Interniertenbeauftragten, entstanden Antwortbriefe, in denen ebenso stürmisch die Meere wogten in Blumen und Glut und Blut, wo Wellen von Licht den Liebenden trugen und sich das Dasein im Glück zweier Körper erfüllte …

Wenige Wochen nach ihrer Ankunft waren Emilie Edelmann und Horst Wagner einander verfallen. Zwischen den Zellen wanderten Liebesschwüre von einer Theatralik hin und her, die jede ihrer Begegnungen zur Himmelshochzeit überhöhten.

Jede Zeile atmete die Monumentalprosa des Dritten Reiches, deren Sprache in ihren Köpfen nicht verblasst war. Dass Emilie diese Liebe in einem Gefängnis ausleben musste, verlieh ihr nicht nur den schmerzlichen Reiz des Verbotenen, sondern war wie eine Befreiung von den Zwängen der Welt draußen. *Das ist die wertvollste Erkenntnis, die ich hier fand. Du bist Mittelpunkt und Inhalt meines Lebens geworden. Was die Zeiten bringen, weiss ich nicht.*

Mehr als ein halbes Jahr lang schwebte sie zwischen dieser Leidenschaft hinter Gefängnismauern, dem Heimweh nach der Familie in Bad Tölz und den Vernehmungen im Gerichtsgebäude von Nürnberg. Während sie von einem Leben mit Horst Wagner träumte, führte sie der Prozess um den »Lebensborn« zurück in eine Existenz, zu der sie jede Verbindung gekappt hatte. Auf den Gefängnisfluren begegnete sie den früheren »Lebensborn«-Kollegen von der SS, dem Rechtsberater Gunther Tesch, ihrer Chefin Inge Viermetz und dem Geschäftsführer Max Sollmann. Wenn sie vor ihren US-Vernehmern saß, sprach Emilie nicht von Förderung der »nordischen Rasse«, sondern von der sozialen Fürsorge des Vereins für die leidgeprüften Mütter der unehelichen Kinder. Dieser Darstellung folgte das US-Militärgericht in seinem Urteil, das den »Lebensborn« als nationalsozialistische Wohlfahrtseinrichtung einstufte. Alle Verantwortlichen der SS-Organisation zur »Aufnordung des deutschen Volkes« wurden vom Vorwurf der Verbrechen gegen die Menschlichkeit freigesprochen.

Im Dezember 1947 verließ Emilie Edelmann das Nürnberger Justizgefängnis und kehrte heim nach Bad Tölz. Es war eiskalt im Zugabteil. Am Bahnsteig hatte bis zum späten Abend ihre Schwester ausgeharrt. Gemeinsam zogen sie den Koffer durch das Schneegestöber hinunter zur Salzstraße. In der Wohnung warf sich ihr die Tochter um den Hals. Im Nachthemd durfte die Kleine dabei zusehen, wie die Mutter mit den grauen Haarsträhnen einen Teller Bratkartoffeln verschlang.

> Meine Angehörigen haben richtig aufgeatmet, daß sie mich wieder in ihrer Mitte haben und die Bekannten gratulieren mir zur wiedererlangten Freiheit. Und was tue ich? Ich stehe dabei und kann es nicht hindern, daß mir die hellen Tränen über das Gesicht laufen.

Alle glaubten darin Tränen der Freude zu sehen, doch hier rollten Tränen der Sehnsucht. Am liebsten hätte sie ihren Koffer gepackt und den nächsten Zug nach Nürnberg bestiegen, zurück in ihr Liebesgefängnis mit Horst Wagner.

Ihrer Schwester und Mutter gestand sie schließlich ihre Liebschaft mit dem »hohen Beamten« und »Geheimrat im Ruhestand«, der im Nürnberger Zeugenflügel nicht wie ein Gefangener, sondern wie ein Gastgeber aufgetreten war. Jener Herr musste eine unbekannte Saite in Emilie berührt haben. In das Erstaunen ihrer Angehörigen mischte sich Argwohn. Wer war dieser Fremde, aus dem sie so ein Gewese machte? Was hatten die beiden miteinander vor?

In den nächsten Wochen legte sich Anspannung über die Familie in Bad Tölz. Ihre Schwester tuschelte mit ihr. Ihr Schwager trug schwere Miene zur Schau, während Emilies Mutter unwirsch auf und ab lief. Selbst der mittlerweile vierjährigen Gisela blieb nicht verborgen, dass etwas in der Luft lag, das allen Angst machte. Bis es aus ihrer Großmutter herausplatzte, dass Emilie wohl mit dem Mann aus Nürnberg ins Ausland durchbrennen würde. Für die Kleine wäre dann nur noch Platz in Bairawies, dem Waisenhaus in der Nähe von Bad Tölz. Bairawies, das Schreckenswort aller Kinder.

Mutterkinder

Zur Sehnsucht der Nachkriegsgesellschaft nach dem normalen Leben gehörte das Ideal der »Normalfamilie« mit dem berufstätigen Familienvater, an dessen Seite sich die Ehefrau um das Wohl der gemeinsamen leiblichen Kinder kümmert. In den späten Vierziger- und frühen Fünfzigerjahren entsprachen allerdings nur wenige Haushalte diesem Modell. In Wirklichkeit herrschte oft ein undurchsichtiges Durcheinander, wie man es südländischen Großfamilien oder »Zigeunerclans« zuzuschreiben pflegte. Unter dem Druck der Verhältnisse bildeten sich Verbände, die sich alle paar Monate oder Jahre neu zusammensetzten. Deren Wesen war die Improvisation. Häufig sammelten sich unter einem Dach Mütter mit Kindern, Schwestern und Tanten, echte und falsche Onkel, Pflegekinder, Omas und Opas, Ausgebombte, Verwitwete und Verwaiste, Vertriebene und Geflohene. Der gemeinsame Zweck war das Überleben. Es waren vielköpfige Notgemeinschaften mit einer Überzahl an Frauen, die aufeinander angewiesen waren, ohne zwangsläufig miteinander zu harmonieren.

Im Zuge dieser so nie geplanten Verwandtenhäuser, wo Männer über Jahre fehlten und die Überlebensarbeit verteilt werden musste, änderte sich das Verhältnis der Frauen zu ihren Kindern. Sie überließen ihnen Aufgaben, die in der Normalfamilie den Erwachsenen angestanden hätten. Kinder beaufsichtigten ihre jüngeren Geschwister und begleiteten sie durch den Tag. Auf dem Schwarzmarkt, beim Hamstern oder Organisieren von Lebensmitteln stellten sich manche Kinder geschickter an als die Älteren. Viele Frauen, die wegen der Ansprüche, die das Unternehmen

Familie an sie stellte, am Rande ihrer Leistungsfähigkeit waren, sahen mit einer Mischung aus Erleichterung und schlechtem Gewissen, wie viel ihnen ihre Kinder abnehmen konnten. Dadurch schlüpften diese in die Rolle von kleinen Erwachsenen, die ihren Müttern auf Augenhöhe begegneten. Aus Söhnen und Töchtern wurden Gesprächspartner, Vertraute, Ratgeber und Kameraden. Die Frauen selbst standen vor der Aufgabe, ihren Kindern Mutter und Vater zugleich sein zu müssen, zu gewähren und zu verbieten, zu verzeihen und zu strafen. Mit Liebe und mit Härte.

Im Februar 1948 brachte Erla Ludin ihre älteste Tochter Erika in die Universitätsklinik von Tübingen. Sie hatte eine Reihe von Symptomen an ihr beobachtet, die sie beunruhigten. Mal klagte sie über Bauchschmerzen, dann war es der Kopf, sie schlief schlecht und brauchte viel Ruhe. Außerdem kämpfte sie seit ein paar Monaten mit überschüssigen Pfunden auf den Hüften, in einer Zeit, da Kinder eher hohlwangig waren. Den Tübinger Ärzten schien das alarmierend genug, um Erika auf unbestimmte Zeit einzuweisen. Es war der Beginn einer Geschichte diffuser Krankheitsbilder und einer Symbiose zwischen Mutter und Tochter, die an die Stelle ihres verlorenen gemeinsamen Bezugspunktes trat, ihres Ehemanns und Vaters Hanns Ludin.

Begonnen hatte diese Familiengeschichte im Stuttgart der Dreißigerjahre, als Ludin in der Partei Karriere machte und Erla Ludin ein ums andere Kind bekam. Es folgte die Pressburger Diplomatenzeit in der Villa mit Hauspersonal, das ihnen ein Leben im Überfluss mit einem Ferienhaus im Gebirge ermöglichte. Das Kriegsende brachte die Trennung und den Rückzug auf den »Schlösslehof« im Schwäbischen. Damit begann für die Familie eine Zeit des Kämpfens, die von der Sorge um den Vater überlagert war. Mutter und Tochter teilten jede Nachricht von ihm. Die Briefe vom Vater, die Erika aus dem Gefängnis in der Slowakei bekam, gab sie ihrer Mutter, die sie für sie zu Hause aufbewahrte. In den Alltag zwischen Erikas Internatsschule in Salem und den Wochenenden auf dem Familienhof platzte im Dezember 1947 die Nachricht von der Hinrichtung Hanns Ludins in Bratislava. Dieser gemeinsame Verlust war es, der Mutter und Tochter wie ein unsichtbares Band aneinanderfesselte.

Die Untersuchungen der Mediziner in Tübingen führten zu keinem Ergebnis. Anfang Mai 1948 wurde die 14-jährige Erika aus dem Krankenhaus entlassen. Eine Diagnose für ihr Übergewicht hatten sie nicht gefunden, so einigte man sich auf »hormonelle Störungen«. So lautete von da an Erla Ludins Erklärung für alle Eigenheiten, die ihre Tochter im Lauf der Zeit entwickelte. Die fünf Geschwister fürchteten Erikas Schikanen, die sie bei ihren Besuchen im »Schlösslehof« über sich ergehen lassen mussten. Der einen schnitt sie die Zöpfe ab, die andere erschreckte sie zu Tode, und jedem Einzelnen wies sie einen Part in einem Theaterstück zu, bei dem sie die Regie führte. Erla Ludin, die mit ihren Aufgaben als Vorstand des Landgutes, als trauernde Witwe, als Frau ohne Mann und Mutter von sechs Kindern mit Mühe zu Rande kam, stand ratlos vor der Unbeherrschtheit dieses Mädchens, das im Gegensatz zu ihrer eigenen kontrollierten Natur stand. In einem Brief von Erla Ludin an ihre Schwiegermutter heißt es:

> Erikas Zustand ist nicht erfreulich. Die ganze Tübinger Sache hat ihr nur geschadet, soweit man jetzt sieht. Sie hat noch mal zugenommen, ist furchtbar nervös, kann sich nicht konzentrieren und ist sehr unglücklich. Sie tut mir sehr leid, man kann ihr so gar nicht helfen.

Aber Erla Ludin fand in ihr mehr als das Sorgenkind. In ihrem Briefwechsel wuchs sie ihr zur Ratgeberin, Kritikerin und Provokateurin, zu Tochterkind und Männerersatz. In ihrem Umgang miteinander wechselten Vertrauen und Vorwürfe ohne Übergang. Die Launen ihrer Tochter schnürten der Mutter bisweilen die Luft ab. Als Erika 20 Jahre alt war, schrieb Erla: *Sie ist eigentlich trotz ihrer Reife noch ein Kind, das wurde mir wieder sehr bewusst.* Dieses Kind war mit dem Tod des Vaters mit einem Mal erwachsen geworden, ohne seine Kindheit abgeschlossen zu haben. Was dieser Mann für sie beide bedeutete, sein Leben und Tod, darüber sprachen sie miteinander nicht.

Im Morgengrauen des 31. August 1947 schob eine Hand unter den Türspalt der Nummer 389 ein bemaltes Stückchen Karton hindurch. Darauf war ein Herz in Wasserfarben gemalt. Daneben lag ein Brief.

> Wir beide, Dein Spaetzchen und Dein Horst sind in Dein Zimmer gekommen und stehen jetzt vor Deinem Bett. Ihre kleine Hand ist in der meinen. Wir wollen Dir Blumen bringen und unsere strahlenden Augen.

Emilie Edelmann feierte an diesem Tag den Geburtstag ihrer Tochter Gisela, dem »Spätzchen«, in ihrer Zelle des Justizgefängnisses von Nürnberg. Das Geburtstagskind wartete währenddessen mit der Großmutter in Bad Tölz auf ihre Rückkehr. Trotzdem feierte Emilie nicht allein in der Zelle, sondern zusammen mit Horst Wagner, ihrem Geliebten, mit dem sie seit Monaten als Zeugin der Anklage im »Lebensborn«-Prozess ein amouröses Doppelleben führte. Sie hatte ihm vor Kurzem die Existenz ihrer unehelichen Tochter aus der Verbindung mit einem SS-Offizier gestanden, der an der Ostfront verschollen war. Horst Wagner nahm den Geburtstag als Gelegenheit, Emilie ein Versprechen für eine Zukunft zu dritt zu geben. Damit war das Glück zum Greifen nahe. Einmal in Freiheit, würde Emilie den Wirrwarr der letzten Jahre auflösen, in dem sie sich zusehends verfangen hatte.

Seitdem sie von Ernst Kemper schwanger geworden war, war sie auf der Flucht vor der Wahrheit gewesen. Sie hatte ihre Tochter zuerst als ihr Pflegekind ausgegeben. Gisela selbst hatte erst mit vier Jahren erfahren, wer ihre Mutter war. Das Wort »Mutti« kam ihr noch immer schwer über die Lippen. Ihrem Geliebten Horst Wagner gegenüber hatte sie sich erst wenige Tage zuvor zu dem Geständnis durchgerungen. Da waren sie bereits fünf Monate ein Paar.

> Ob – Du – mich – aber – nun – noch – liebst, nachdem Du von meinem tiefsten Herzensgeheimnis Kenntnis hast? Ich habe Angst, daß ich damit die Flamme in Dir zugeschüttet habe. Müßte ich nicht verstehen und einsehen, daß Dein Weg zu mir nun versperrt ist, weil die Existenz meines Kindes eine Mauer ist, über die Du nicht springen kannst?

Seinem Geburtstagsbrief zufolge hatte Wagner weniger Schwierigkeiten mit ihrem Kind als sie selbst. Da er sich ohne Vorbehalt zu ihnen beiden bekannt hatte, war der Weg frei für eine gemeinsame Zukunft ohne Geheimnisse. Nachdem Emilie nach Bad Tölz zur Familie zurückgekehrt war, sprach sie von Hochzeit und einem Leben mit ihrem »Geheimrat«. Zum ersten Mal seit dem Krieg war sie voller Hoffnung.

Ihre Mutter aber beobachtete mit Argwohn, wie sie immer wieder für ein paar Tage verreiste, um ihren Geliebten zu treffen. Zu viel Heimlichtuerei, zu viele Flunkereien, bei denen sie ihre Tochter in den letzten Jahren ertappt hatte. Mochte sich der fremde Mann für die kleine Gisela entschieden haben, bei Emilie selbst war sie sich nicht sicher. Sie traute ihr zu, ihr eigenes Glück dem der Kleinen vorzuziehen und sich mit ihrem Mann davonzumachen. Dann bliebe für Gisela auf lange Sicht nur das Waisenhaus.

Es war spät am Abend, als Emilie Edelmann ihren Verlobten zum ersten Mal nach Hause brachte. Er hatte das Nürnberger Justizgefängnis für einen Hafturlaub verlassen. Gisela lag bereits im Bett, als er kam. Horst Wagner war ein massiger Mann von gewinnendem Wesen. Emilie Edelmann wusste, dass er Diplomat gewesen war im Dritten Reich. Sie hatte erfahren, dass auch er Kinder hatte und eine Frau, von der er geschieden war. Alles keine Fragen für diese späte Nachtstunde. Als Wagner am nächsten Morgen auf die kleine Gisela zukam, war sie erstarrt vor Angst. Der Morgen endete mit Geschrei, Tränen und Schlägen. Emilie war tief beschämt und konnte nicht erklären, was in ihre Tochter gefahren war.

Bis zum Jahr 1954 dauerte ihr Verhältnis zu Horst Wagner. Sieben Jahre, in denen nie mehr daraus wurde als eine Affäre. Wenige Tage nach seinem Besuch in Bad Tölz musste er zurück ins Nürnberger Gerichtshaus, wo eine Anklage wegen Kriegsverbrechen auf ihn wartete. Mit Emilies Hilfe gelang es ihm, sich über eine der sogenannten Rattenlinien, wie die geheimen Fluchtrouten führender Vertreter des NS-Regimes genannt wurden, nach Italien abzusetzen. Dort besuchte sie ihn häufig, aber stets allein. In all den Jahren bewahrte sie eine schwarze Ledermappe mit wichtigen Geheimdokumenten auf, die er ihr anvertraut hatte. 1954 ging Horst Wagner schließlich nach Spanien. Eines Tages fand Emilie Edelmann in ihrem Briefkasten ein Paket mit Hunderten von Hand beschriebener Seiten. Es waren ihre Liebesbriefe an ihn, die er ohne Kommentar an sie zurückgeschickt hatte. Auf diese Weise schloss er mit ihr ab. Emilie Edelmann hat später niemals geheiratet.

Ihrer Tochter erzählte sie zeitlebens so gut wie nichts von ihrer siebenjährigen Liebesbeziehung zu Horst Wagner. Sie hatte beschlossen, die Leidenschaft ihres Lebens für sich zu behalten. Erst kurz vor ihrem Tod gestattete sie einen Blick in ihr Inneres. Gisela hatte sie nach der größten Enttäuschung ihres Lebens gefragt. *Wer mir am meisten wehgetan hat, das war der andere, der nach deinem Vater. An den habe ich geglaubt, dem hab ich vertraut – dass der mich dann fallen hat lassen wie eine heiße Kartoffel, das tut mir heute noch weh.*

Wenige Monate nach dem letzten Brief an ihren verschollenen Mann setzte sich Berta Boese wieder an ihren Schreibtisch. Sie musste weiterschreiben, um die Leere auszufüllen, die Gustav hinterlassen hatte. Sie musste sich vor Augen führen, wie es zu all dem gekommen war. An ihre Eltern oder ihren Bruder konnte sie sich nicht wenden. Die würden nichts hören wollen von den Geschichten ihrer kleinen Berta. Nur einen Menschen hatte sie, dem sie alles erzählen konnte: Ihr Sohn Detlev war zwar erst ein Jahr alt, doch sie wollte ihm berichten von der schweren Zeit, aus der er hervorgegangen war. So würde er später seine Mutter besser begreifen können. Also schrieb sie wieder. Lieber Bubi statt lieber Gusti.

> In diesem Krieg gab es nur eines: man mußte gehorchen, einer Stelle im ganzen Reich. Alle Soldaten mußten, mußten! Es gab nichts anderes, außer man wollte sich die Polizei und Gefängnis aufhalsen. Jeder mußte das tun, was das Reich, der Staat sagte und befahl. So war es auch mit mir.

Mit diesen Worten begann sie den Bericht über ihren Krieg, in den sie 1943 als Stabshelferin der Wehrmacht gezogen war. Sie schrieb für ihren Sohn, über die Liebe ihres Lebens, die sie in der Westukraine gefunden hatte.

Im Sommer 1943 erhielt sie den Einberufungsbefehl zur Wehrmacht, und sie verließ in gespannter Aufregung Passau. Doch statt nach Minsk, Shitomir oder Smolensk, einer dieser dröhnenden Wochenschaumarken, ging es in ein Städtchen in der Westukraine, durch das sich ein schmaler Fluss wand, dessen schwarzes Wasser wie verwunschen schien. Dubno hieß die kleine Stadt, die niemand kannte und in der Berta Pritzl ihr Glück fand. Nach wenigen Tagen lernte sie den Gefreiten Gustav Boese aus Königsberg kennen. Sie glaubten, dass eine Fügung des Glücks sie einander in die Arme geführt haben musste. An ihren Sohn Detlev schrieb sie:

> Die Liebe zu deinem Vater, Bub, machte mir das Leben dort in Dubno zu einem Märchen. Oft, oft hatte ich Angst, ich müßte erwachen und wieder allein sein, allein, so wie ich vordem immer war. Aber es kam kein grausames Erwachen, der Traum war echte, greifbare Wirklichkeit.

Frühmorgens gingen sie schwimmen im Fluss, während die Sonne aus dem Wasser zu steigen schien. Ganz allein gehörten ihnen diese Morgenstunden, die sie sich an ihrem Schreibtisch in Passau wieder vor Augen führte: den Weg zum Fluss hinunter, vorbei am Schilf mit den Seerosen. Gustav und sie malten sich ihr künftiges Leben aus als Märchen ohne böse Menschen und Feuersbrünste. *Detlev, wenn ich besser schreiben könnte, so wie ein Schriftsteller die Worte setzen kann, dann könnte ich einen Roman von Dubno schreiben.* Dubno war ihr Paradies.

Dubno war die Hölle. So erinnerte es Hermann Gräbe, der zur gleichen Zeit wie Berta Boese, in der ersten Hälfte des Jahres 1946, seine Geschichte von Dubno zu Protokoll gab. Sie diente als Zeugenaussage im Nürnberger Prozess gegen die NS-Hauptkriegsverbrecher im Herbst 1946. Gräbe war 1942 als Ingenieur einer Solinger Baufirma in der Ukraine von der Wehrmacht mit Reparaturarbeiten beauftragt worden. In der Stadt Dubno betrieb er eine Filiale. Hier wurde er am 5. Oktober 1942 Zeuge, wie die jüdische Bevölkerung des Ortes nach Auflösung des Ghettos von Männern einer SS-Einsatzgruppe ermordet wurde. In seiner eidesstattlichen Erklärung für das Nürnberger Tribunal schilderte Gräbe eine Massenerschießung von etwa 3000 Menschen, die er am Flugplatz von Dubno beobachtete, als er Gerüchten über eine »Judenaktion« nachging. In Gruppen mussten die nackten Männer, Frauen und Kinder vor einem rauchenden SS-Mann über eine in Lehm gegrabene Treppe in die Erschießungsgrube steigen.

> Sie legten sich vor die toten oder angeschossenen Menschen, einige streichelten die noch Lebenden und sprachen leise auf sie ein. Dann hörte ich eine Reihe Schüsse. Ich schaute in die Grube und sah, wie die Körper zuckten oder die Köpfe schon still auf den vor ihnen liegenden Körpern lagen. Von den Nacken rann Blut. Ich wunderte mich, daß ich nicht fortgewiesen wurde.

Er war nicht der einzige Zeuge. Am Ort sah er Postbeamte, Soldaten und Arbeiter seiner Firma herumstehen. Gräbe, der im Rahmen seiner Bautätigkeit zahlreiche Juden vor dem Tod rettete, prägte sich die Szene ein, um später darüber Zeugnis abzulegen. Über dem Nürnberger Gerichtssaal lag Ende Juli 1946 ein Schweigen des Schreckens, nachdem der Ankläger die Aussage zu Ende verlesen hatte. Sie trug zu den harten Strafen mit einigen Todesurteilen im Nürnberger »Einsatzgruppen-Prozess« bei.

Ein paar Monate nach den von Gräbe geschilderten Ereignissen war Berta Pritzl in Dubno angekommen. Sie bemerkte durchaus die vielen zerschossenen Häuser. In ihren Aufzeichnungen schilderte sie verbotene Gassen, die sie nicht betreten durfte. Die Bevölkerung bot einen armseligen Anblick. Das Massaker vor den Toren der Stadt erwähnte sie nicht, auch nicht das geräumte Ghetto. Vielleicht hat sie von all dem nichts gewusst. Der Gefreite Gustav Boese, ihr Geliebter, der schon länger vor Ort und seiner Russischkenntnisse wegen als Übersetzer tätig war, dürfte davon gehört haben. Seit Beginn des Feldzuges war die Wehrmacht im Osten ein Bestandteil des Vernichtungskriegs. Generäle und Soldaten beteiligten sich in vielen Fällen an Vorbereitung und Ausübung der Verbrechen an der Zivilbevölkerung. Gerüchte waren überall im Umlauf. Für die meisten Soldaten der Wehrmacht spielte der Massenmord hinter den Fronten aber keine große Rolle. Sie empfanden das Geschehen nicht als etwas, was sie persönlich angegangen wäre. Nach dem Krieg vermieden es die Veteranen, sich damit auseinanderzusetzen, um nicht ihr eigenes Bild von sich und ihrem Einsatz zerstören zu müssen.

Berta Boese schrieb ihre Erinnerungen vom Sommer ihres Lebens zu der Zeit, als die Öffentlichkeit durch die Nürnberger Prozesse vom Massaker in Dubno erfuhr. Nichts deutet darauf hin, dass sie sich mit diesen Enthüllungen beschäftigte oder diese gar mit ihrem Einsatz und ihrer eigenen Person in Verbindung brachte. Der Krieg beschäftigte sie noch ihr ganzes langes Leben, niemals aber die Geschehnisse am Flugplatz von Dubno. Was sie als Mutter für ihren Sohn schrieb, war durchdrungen von der ganz persönlichen Trauer um ihre große Liebe. Das Grauen von Dubno, Tod, Schuld oder Reue spielten darin keine Rolle.

Familien ohne Gesetz

Um das Fach Familienrecht machten die Studenten der Rechtswissenschaft in Westdeutschland in den Fünfzigerjahren einen Bogen. Das lag nicht daran, dass sie die Bedeutung von Ehe- und Kinderparagrafen geringschätzten oder sich vor einer intimen Materie drücken wollten – die meisten angehenden Juristen hatten keine Wahl, als einem Fach fernzubleiben, zu dem ihnen ihre Professoren kaum etwas anbieten konnten. Das Familienrecht war von vielen Lehrplänen der Universitäten verschwunden. Die Familie war fast ein Jahrzehnt lang ein gesetzloser Raum.

Die Ursache dafür war ein Satz aus der neuen Verfassung, die am 23. Mai 1949 in Kraft trat. Nach Artikel 3 Absatz 2 stand da nun schwarz auf weiß im Grundgesetz: »Männer und Frauen sind gleichberechtigt.« Die Juristin Elisabeth Selbert hatte diese Formulierung im Parlamentarischen Rat nach hitzigen Debatten durchgesetzt. Es war die Sternstunde ihres Lebens als Politikerin. Die paar schlichten Worte im Grundgesetz genügten, um einem Großteil des alten Familienrechts, das auf dem Bürgerlichen Gesetzbuch des vorigen Jahrhunderts beruhte, den Boden zu entziehen. Dessen Bestimmungen über das Zusammenleben von Mann und Frau, über die Entscheidungsgewalt im Haushalt, im Beruf und in der Kindererziehung waren damit hinfällig. Es war ein Angriff auf das Machtwort des Mannes in Form des »Gehorsamsparagrafen« und ein Aufruf an die deutsche Gesellschaft, das Verhältnis von Frauen und Männern neu zu bestimmen. Dem Gesetzgeber oblag nunmehr der Auftrag, den Gleichberechtigungsgrundsatz in konkrete Gesetze zu gießen.

Doch das Ende von Befehl und Gehorsam in der Ehe stieß auf erbitterten Widerstand konservativer Kreise, die bis hinein in die Familienpolitik der Regierung den Ton in der Debatte angaben. Der Kampf um das letzte Wort im Haus zog sich über Jahre hin. Der so lange geltende »gesetzlose Zustand« spiegelte den Einfluss einer selbst bei vielen Frauen verbreiteten Haltung wider, die das Hergebrachte bewahren wollte. Erst im Juni 1957 erfüllte das Gleichberechtigungsgesetz den Verfassungsauftrag, indem es das »Letztentscheidungsrecht des Mannes« in allen Eheangelegenheiten beiseiteräumte. Von da an brauchte die Frau nicht mehr die Erlaubnis des Ehemanns, um ein Konto einzurichten, den Führerschein zu machen oder über das eigene Vermögen zu verfügen. Der Mann verlor das Recht, ein Dienstverhältnis seiner Frau eigenmächtig zu kündigen. Eine der letzten Festungen aus der Kaiserzeit, die »natürliche Eheordnung«, war geschleift.

Brigitte Schubert war 22 Jahre alt und hatte nach ihrem Abitur 1955 ein Dolmetscherstudium in Heidelberg angetreten. Sie fühlte sich wohl in der vom Krieg unversehrten Hochschulstadt mit der Schlossruine über der Altstadt. Sie verehrte ihre Professoren, traf sich mit Kommilitoninnen und liebte ihren Freund Gerhard. Das Elternhaus in der saarländischen Kleinstadt Neunkirchen lag hinter ihr, ihre Zukunft vor ihr: die Freiheit, allein zu entscheiden – ein Leben ohne die Fesseln des Vorbestimmten –, der Schwebezustand des Möglichen! Aber anstatt glücklich zu sein, litt sie unter dem Unfertigen ihres Zustands. Sie fühlte sich ohne Maßstab und wünschte sich nichts so sehr, wie sich in Gewissheiten festzulegen.

Ihre Rastlosigkeit hatte sie dazu getrieben, ihre alten Tagebücher zu verbrennen. Sie beschloss, noch einmal anzusetzen. Sie hatte unterdessen begriffen, weshalb ihr alles so belastend erschienen war, bevor sie mit Gerhard über eine gemeinsame Zukunft gesprochen hatte.

> Es kam ganz plötzlich, als ich erkannte, warum ich so ruhelos bin. Als ich mir vor ein paar Wochen zum ersten Mal vorstellte, wie unsere Wohnung, mein Leben mit Gerhard aussehen wird. Da wußte ich, daß die Sehnsucht danach mich so unfrei gemacht hatte, und da fühlte ich, daß das Ziel sich lohnt und nicht mehr weit ist. Da war ich plötzlich befreit.

Das Ziel war die Hochzeit im nächsten Frühjahr und das Eheleben in Mühlacker bei Pforzheim, Gerhards Heimatort. Sie konnte es nicht erwarten, das eigene Heim zu beziehen. Dort wollte sie mit ihrem Mann ein Leben aufbauen, um das alle sie beneiden sollten. Die Schwiegereltern würden nach dem Umbau ebenfalls dort wohnen, im oberen Stockwerk. In ihrem Traum kam eine Familie vor, in der alles auf gegenseitiger Achtung aufgebaut war. Liebe, Bücher und Musik sollten die Hauptrolle spielen. Außerdem die Architektur, Gerhards Beruf. Sie hatte Vorstellungen von ihren Kindern, die als eigenständige Wesen existieren und nicht zu ihrer Zerstreuung da sein sollten. Sie sehnte sich danach, ein ausgefülltes Leben an der Seite ihres Mannes zu führen. Sogar auf den Haushalt freute sie sich. Sie fürchtete sich nur ein wenig vor den Essenseinladungen. Vor allem fürchtete sie sich vor Gerhards gönnerhaften Freunden. Vom Aussehen her mochte sie bei ihnen durchgehen, aber sie trauten ihr kein Gespür in Stilfragen zu. Sie konnte ihr Grinsen in ihrem Rücken spüren.

Energisch kniete sie sich in ihr Heidelberger Studium, sah die französischen und italienischen Problemfilme und nahm teil am akademischen Gespräch. Eine Hassliebe verband sie mit ihrem Romanistik-Professor Fritz Paepcke, dem Doyen der Übersetzungswissenschaft, der ihr Mentor war. Sie würgte an seiner Selbstgefälligkeit und bewunderte seine Schärfe. In ihrem Tagebuch wendete sie seinen Charakter so oft hin und her, bis ihr darüber unbehaglich zumute wurde. *Ich habe es satt, mich immer mit Paepcke zu beschäftigen.*

Die Heimfahrten zu ihren Eltern offenbarten die Entfremdung, die sie von ihnen weggetrieben hatte. Da war ihr Ärger über Papa, der sich so oft wiederholte mit seinen Geschichten von früher, in deren Formelhaftigkeit kein wahrer Kern auszumachen war. Dieser Jähzorn, wenn ihm etwas querlag. Dagegen stand die Geschäftigkeit der Mutter, die nie zur Ruhe kam und sie und Gerhard nicht einen Moment aus den Augen ließ. Brigitte begann, sich für ihre Eltern zu schämen. Sie fraß es in sich hinein.

> Früher kannte ich das sogenannte »Generationenproblem« nur aus Büchern, vom Hörensagen. Jetzt komme ich selbst damit in Berührung. Manchmal scheint es unüberwindlich. Wir sehnen beide die Zeit herbei, wenn wir eine eigene Wohnung haben und unser Leben gemeinsam nach unserem Geschmack einrichten werden.

Sie wusste, dass sie für die Flucht aus dem Elternhaus Opfer bringen musste. Es stand fest, dass mit der Hochzeit ihr Studium enden würde, auch wenn sie sich nur schwer davon lösen konnte. So besuchte sie weiter ihre Kurse, meldete sich für Aufgaben, rieb sich an Professor Paepckes Charisma und steigerte sich in Furcht vor Prüfungen, die sie gar nicht mehr ablegen würde. Je näher der Termin des Abschieds rückte, desto stärker empfand sie den Verlust. Noch wusste sie nicht, ob sie sich langweilen würde in der Ehewohnung in Mühlacker, sobald diese vormittags zu Ende geputzt war. Das Alleinsein nach dem Studentenleben würde sie lernen müssen.

> Ich werde ja noch öfter allein sein! Ich mache mir vielleicht zu wenig klar, daß wir auch nach der Hochzeit nicht immer zusammen sein werden. Er wird den ganzen Tag weg sein, abends wird er nach Hause kommen, müde und zunächst einmal für 2 Stunden nicht aufnahmefähig.

Über die Rollen, die der Rahmen der Ehe ihnen zuteilen würde, hegte Brigitte Schubert keine Illusionen. Schon jetzt sagte Gerhard abends manchmal kaum guten Tag zu ihr, klemmte sich an den Hörer oder wühlte sich in die Post. Einmal sagte er ihr in kühlem Ton ein lange geplantes Wochenende ab. *Ich hätte am liebsten ins Telefon gespuckt.* Einfach würde diese Ehe nicht, das wurde ihr klar. Sie beschwor sich, nicht ungerecht zu sein. Verlangte sie zu viel? Andererseits durfte sie sich nicht vergeuden in der Anspruchslosigkeit des Haushalts. Sie wollte nicht warten müssen auf Gerhards Momente von Leutseligkeit.

Drei Monate vor der Hochzeit war Brigitte in sich zerrissen. Sie zweifelte nicht an ihrer Liebe, sondern an der Rolle, die sie auf sich zukommen sah. Obwohl sie sich selbst dafür verabscheute, war sie eifersüchtig auf seine Arbeit. Es fiel ihr schwer, sich zu beherrschen, dann platzte sie anstatt zu schweigen. Gerhard hingegen hatte sich vollkommen im Griff. Er machte kaum Worte zu ihren Ausfällen. Sie fühlte sich wie eine Gefangene.

Wenige Tage vor der Hochzeit saß sie bei ihren Eltern in Neunkirchen. Sie wartete auf einen Brief von Gerhard, der nicht kam. Er hatte nicht verstehen wollen, warum es nicht auch ein kurzer Anruf tun sollte. Brigitte war verunsichert. Sie bastelte an der Tischordnung, dann warf sie alles hin und wünschte nur, die Tage bis zum großen Moment auslöschen zu können. *Dieses ständige Gefühl, minderwertiger zu sein als er, das ist es, was mich so unfrei macht.*

Brigitte und Gerhard feierten am 4. April 1957 ihre Hochzeit. Als sie sich ein Jahr später wieder ans Tagebuch setzte, hatte sich nichts geändert. Sie fühlte sich an den Armen gepackt und von anderen im Kreis herumgeführt. Wie zuvor wütete sie gegen ihre Eltern, die sich in ihre Ehe drängten. Sie hasste die Geheimniskrämerei ihres Mannes, sein Ausweichen und Abwehren. Dafür hätte sie ihn ohrfeigen können.

Einmal trieb die alte Sehnsucht sie zu einem Besuch bei Professor Paepcke in Heidelberg, der verehrt-verhassten Gottheit ihrer Studienzeit. Beim Anblick seiner Posen spürte sie die Faszination, die er auf sie ausgeübt hatte und die ihr seither fehlte. *Jetzt bin ich nur noch traurig. Weswegen kann ich kaum sagen. Ich hatte im Grunde unsinnige Träume gehegt. Alles zerronnen.* Sie tröstete sich mit der Aussicht auf Papas »Nadelgeld«, jene 135 D-Mark monatliches Taschengeld, mit dem sie sich das Sommerkleid aus dem Schaufenster der Boutique kaufen konnte, um die sie seit Wochen herumschlich.

4. GERUCH NACH ZUKUNFT

Eine seltsame Mengung der Gefühle

In seiner Rundfunkansprache zum Jahrzehntswechsel 1949/1950 erklärte sich der Bundespräsident außerstande, seinen Landsleuten eine Botschaft voller Verheißungen zu verkünden. Stattdessen unternahm er es, ihre Empfindungen wie in einer Momentaufnahme festzuhalten. Er sah sie im Widerstreit von seltsam sich ineinandermengenden und zugleich unvereinbaren Gefühlen. Sich selbst wollte er von dieser Gemengelage nicht ausschließen.

> Ich bin selber ein Freund des fröhlichen Wesens – aber man möge spüren, dass diese Zeit ihre Grenzen fordert. Es gibt Leute, die in den nächsten Minuten ungeduldig aus einem Halbjahrhundert herauskommen wollen, das so viel geschichtliches Leid umfasste.

Theodor Heuss verstand den Aufbruchsdrang seiner Bürger, aber er wollte ihn nicht ohne Weiteres absegnen. Den Begriff »Vergangenheitsbewältigung« hat er zwar nicht erfunden, doch Heuss war es, der ihn in vielen Reden in den deutschen Wortschatz einzuspeisen unternahm. Anfang der Fünfzigerjahre fand er damit allerdings kaum ein Echo. Die Trümmerhaufen waren aus den deutschen Städten zwar noch nicht verschwunden, aber sie schwelten nicht mehr, sondern hatten sich zu begrünten Hügeln abgerundet. So konnte man sie leichter übersehen, zumal wenn um sie herum nützliche Flachbauten oder die Leuchttürme der Nachkriegsmoderne emporwuchsen.

Am 11. Juni 1951 strahlte im Mittagsblau die Sonne über der Stadt Frankfurt. Der hoch aufgeschossene Mann mit dem schmalen Gesicht hatte ein Ereignis für alle angekündigt. Tausende Menschen waren gekommen. Sie drängten sich vor dem Eingang einer lang gezogenen Gebäudeanlage, deren leuchtendes Weiß die Augen blendete. Wer den Mann nicht kannte, konnte sein scheues Lächeln als Unsicherheit missdeuten. Aber Josef Neckermann hatte alle Anlagen, um ein Siegertyp seiner Epoche zu sein. Ohne den Willen zum Erfolg, eiserne Disziplin und die Chuzpe des Patriarchen hätte er es nicht hierhergeschafft. Alles war frisch und neu – die Farbe, die Dekoration, die Schrifttype seines Namenszugs auf dem Vordach: Neckermann. Überall lag dieser Geruch, den er in tiefen Zügen einsog. Es roch nach Zukunft.

> Es gibt immer wieder Momente im Leben, in denen man fast körperlich den Schnittpunkt von Vergangenheit und Zukunft spürt, ein Empfinden, in Sekunden kristallisiert. In Anspannung ein winziger Moment innerer Ruhe. Beschwörende Konzentration auf das Ziel. Dies ist solch ein Augenblick.

Am Eröffnungstag der neuen Firmenzentrale am Frankfurter Ostbahnhof stand der Versandhandel von Josef Neckermann auf dem Sprung in seine große Zeit, und Hunderttausende Haushalte in der jungen Bundesrepublik waren bereit, ihm zu folgen. Ein Jahr zuvor hatte er den ersten Neckermann-Katalog als zwölfseitiges Heft unter dem Titel »Preisliste 119« mit 133 Textilwarenangeboten verschickt. Die Texte dazu schrieb seine Frau Annemarie. *Die Familie war das Unternehmen, das Unternehmen die Familie.* Mit diesem Katalog, dessen Auflage bei 100 000 Stück lag, war der Grundstein für eine der größten Nachkriegskarrieren in Deutschland gelegt. Das Prinzip der für jedermann erreichbaren Konsumgüter war die Übersetzung der Regierungsdevise

»Wohlstand für alle«, die Bundeswirtschaftsminister Ludwig Erhard in seinem populären Buchtitel ausrief.

Zur Eröffnungsfeier hatte der Minister persönlich ein Glückwunschtelegramm aus Bonn nach Frankfurt geschickt. Darin ermahnte er Neckermann, die weniger vom Glück begünstigten Familien an den Rändern, die Vertriebenen und Kriegerwitwen auf dem Weg in die Zukunft nicht zu vergessen. Hinter seinem sanften Lächeln hatte Neckermann die Botschaft verinnerlicht. Die beste Waffe gegen die Lähmung des Gestern war das Zupacken. Auch ihn hatte die Vergangenheit lange genug verfolgt. Es hatte ihn viel Kraft gekostet, sie abzuschütteln. Neckermanns fünfgeschossiger Mehrzweckbau, hinter dessen Rasterfassade Lochkartenanlagen und Endlosförderbänder die Bestellungen der Kunden aus ganz Deutschland abarbeiteten, stand bereit für den Aufbruch nach vorn.

Wie in Frankfurt füllten sich im ganzen Land die Bombenkrater mit den Fundamenten des Wiederaufbaus. Aus jahrelang unbehausten Innenstadtbrachen wuchsen Einkaufstempel mit klar gegliederten Fassaden, Treppenhäusern und Neonbeleuchtungen. Um sie herum legten sich die Wohngürtel der Vorstadtsiedlungen mit ihren schamhaft kleinen Hauseingängen. Der frei stehende Bungalow als Einfamilienhaus war der Ausweis der Erfolgreicheren. Immer noch war die Wohnungsnot in allen Teilen des Landes drückend. An einzelnen Orten, wo Flüchtlinge aus dem Osten zu Tausenden gestrandet waren, entstanden inmitten von aufgelassenen Militärbauten eigenartige Kunststädte. Sie trugen Namen wie Neugablonz oder Waldkraiburg in Bayern, Espelkamp in Nordrhein-Westfalen oder Trappenkamp in Schleswig-Holstein. Es waren Orte ohne Vergangenheit, in denen sich gleichwohl die Geschichte der Jahrhundertmitte verdichtete.

Das mittelhessische Stadtallendorf, unweit von Marburg hinter Wäldern verborgen, hatte im Jahr 1950 noch gar nicht existiert.

Wenige Jahre später bekam es mit 10 000 Einwohnern die Stadtrechte verliehen. Ihre Bewohner lebten in Siedlungen mit Kürzelnamen wie DAG oder WASAG. Auf den Dächern einiger Häuser wuchsen Bäume wie in einer Märchenwelt. Der einzige historische Ortsteil, das »alte Dorf« Allendorf am westlichen Rand, erschien wie ein Fremdkörper aus dem Mittelalter. *Bei uns roch es schließlich nicht nach Dung, sondern fortschrittlich nach einem Gemisch aus Eisengießerei, Strumpffabrikation und Schokoladenküche.*

Der Geruch der Moderne passte besser zu den Einfamilienhäusern und Wohnblocks, die ohne erkennbaren Plan über eine weitläufige Fläche hingeworfen waren. Nirgendwo ließ sich ein Zentrum ausmachen, mit Ausnahme des Busbahnhofs, der in großstädtischen Ausmaßen die geografische Mitte ausfüllte. Der Eindruck von der Stadt als Durchgangsstation war dort auf den Punkt gebracht. Die Ansammlung von Bauten der Nachkriegsmoderne gab Stadtallendorf den Charakter einer US-amerikanischen Durchschnittssiedlung ohne historische Last. Dabei wuchs die Stadt auf vergiftetem Grund.

Wer hier groß wurde, spielte in den Bunkern und Industrieruinen der umliegenden Wälder, die über unkrautbewucherte Gleisanlagen miteinander verbunden waren. Es waren die Reste der Allendorfer Sprengstofffabriken Dynamit Nobel AG (DAG) und Westfälisch-Anhaltische Sprengstoff AG (WASAG), die seit den späten Dreißigerjahren für den Kriegsbedarf der deutschen Wehrmacht entstanden waren. Die Bäume auf den Dächern hatte man zu Tarnzwecken gepflanzt. Eine als »Steinlager« bezeichnete Anordnung ringförmiger Flachbauten stand auf den Fundamenten von Holzbaracken für Zwangsarbeiter. In der »Tri-Halde«, einer fußballfeldgroßen Abraumkippe (und Spielfläche für Kinder), lagerten Tausende Fässer hochgiftiger Trinitrotoluol-Derivate für die Sprengstoffproduktion. Ein rötlicher Ausfluss sickerte über Jahrzehnte ins Grundwasser. *Man entkam der Geschichte einfach nicht.*

Die meisten Einwohner dieser Gemeinde waren Vertriebene, die unter sich blieben und Straßen bewohnten, deren Namen wie stumme Mahnungen klangen: Breslauer Straße, Danziger Straße, Königsberger Weg. Sie lebten vor sich hin in ihren Eigenheimen, in ihrem kaum wahrgenommenen Schicksal. In den Klassenzimmern konnten die Stadtallendorfer Schüler auf den Wandkarten in den Grenzen von 1937 die Orte zu diesen Straßennamen wiederfinden. Sie standen, so vermerkte es die Karte, »derzeit unter polnischer Verwaltung«.

Über das Offensichtliche wurde in Stadtallendorf nie gesprochen – weder über die Herkunft seiner Bewohner und ihre Fluchterlebnisse noch über die Wurzeln der Stadt in den Fundamenten der größten Munitionswerke Europas. Bis zur dritten Generation danach blieben die Abgründe der Stadtgeschichte hinter einem dichten Nebel versteckt, einem Angstschleier gegen die Schrecken der eigenen Vergangenheit.

> Was uns Stadtallendorfer in höchstem Maße hätte irritieren müssen, die gewaltigen Überreste geborstener Bunkeranlagen überall im Wald, die vielen Häuser mit Bäumen auf den Dächern, in denen seit 1945 Menschen wohnten und die es anderswo – mit Ausnahme des Auenlandes – nicht gab, die Namen der Wohnviertel DAG und WASAG sowie der seltsame Grundriss der Stadt, all das beschäftigte uns kaum.

Am wenigsten schien es die zu kümmern, die alles selbst erlebt hatten, das große Sterben und die Flucht, bis sie an diesem Endpunkt zum Stehen gekommen waren. Sie hatten ihren Trost gefunden. Sie richteten sich darin ein, ein Leben in Häusern mit Kleingarten und niedrigen Decken zu führen und sich im Versandhauskatalog ihre nicht mehr versiegenden Wünsche zu erfüllen. Sonderbare Welt Stadtallendorf.

Die Wiedergänger

Andererseits war die Welt in Stadtallendorf kaum sonderbarer als andernorts in Deutschland; denn die Mechanismen waren überall dieselben, nur waren sie hier in schärferer Kontur ausgestellt wie unter einem Vergrößerungsglas. Von Ruhe, Normalisierung und einem Schlussstrich war selbst an höchster Stelle des Staates die Rede. *Wir haben so verwirrte Zeitverhältnisse hinter uns, daß es sich empfiehlt, generell tabula rasa zu machen.* Ohne auf Widerspruch zu stoßen, hatte sich Konrad Adenauer im September 1949 auf diese Weise im Bundeskabinett geäußert. Da war er seit gerade elf Tagen als deutscher Bundeskanzler damit beschäftigt, die Richtlinien seiner vierzehn Jahre währenden Herrschaft abzustecken.

Adenauer stand nicht im Verdacht, Sympathien für die Nationalsozialisten zu hegen, die ihn 1933 als Kölner Oberbürgermeister entlassen und zwölf Jahre lang geächtet und bedroht hatten. Dennoch überließ er die Leitung des Kanzleramts später dem ehemaligen Funktionär im NS-Innenministerium Hans Globke, der für die Formulierung der Nürnberger Rassengesetze von 1935 mitverantwortlich gewesen war. Als graue Eminenz war Globke zehn Jahre lang einer der einflussreichsten Beamten der jungen Republik. Adenauer folgte damit einer Linie, die er in seiner ersten Regierungserklärung ausgegeben hatte: Die Entnazifizierung habe in Deutschland genug Unheil angerichtet. Er sah es als seine dringendste Aufgabe, das Land wieder aufzubauen und der Zukunft ein Fundament zu errichten. Öffentliche Polemik oder innere Zerfleischung konnte da niemand gebrauchen.

Dem Großteil der Bevölkerung sprach er aus der Seele. In Meinungsumfragen erklärten sich drei Viertel der Befragten enttäuscht über die Entnazifizierungspolitik. Der Fragebogen, das Instrument der Alliierten, um den Nationalsozialismus aus den öffentlichen Sphären zu entfernen, war Zielscheibe von Hass und Spott geworden. Wer den Fragebogen nicht als schreiendes Unrecht beklagte, der machte sich, wie viele Karikaturisten, über ihn lustig. Darin spiegelte sich die Sehnsucht nach dem großen Vergessen, die in Deutschland alle Lager von rechtsbraun bis linksrot vereinte.

Bis zum Februar 1950 hatten sich allein in den westlichen Besatzungszonen fast vier Millionen Deutsche der Entnazifizierungsprozedur unterziehen müssen. Obwohl eine Mehrheit als Mitläufer oder Unbelastete aus dem Verfahren kam, verschärfte sich die Abwehrhaltung in der Bevölkerung zusehends. Bereits in der ersten Bundestagsdebatte zu Adenauers Regierungserklärung im September 1949 erklärte der Abgeordnete Dr. Franz Richter von der Deutschen Konservativen Partei – Deutsche Rechtspartei (DKP-DRP), einem Parteienbündnis ohne große Zukunft, die Entnazifizierung für völkerrechtswidrig. Er forderte eine zweite Chance für die Millionen Verführten.

> Man hat in den letzten Jahren sich nicht entblödet, dem deutschen Volk groß aufgemachte Rechnungen zu präsentieren über die Vergehen, die einzelne unseres Volkes, wie das bei jedem Volk geschehen kann, begangen haben. Allerdings einzelne!

Politische Überzeugungen allein, so Franz Richter, seien überhaupt nicht strafwürdig. Außerdem könne das Land bei der Mammutaufgabe, das Vaterland wieder aufzubauen, unmöglich auf all jene verzichten, die früher mal den Arm gehoben oder zu laut mit dem Stiefel aufgetreten waren.

Auch dem widersprach niemand. Richters Forderung im Bundestag, das Entnazifizierungskapitel abzuschließen, sollte sich bald erfüllen. Im Jahr 1951 beschloss das Parlament ein Ergänzungsgesetz zum Grundgesetzartikel 131, das unter dem Begriff »131er-Gesetz« bekannt wurde. Es sah vor, dass die im Entnazifizierungsverfahren »Minderbelasteten« der Kategorie III wieder Beamte sein und Versorgungsansprüche geltend machen konnten. Von ihren Fesseln befreit, überrannten Zehntausende »131er« die Ämter, Verwaltungen und demokratischen Institutionen. Bis zum April 1955 waren allein im Verteidigungsministerium drei Viertel der Besetzungen 131er, im Auswärtigen Amt zwei Drittel, im Wirtschaftsministerium und beim Presse- und Informationsamt der Bundesregierung jeweils mehr als die Hälfte. Im Bundeskabinett selbst amtierten im Lauf der Jahre 26 Minister und ein Bundeskanzler, die vor 1945 Mitglied der NSDAP, SA, SS oder Gestapo gewesen waren.

Aber die Ehemaligen saßen nicht nur in den Ministerial- und Abgeordnetenbüros. Man sah sie in schwarzen Roben und weißen Kitteln in den deutschen Gerichts- und Krankenhausfluren, wo sie im Dritten Reich das Recht des Stärkeren und die Medizin der Höherwertigen praktiziert hatten. Nicht einmal der Weg in die Sicherheitsbehörden blieb ihnen verschlossen. Im Bundesamt für Verfassungsschutz, das die Republik vor Extremisten schützen sollte, war zeitweise jeder Dritte ein früheres Parteimitglied. »Männer einer harten Praxis« nannte man sie dort. So wurden im Laufe der Fünfzigerjahre die politischen Säuberungsbemühungen der Alliierten ohne großes Aufhebens kassiert. Die braunen Kameraden waren im Herzen des demokratischen Deutschland angekommen – kaum älter geworden, kaum geläutert. Ihren Opfern, welche die Verfolger von damals wieder in Amt und Würden gehoben sahen, blieb nichts als Verbitterung.

Es passte zu Konrad Adenauers Haltung wie zu seiner unerschütterlichen Selbstsicherheit, dass er sich von all dem nicht anfechten ließ. Vom »lieben Herrn Globke« distanzierte er sich nie.

Das Vertriebenenministerium überließ er dem früheren NS-»Ostforscher« Theodor Oberländer. Mit der Mehrheit der Wähler war Adenauer darin einig, dass der Spuk des Dritten Reiches verflogen sei. Man solle seine Geister begraben lassen, da sie dem neuen Deutschland nicht mehr gefährlich werden konnten. Doch es war ein schwerer Irrtum, die Vergangenheit für tot zu erklären, denn sie ließ sich auf diese Weise nicht in Luft auflösen. Stattdessen rumorten Kräfte im Land, die im Frühjahr 1951 die Bundesregierung in Aufruhr versetzten.

In diesen Monaten erlebte Niedersachsen einen Landtagswahlkampf, der einen Beobachter der Zeitung *Die Welt* an die Weimarer Republik im Untergangsstadium erinnerte. Der Reporter Ernst Riggert hatte sich in eine Wahlversammlung der Sozialistischen Reichspartei gewagt, die sich 1949 als rechtsradikaler Flügel von Franz Richters DKP-DRP abgespalten hatte. Was er zu sehen bekam, jagte ihm den Schrecken in die Glieder.

Der Saal in Lüneburg war mit 800 Menschen brechend voll. 50 Pfennig kostete der Eintritt, ungewöhnlich viel für eine politische Veranstaltung, doch vor den Türen drängten sich Hunderte weitere Interessenten. Der Reporter erkannte vieles wieder: die gereizte Atmosphäre, die Verschmelzung von Jubel und Feindseligkeit, die Stimmung der Unbedingtheit. Auch die Zuhörer schienen ihm wie alte Bekannte, die er nie wiederzusehen gehofft hatte. Sie wirkten fanatisiert wie eh, hingerissen von den Gefühlen von einst, die wieder zu spüren sie in einen Rausch versetzte. Durch das Stimmengewirr stampfte der Rhythmus eines vertrauten Liedes. Der »Badenweiler Marsch« war ein Lieblingsstück von Adolf Hitler gewesen. Die Sozialistische Reichspartei holte ihre Anhänger zurück in die untergegangene Epoche, die erst sechs Jahre zurücklag. Ein körperliches Erlebnis, über das der Zeitungsreporter Riggert schrieb:

Es war das Klima der nationalsozialistischen Versammlungen um die Jahreswende 1931/1932. Vor der Tür der rote Lautsprecherwagen mit dem Parteiabzeichen. Am Eingang Ordner mit roten Armbinden, schwarzen Hosen und langen Schaftstiefeln. Im Saal Gedränge, Tabakrauch in dichten Schwaden, Marschmusik aus Lautsprechern.

Im Publikum sah er Männer zwischen 25 und 30 Jahren, die als ehemalige Wehrmachtssoldaten für ihre verratenen Ideale in den Kampf ziehen wollten. Vom neuen Staat fühlten sie sich gedemütigt. Voller Ungeduld warteten sie auf den stellvertretenden Parteivorsitzenden, zugleich der Hauptredner des Abends, den sie ob der Heldentat seines Lebens verehrten. Der ehemalige Generalmajor Otto Ernst Remer galt als Verhinderer des Staatsstreichs vom 20. Juli 1944 nach dem Attentat auf Hitler.

Als Kommandeur des Wachbataillons »Großdeutschland« in Berlin hatte der Ausgang der Verschwörung in seinen Händen gelegen. Am Telefon hatte Hitler ihm befohlen, mit seinen Truppen den Putsch niederzuschlagen. Im selben Atemzug hatte er, der Führer persönlich, ihn zum Obersten befördert. Von diesem Ruhm zehrte Remer, der sich seit dem Kriegsende als Maurer mit seiner Familie in einer Flüchtlingswohnung in Varel durchschlug. Das selbstgewisse Lächeln von seinen Porträts als Wehrmachtsoffizier war ihm abhandengekommen und im Nachkriegsantlitz den Linien der Verbitterung gewichen. Aber die metallische Stimme bellte und hackte wie einst auf dem Garnisonshof.

Otto Remer, 39jährig, schlank, mit ausgemergeltem Gesicht und flackrigen Fanatiker-Augen. Er sprach in diesem Monat auf 46 Versammlungen vor rund 40 000 Besuchern. Er trägt sich neuerdings in messianischem Lodengewand, mit grünem Filzhut und gespreiztem altem Reichsadler mit 30 schwarzen Federn am

Jackettaufschlag. Wenn Remer spricht, träufelt er Balsam auf nur leicht entbräunte Herzen.

Er polterte von der Rednertribüne herab gegen die Befehlsempfänger der Bundesregierung in Diensten der Alliierten, gegen Demokratie und Rechtsstaat, gegen alle »Eidbrecher und Landesverräter« am heiligen Deutschland. Den überlebenden Verschwörern des 20. Juli drohte er Vergeltung an. Selbst die »Lösung der Judenfrage« gehörte zum Parteiprogramm. Otto Ernst Remer würde auf ewig Nationalsozialist bleiben, das zu verkünden wurde er nicht müde. Als der Applaus abgeebbt war, ging er mit seinem grünen Spendenhut durch die Reihen und sammelte Groschenspenden von Kleinbürgern, Flüchtlingen und Veteranen.

Bei der Niedersachsen-Wahl im Mai 1951 votierten 367 000 Menschen und damit elf Prozent der Wähler für die Sozialistische Reichspartei. So eroberte sie 16 Sitze im niedersächsischen Landtag. Jeder zehnte Abgeordnete in Hannover war ein Rechtsextremer, der das alte Reich wiederherstellen wollte. Fünf Monate später schaffte sie den Sprung in die Bremer Bürgerschaft.

Diese Nachrichten rüttelten die Bundesregierung in Bonn aus ihrer Lethargie. Sowohl der britische als auch der amerikanische Hochkommissar in Deutschland setzten Adenauer unter Druck, das »Nazi-Abenteuer« umgehend zu beenden. Während er sich um ein Verbot der Remer-Partei bemühte, erklärte sein Innenminister den rechten Kameraden offen den Krieg. Robert Lehr hatte Adenauer vor den neuen Nazis gewarnt, nachdem er sich in Niedersachsen in deren Versammlungssälen umgesehen hatte. Von Remers Parolen fühlte er sich als früheres Mitglied des Widerstands beleidigt. Er beschloss, ihn persönlich zu verklagen.

Der Braunschweiger Generalstaatsanwalt Fritz Bauer, einer der wenigen NS-Verfolgten im deutschen Staatsdienst, nutzte die Chance, das alte Regime in Person des Ex-Generalmajors auf die

Anklagebank zu setzen. Unter dem Andrang der deutschen Öffentlichkeit sowie internationaler Medien und mit einem Großaufgebot an Gutachtern geriet der einwöchige Remer-Prozess im März 1952 zum Meilenstein in der Aufarbeitung der NS-Verbrechen. Zum ersten Mal erklärte ein deutsches Gericht das Dritte Reich zum Unrechtsstaat und den Widerstand gegen Hitler zum Akt der Vaterlandsliebe. Remer selbst hatte dem nichts entgegenzusetzen, außer dass er noch einmal genauso handeln würde wie damals. Das Gericht verurteilte ihn zu drei Monaten Gefängnis wegen übler Nachrede und Verunglimpfung der Toten.

Zur gleichen Zeit war das Verbotsverfahren gegen seine Partei so weit gediehen, dass im Herbst 1952 das Bundesverfassungsgericht die Sozialistische Reichspartei für aufgelöst erklärte. Otto Ernst Remer hatte sich, um sich seiner Haftstrafe zu entziehen, nach Ägypten abgesetzt. Ein anderer prominenter SRP-Mann saß dafür im Gefängnis: Dr. Franz Richter, der Streiter für Totalamnestie der NS-Verbrecher, war 1950 zur Sozialistischen Reichspartei gewechselt, die er von da an im Parlament vertrat. Zwei Jahre später nahmen ihn Zivilpolizisten in der Wandelhalle des Bundestags fest. Unter seinem echten Namen Fritz Rößler war er einmal Gauhauptstellenleiter der NSDAP gewesen.

Nach dem Krieg war er untergetaucht. Als Geschichtslehrer Dr. Franz Richter hatte er eine neue Identität angenommen, ohne sich von seiner Gesinnung, geschweige denn von seiner Familie abzukehren. Er heiratete seine Frau ein zweites Mal unter dem Namen Richter, und er adoptierte seine eigenen Kinder, die den Namen Rößler behielten. So sicher fühlte er sich hinter seiner Legende, dass er nicht das Risiko scheute, als Politiker in die Öffentlichkeit zu treten. Zum Verhängnis wurde ihm, dass er im Bundestag eine Namensliste mit seinem Falschnamen unterschrieb, womit er sich der Urkundenfälschung schuldig machte.

Der Fall Richter-Rößler schaffte es aufgrund seiner einmaligen Umstände in die Presse. Insgesamt schätzte das Bundesfamilienministerium im Jahr 1954 die Zahl derjenigen, die nach ihrer NS-Karriere unter falschem Namen in Deutschland lebten, auf mindestens 60 000 Personen.

Der Frontalangriff der Rechten auf die Institutionen der Nachkriegsdemokratie kehrte in der neuen Gesellschaft das Beste und das Schlechteste zugleich zutage. Ihre Feinde von rechts hatten sich geirrt, wenn sie sich auf dem Weg zur zweiten Machtergreifung wähnten. Die neue Staatsordnung war mehr als eine wehrlose Fassade. Nur eine Minderheit der Bevölkerung sehnte sich zurück nach den Verhältnissen der Diktatur. Es gab genügend Menschen, die die Umtriebe der Nazis verabscheuten und sich ihnen mit den Mitteln der Rechtsstaatlichkeit entgegenwarfen. Der alte Geist erlitt im Remer-Prozess auf offener Bühne eine so schwere Niederlage, dass er sich davon lange nicht erholte.

Trotz der Aufmerksamkeit, die dem Remer-Prozess in Deutschland zuteilwurde, mündeten diese Vorgänge gleichwohl nicht in eine Diskussion um den Umgang der Deutschen mit ihrem Erbe. Weiterhin galt der unausgesprochene Tenor, die individuelle Vergangenheit am liebsten zu verschweigen, solange sie nicht von außen ans Licht gezerrt wurde. Dementsprechend bekannte sich auch noch Mitte der Fünfzigerjahre eine Mehrheit zu der bequemen Verschwörungstheorie, dass die Verbrechen des Dritten Reiches nur Hitler und ein paar Getreuen an der Spitze anzulasten seien. Auf der anderen Seite standen die »Millionen Verführten«, von denen Dr. Franz Richter alias Fritz Rößler im Bundestag gesprochen hatte. Sie waren in ihrer Wahrnehmung selbst Opfer, die eine zweite Chance verdient hatten. Die Frage nach der Verantwortung jedes Einzelnen schob sich aus dem Blickfeld, auch wenn die Folgen des Krieges in vielen Familien noch lange nicht verarbeitet waren.

Auch darauf wies Theodor Heuss in seiner Silvesteransprache 1949 hin, als er auf die sich endlos hinziehende Rückkehr der deutschen Kriegsgefangenen zu sprechen kam. Nach der ersten großen Entlassungswelle 1945 saßen in den Lagern der Alliierten noch Millionen Männer fest. Immer wieder musste der Verband der Heimkehrer mit Demonstrationen auf die verlorenen Väter, Söhne und Brüder aufmerksam machen, auf dass sie nicht dem Gedächtnis entschwanden. Aber die, die es nichts mehr anging, wandten sich ab von den Szenen aus dem Durchgangslager Friedland. Sie wollten die Gesichter der ausgemergelten Gestalten und der Frauen mit selbst gemalten Suchplakaten nicht mehr sehen, deren Mienen die Spuren dessen trugen, was sie hinter sich lassen wollten. Ein düsteres Memento waren diese Bilder, die sich alle paar Monate in die Harmonie der neuen Normalität schlichen.

Erst zehn Jahre nach Kriegsende besiegelte Kanzler Adenauer im September 1955 bei einem Besuch in Moskau die Entlassung der letzten Kriegsgefangenen aus der Sowjetunion. In ihre Triumphfahrt zum Lager Friedland, auf der Menschenspaliere in jedem Dorf die »Heimkehr der Zehntausend« bejubelten, mischte sich das Aufatmen der Erleichterung, auf dass sich die Tür zum Gestern endgültig zudrücken ließe. Auf dem Gipfel ihres neuen wirtschaftlichen Erfolgs empfingen die Deutschen die hoffentlich letzten Botschafter aus der Hölle.

Anstelle des grippekranken Konrad Adenauer war diesmal Bundespräsident Heuss zum Empfang nach Friedland gefahren. Er bot ein auffälliges Bild, wie er da im dunklen Dreiteiler mit Zigarre inmitten früh alt gewordener Männer stand. Heuss war sich darüber im Klaren, dass nicht er, sondern sie die aus der Zeit Gefallenen waren. Er machte sich wenig Illusionen, was diese Männer zu Hause erwartete. In seiner Silvesteransprache 1949 hatte er seine Mitbürger ermahnt:

Unser forderndes Wort richtet sich auch an die Heimat, ihre Behörden, ihre Bürger, ihre Arbeitsämter, ihre Arbeitgeber, gerade den späten Heimkehrern eine sonderliche Stütze zu geben, damit ihre Hoffnung auf das neue und freie Leben nicht in Enttäuschungen zerrieben werde.

5. DIE WELT DER MÄNNER

Deutscher Mann in der Krise

Die Redaktion der beliebtesten Frauenzeitschrift des Landes, *Constanze,* bestand nahezu ausschließlich aus Männern. Der Verleger und sein Chefredakteur hatten bereits in den Dreißiger- und Vierzigerjahren das Vorgängermodell *Die junge Dame* vertrieben. Während des Krieges zeichneten sie darin die Traumwelt junger Frauen an der Heimatfront, die voller Freude auf die Rückkehr ihrer Frontkämpfer warteten. Die *Constanze* wollte daran anknüpfen, als sie 1947 mit einer Erstauflage von 60 000 Exemplaren erschien. Rasch avancierte sie zu einem Publikumsliebling, selbst unter Männern. Aber das Märchen vom Glück des Kriegsrückkehrers ließ sich nicht mehr rund zu Ende erzählen. Stattdessen widmete sich die Zeitschrift von der ersten Ausgabe an dem viel diskutierten Konfliktherd Familie. Ihre Schlüsselfigur war der Gatte und Vater. Der deutsche Mann steckte tief in der Krise.

Der Schriftsteller Walther von Hollander hatte seine Laufbahn als Beziehungsexperte Jahrzehnte zuvor mit Unterhaltungsromanen und Schriften zu Erziehung, Partnerschaft und Frauen angetreten. In der Zeitschrift *Hörzu* unterhielt er eine Ratgeber-Kolumne unter dem Titel »Fragen Sie Frau Irene«. Im Radio führte er einfühlsame Problemgespräche. Hollander wurde zum Familienberater der Nation. »Mann in der Krise« überschrieb er seinen dreiteiligen Essay in der *Constanze* im Frühjahr 1948. Die Zeitschrift reagierte damit auf die Ratlosigkeit von Frauen, die sich in Leserbriefen über ihre Männer beklagten, mit denen sie nichts mehr anfangen konnten.

> Nach fast fünf Jahren ist mein Mann aus der Gefangenschaft zurückgekommen. Die ersten drei, vier Wochen waren wir sehr glücklich. Aber nun gibt es einen Streit nach dem anderen. Grund: Er kommandiert herum und ist mit allem unzufrieden. Ich hätte mich so verändert, sagt er, und ich wäre keine richtige Frau mehr.

Ein Jahr zuvor hatte das Schicksal des Kriegsheimkehrers Beckmann zum ersten Mal große Teile der deutschen Öffentlichkeit auf das Thema aufmerksam gemacht. Der junge Schriftsteller Wolfgang Borchert, der selbst schwer krank aus Krieg und Gefangenschaft zurückgekommen war, gab mit seinem Theaterstück »Draußen vor der Tür« seiner ganzen Generation eine Stimme. Das vielfach aufgeführte Heimkehrerdrama war im Februar 1947 zuerst als Hörspiel im Radio ausgestrahlt worden. In dem Stück gelingt es dem aus sowjetischer Gefangenschaft zurückgekehrten ehemaligen Wehrmachtssoldaten Beckmann nicht, seinen Platz in der Gesellschaft wiederzufinden, in der nichts mehr ist, wie es einmal war. Während er noch mit seinen Kriegserlebnissen ringt, sieht er seine Mitmenschen feindselig und verschlossen. In seiner Einsamkeit und Desillusionierung erkannten zahllose Zeitgenossen ihren eigenen Seelenzustand wieder.

Der Kolumnist Walther von Hollander sah seinerseits als Ursache dafür eine Welt, die aus den Angeln gekippt war. Beim täglichen Improvisieren vor einer ungewissen Zukunftskulisse bot die Eheroutine aus dem Vorkrieg keinen Halt mehr. Die Gewichte hatten sich verschoben zugunsten der Frauen, die im Einsatz für die Familie gewachsen waren, während sich die meisten Männer im Krieg nicht als Helden ausgezeichnet, sondern als Kriegssklaven hatten abrichten lassen.

Die Tragödie aus Missverständnis, Desillusion und Abwendung wurzelte laut Hollander in der Heimkehr des besiegten Mannes. In diesem lang ersehnten Moment trafen die Erwartungen beider Seiten auf eine Wirklichkeit, die damit nicht mehr zur Deckung zu bringen war. Sobald sich die Tür des gemeinsamen Heims hinter den Eheleuten schloss, begann das Drama der Entzauberung, auf das die wenigsten vorbereitet waren. Hollanders Leitartikel war ein Symptomkatalog der deutschen Rückkehrerkrise.

> Szenen wiederholen sich Tag für Tag in den einzelnen Ehen, in Zerwürfnissen zwischen Menschen, die jahrelang aufeinander gewartet haben und auf den endlichen Beginn ihres eigentlichen Lebens. Zwei zermürbte, zwei aus ihren eigentlichen Bezirken Vertriebene treffen zusammen, zwei Menschen verschiedenen Geschlechts, die nicht nur das gleiche Weltbild verloren haben, den gleichen Besitz, den Anspruch auf ein Leben, »wie es einmal war«, die gleiche Hoffnung, daß es noch einmal so werden könnte. Zwei Menschen, welche die gleiche Verzweiflung darüber fühlen, daß alles, was sie einmal verloren hatten, nicht wiederkommen wird.

Anstatt dieses Unglück gemeinsam zu schultern, kroch in die Ehen der Spaltpilz der Schuldfrage, die in der deutschen Öffentlichkeit zum Tabu erklärt und den Familien zur privaten Aufarbeitung überlassen worden war. Ohne Zweifel war es zunächst ein Krieg der Männer gewesen, der alles heraufbeschworen hatte. Sie hatten ihn ohne Bedenken angezettelt und ohne Erfolg geführt. Ausgezogen als Eroberer, als Verlierer zurückgekehrt. Was war das Ideal vom Beschützer noch wert, wenn in der Realität gebrochene Kreaturen zurückkamen? Daraus erklärte sich für Walther von Hollander die Weigerung vieler Frauen, sich ihren Männern unterzuordnen wie ehedem.

> Denn auch die einsichtigste Frau trägt in sich den Wunsch nach einem starken, lebenskräftigen Mann, und es ist sehr schwer, ein

> Wrack mit sich zu ziehen durch die erregten Wogen dieser Zeit. Ganz unerträglich aber wird die Lage, wenn der hilflose Mann mit den Allüren und Gewohnheiten des tyrannischen Hausvaters auftritt.

In seiner Zeitdiagnose hatte Hollander vieles auf den Begriff gebracht. Seine Vorschläge, wie damit umzugehen sei, waren hingegen konventionell. Den Frauen empfahl er Einsicht in die Schwäche der menschlichen Natur, den weniger starken Männern im Eigeninteresse ein paar Zugeständnisse an die Frauen. Der Stärkere würde dagegen beizeiten die Rechte des Patriarchen zurückerhalten. Mit der Rückkehr des normalen Familienalltags sollte sich auch das Eheleben normalisieren.

Heimkehr der Verlorenen

Alles war ganz anders gekommen, als er es sich vorgestellt hatte. Heimkehr nach Berlin, im Januar 1946. Wieder zu Hause, nach sechs Jahren Front und einem Jahr Internierungslager, und es war so anders als gedacht. Walter Römer hatte die Feldzüge in Polen, Frankreich und Russland mitgemacht. Als Leutnant der Wehrmacht hatte er die Verrohung des Lebens kennengelernt. Nach und nach hatte er seine humanistischen Vorstellungen aus dem Elternhaus, mit denen er hier nur scheitern konnte, durch militärische Mechanismen ersetzt. Auf diese Art überstand er die Odyssee durch die Jahre des Zweiten Weltkriegs und seine Internierung in Schleswig-Holstein.

Die Briten hatten etwas dagegen gehabt, ihn zurück zu seiner Familie nach Berlin-Friedenau zu schicken. Das letzte Foto mit seiner Frau Emmy stammte vom April 1944, als er gerade einen Kriegsschullehrgang abgeschlossen hatte. Der Fotograf hatte das Bild zweier Menschen eingefangen, die trotz allem an ihre gemeinsame Zukunft glauben: Walter in seiner neuen Unteroffiziersuniform, die Mütze schief ins attraktive, schmale Gesicht gezogen; nah an ihn gedrängt steht Emmy im Nadelstreifenkostüm, einen breitkrempigen Hut auf dem blond-welligen Haar. Sie strahlt ein perfekt geschminktes Lächeln. Sie geben ein wunderschönes Paar in unsicheren Zeiten ab. Ihr Sohn Paul war zu diesem Zeitpunkt anderthalb Jahre alt.

Im britischen Internierungslager hatte Römer viele Monate Zeit, sich die Verhältnisse zu Hause in Berlin-Friedenau auszumalen. Es war der totale Zusammenbruch, in dem seine kleine

Familie auszuhalten gezwungen war. Er hatte natürlich von den schweren Kämpfen in der ehemaligen Reichshauptstadt gehört und den Verwüstungen in vielen Vierteln. Jeder wusste, was die Eroberung durch die Sowjets für die deutschen Frauen bedeuten konnte. Sie hatten auch die westlichen Stadtbezirke besetzt, ehe Berlin in vier Zonen aufgeteilt worden war. Emmy und Paul hatten es ganz sicher mit den Russen zu tun bekommen. Was hatte man mit ihnen angestellt, vor allem mit Emmy? Wovon hatten sie gelebt? Wie kamen sie über den Winter, waren sie krank? Schreckensbilder, die ihn in seinen stillen Stunden heimsuchten. Kurz nach Neujahr 1946 machte er sich mit seinem Bündel auf dem Rücken und dem Entlassungsschein in der Tasche auf den Weg nach Berlin.

Ein abrupter Wetterwechsel. Der Frost der letzten Wochen hatte sich für ein Intermezzo milderer Witterung zurückgezogen. Römer fühlte sich wie im Frühling. Als er in Friedenau ankam, löste sich seine Beklemmung. Hier in den westlichen Stadtteilen fand er das Straßenbild weit besser erhalten als im Zentrum, wo im April 1945 der Kampf Haus um Haus getobt hatte. Schließlich stand er vor der Schwelle der Wohnung. Seine Frau Emmy, sein Söhnchen Paul, mittlerweile dreieinhalb Jahre alt, und seine Schwiegermutter hatten sich für das Wiedersehen zurechtgemacht. Römers Erstaunen war vollkommen.

> Der Familie ging es dem Anschein nach, zumal was Essen, Kleidung etc. anging, viel besser als vielen Bekannten, die ich in den ersten Tagen meiner Rückkehr wiedersah. Die größte Überraschung für mich war, daß meine Frau, trotz überall sichtbarer Zerstörungen der Häuser, auch in Friedenau aufgrund der Bombenschäden der letzten Kriegsmonate, im Besitz einer sehr hübsch eingerichteten Wohnung war, fast als Atelier zu bezeichnen.

Emmy sah blendend aus. Ihr blondes Haar fiel in sorgsam ondulierten Locken nach hinten. Ihr Lächeln hatte nichts von seinem Zauber eingebüßt. Sie erzählte ihm von ihrer Arbeit als Verkäuferin in einem Schallplattengeschäft, das unten im Haus seine Verkaufsräume hatte. Um die Familie durchzubringen sei sie darüber hinaus in Geschäften aktiv, die sich zum Teil in den repräsentativen Räumen ihrer Atelierwohnung abspielten. Aus diesem Grund lebte der kleine Paul nicht hier bei ihr, sondern in der Wohnung ihrer Mutter. Wie genau es um Emmys Geschäfte bestellt war, wurde für Walter nicht recht erkennbar.

Überhaupt waren für ihn die Eindrücke, die nach der Heimkehr über ihn hereinfielen, reichlich verwirrend. Über Monate hatte er sich auf Elend und Verzagtheit gefasst gemacht. *Und nun diese auf den Kopf gestellte Situation!* Einzig der kleine Paul erfüllte die Befürchtungen, die sein Vater über ihn angestellt hatte. In den Gesichtszügen ein Abbild seiner Mutter, blickte er voll Misstrauen auf den Fremden, der sich in seine kleine Welt hineindrängte. Bis dahin hatte er ausschließlich in der Gesellschaft von Frauen gelebt, die auf einmal alle um den ungebetenen Ankömmling herumflatterten. Römer spürte Abwehr in seiner Miene und in den Gesten seines Kinderkörpers.

In den nächsten Tagen sah sich Römer in seiner Heimatstadt um. Einem Großteil der Menschen, denen er in den Straßen begegnete, ging es miserabel, besonders den Flüchtlingen, Ausgebombten und Alten, aber auch vielen Kindern und versehrten jungen Leuten. Einige wenige, die Cleveren, die Schwarzhandel betrieben oder ähnliche Geschäfte machten, hielten sich allerdings ausgezeichnet. Ratlos stand Walter Römer diesen neuen Aussichten in Berlin gegenüber. Er sah nicht den Platz, den er hier einnehmen sollte. Zu Hause in der Friedenauer Wohnung blieb er mit dem Gefühl allein.

Emmy dagegen, für mich unübersehbar, hatte die mich noch immer belastende Niederlage, den totalen Zusammenbruch, das hinter uns liegende Völkermorden, den Absturz in das Chaos, völlig verdrängt und stand, kein Zweifel, im Gegensatz zu mir mit festen Beinen im Existenzkampf dieser ersten Nachkriegsmonate. Aber ich spürte auch, daß eine Veränderung unseres Verhältnisses zueinander in den langen Monaten der Trennung eingetreten war, die ich, unsicher in den lange veränderten Gegebenheiten, sicher deutlicher empfand als meine Frau.

Etwas lag verborgen hinter ihrer Aufgeräumtheit, das Walter nicht wissen sollte. Wenn er die Sprache auf die heiklen Wochen der sowjetischen Besatzung in Friedenau lenkte, waren ihre Kommentare von einer Leichtigkeit, die ihn irritierte. Sie versicherte ihm wortreich, dass sie sich der erniedrigenden Erfahrung der Vergewaltigung habe entziehen können. Er spürte Erleichterung, aber Fragen blieben trotzdem. Er saß in der Wohnung mit den eleganten Möbeln und wusste sich keinen Reim zu machen.

Über einen Bekannten im Werbebüro kam er an eine ungewöhnliche Aufgabe: Das sowjetische Hauptquartier in Karlshorst hatte ihnen den Auftrag erteilt, einen zweisprachigen Katalog deutscher Automobiltypen mit grafischen Darstellungen herzustellen. Römer war von da an für Monate mit den Zeichnungen befasst. Immerhin ein Anfang, um auf andere Gedanken zu kommen.

Ende Februar feierten Emmy und Walter Römer ihren Geburtstag. Er wurde 29, sie war auf den Tag genau zwei Jahre jünger. Von frühmorgens an strömten Glückwünsche, Blumen und Aufmerksamkeiten ins Haus, doch sie galten sämtlich seiner Frau. Ihr weitläufiger Bekanntenkreis versetzte Emmy und ihre Mutter zusehends in Verlegenheit, ihn selbst in Unbehagen. *Niemand an diesem Tage konnte ahnen, welch Schicksalsschlag unserer kleinen Familie bevorstand.*

Kurz darauf kam es zwischen Mutter und Tochter zu einem heftigen Streit, zu dem ihm Emmy jede Aufklärung verweigerte. In der Folge wollte seine Frau weder sie noch ihren Sohn besuchen, der nach wie vor bei ihrer Mutter wohnte. Das Geheimnis, das Emmy mit sich herumtrug, zeichnete immer schärfere Konturen in ihre wiedererlangte Gemeinsamkeit. Walters Ahnungen ließen ihn trotzdem zurückscheuen vor den Folgen der Gewissheit. Alle hatten sie Angst vor der Wahrheit.

Über Nacht befielen Emmy Halsschmerzen, die sich auswuchsen zu Atembeschwerden, Erstickungsanfällen und Panikzuständen. Der Arzt zog die Luft ein, als er in ihr Zimmer kam. Die Diphtherie war eine lebensbedrohliche Infektionskrankheit. Walter saß im Krankenwagen neben ihrer Trage, wo er zusehen musste, wie sie nach Atem rang. Auf der Isolierstation des Krankenhauses in Charlottenburg trennte ihn eine Glasscheibe von seiner Frau. Dort lag sie, blass und apathisch, allein in einem Quarantäneraum. Sie sahen einander an. Ihre stumme Geste mit der Hand ließ sein Herz zerspringen – wie eine Todesahnung, die sie zu ihm hinaus auf den Flur sandte. Der Arzt, den er im Vorbeigehen zu fassen bekam, zuckte mit den Schultern. Man müsse das Beste hoffen.

In der Nacht fand er kaum Schlaf. Am nächsten Morgen fuhr er auf dem Weg zur Arbeit beim Krankenhaus vorbei. An den verstohlenen Blicken der Schwestern auf der Isolierstation konnte er sehen, dass er zu spät kam. Emmy war eine Viertelstunde zuvor gestorben.

> Jetzt durfte ich zu ihr, sie lag aufgebahrt, still und fremd in ihrem Bett, und ich fühlte mich leer, verzweifelt und verlassen. Welche Ironie des Schicksals: Ich hatte die Gefahren und Wirren des hinter uns liegenden fast sechsjährigen Krieges überlebt und meine lebensbejahende, lebenstüchtige, fröhliche Frau und Mutter unseres kleinen Kindes, mußte sterben – zu einem

Zeitpunkt, an dem man dabei war, nach all der furchtbaren hinter uns liegenden Zeit ein neues Leben zu beginnen und aufzubauen.

Hinter Schleiern von Benommenheit verrannen die Tage bis zur Einäscherung im Krematorium. Sein Sohn Paul, der den Verlust nicht vollständig begreifen konnte, lebte weiterhin bei seiner Schwiegermutter, die der Tod ihrer einzigen Tochter schwer getroffen hatte. Nach ihrem Streit hatten sie sich nicht mehr ausgesprochen. Nicht einmal auf Besuch ins Krankenhaus war sie gekommen, so ernst war ihr Zerwürfnis gewesen, über das sie ihm noch immer nichts erzählen wollte. Römer saß allein in der Friedenauer Atelierwohnung, die Emmy bei aller Not mit so viel Stil einzurichten vermocht hatte. Zumindest ein Teil ihrer Einnahmen, so hatte er begriffen, war auf ihre florierenden Schwarzmarktgeschäfte zurückzuführen. Über das andere mochte er keine Nachforschungen anstellen. Klar war, dass er ohne sie mitten im Existenzkampf stand. Seine Frau hatte es auf ihre Art verstanden, für alle zu sorgen.

Für Walter Römer war die Zeit des Zusehens vorbei. Jetzt war es an ihm, zu improvisieren. Der Hunger kratzte an seiner Tür, denn für die monatelange Arbeit am Autokatalog der sowjetischen Militärregierung sah er niemals Geld. Vergeblich sprach er bei der städtischen Stellenvermittlung vor. Bei einem West-Berliner Verlag gelang es ihm schließlich, einige selbstgemalte Aquarelle von Landschaften und Sehenswürdigkeiten unterzubringen. Monatelang lebte er von der Sehnsucht der Kundschaft nach heilen deutschen Ansichten, von der Nordsee bis zum Schwarzwald. In diese Zeit fiel seine Begegnung mit der Sängerin Ursula Gauter, die er im Jahr darauf heiratete. Als er seinen Sohn Paul aus der Obhut der Großmutter in die eigene nahm, hatte Walter Römer seinen langen Weg zu einem Familienleben abgeschlossen.

Nie hatte er den Mut aufgebracht, seine Frau Emmy auf ihr

Geheimnis anzusprechen. Erst nach ihrem Tod eröffnete es sich ihm allmählich. Die Freundinnen seiner Frau und ihre langjährige Chefin unterrichteten ihn mit gezielter Beiläufigkeit, was sich in den vergangenen Jahren, als er so lange verschwunden war, in ihrem Leben zugetragen hatte. Es waren Ereignisse und Beziehungen, die er Jahrzehnte später in seinen Erinnerungen nicht beim Namen nannte, wenngleich über deren Natur kein Zweifel bestand. Die Einzelheiten wollte er gar nicht wissen.

> Ich hatte es ohnehin gespürt, ohne mir darüber völlig im Klaren zu sein. Es liegt alles so lange zurück, die Jahre sind darüber hingegangen, geblieben sind die schönen Erinnerungen unserer jungen Liebe, der glücklichen Jahre vor dem Krieg.

Wilhelm Lehmann fuhr mit der S-Bahn aus dem Krieg nach Hause. Kurz vor Silvester machte er sich auf den Weg vom Gefangenenlager in Landsberg nördlich von Berlin. Erst mit dem Zug bis zur Hauptstadt, von da aus weiter nach Pankow. Am Silvestermorgen erreichte er seine Straße. Langsam setzte er einen Schritt vor den anderen, bis er vor der alten Wohnungstür stand. Das Haus war zum Teil zerstört worden, aber ihre Wohnung war noch da. Er zögerte den Moment lange heraus. Einem Kameraden, der vor ihm aus dem Lager aufbrechen durfte, hatte er einen Zettel an seine Frau mitgegeben, dass er unterwegs zu ihr sei. Ob der angekommen war, konnte er nicht wissen. Die Augenblicke vor der Schwelle verstrichen in einem unklaren Durcheinander von Empfindungen. Unwirklich fühlte sich das an. Er nahm sein Herz in beide Hände, klopfte an die Tür, und da stand ihm Hedwig gegenüber. Er konnte ihrem Blick ansehen, dass sie ihn kaum wiedererkannte, obwohl sie ihn erwartet hatte. Der Kamerad hatte den Zettel bei ihr abgeliefert.

Vor sieben Jahren hatten sie sich im Skiurlaub kennengelernt, der große Wilhelm und die zierliche Hedwig, seither aber hatten sie nicht mehr als sieben Monate zusammen verbracht. Kurz nach ihrer Begegnung musste er weg von zu Hause an die Front. »Zu Hause« wurden für ihn die drei Kameraden aus dem Nachrichtentrupp, mit denen er immerfort zusammen war, während sich ein Feldzug an den anderen reihte. *Die drei waren meine Heimat draußen, meine Familie. Wir waren wie zusammen verklettet, weil wir ja soviel miteinander erlebt haben. Jeder hat den anderen ganz genau gekannt, kennengelernt in den Jahren.* Hedwig und er hingegen wussten kaum etwas voneinander.

Als er nach einer schweren Verwundung in wechselnden deutschen Städten als Ausbilder stationiert war, wurde sie nach einem seiner Besuche schwanger. Ihr Kind, an das sie sich beide als Hoffnungsschimmer in ihrem Leben auf Abruf klammerten, kam im achten Monat tot zur Welt. Kurz darauf musste Wilhelm Lehmann wieder einrücken mit dem Auftrag, ein Volkssturmregiment für das letzte Aufgebot an der Ostfront aufzustellen. Dieses Jahr der Trennung war schwerer auszuhalten als alle vorhergegangenen. Als Wilhelm zurückkehrte, lagen zwischen ihnen sieben verlorene Jahre, die Spuren des Krieges sowie ein totes Kind. *Es war soviel passiert, und nichts war mehr wir früher.*

Wie viele Kriegsgefangene kehrte Wilhelm Lehmann mit Hungerödemen heim. Sein Gesicht war gelb, aufgedunsen, die Haare waren ihm ausgefallen. Ein kranker Körper, in Lumpen gehüllt. Trotz seiner Erschöpfung war für sie beide in dieser Silvesternacht kein Schlaf zu finden. Wilhelm fragte und fragte, er wollte alles darüber wissen, wie seine Frau die Monate ohne ihn verbracht hatte und wie in der Heimat die Zeit vorangeschritten war, die ihm fehlte. Nicht nur er war seiner Frau ein Fremder geworden, auch sie hatte sich vom Bild in seinem Gedächtnis weit entfernt. Für vieles von dem, was sie ihm erzählte, reichte seine Vorstellungskraft nicht aus. Wie ein neugeborenes Kind kam er ihr vor, so meinte sie.

Sie zeigte ihm ihr Tagebuch, das sie bis zu seiner Rückkehr geführt hatte mit dem Gedanken, dass er so besser verstünde, wie der Krieg ihr Leben geprägt hatte. Von ihrer Arbeit in der Rüstungsfabrik im Ostteil von Berlin berichtete sie darin, sechs Tage in der Woche schuften; das Überleben im Bombenverschlag; später die Zwangsarbeit, die sie für die Russen leisten musste; Holz klauen, Kohlen organisieren, Hamstern gehen, anpacken von früh bis spät. Auf eigenen Füßen stehen. Wenig von dem, was sie da aufgeschrieben hatte, konnte Wilhelm nachvollziehen. Vor allem gefiel es ihm nicht, wie sie darüber schrieb. Leider klang das genauso wie die Art, in der sie neuerdings mit ihm sprach. Ihre Worte, ihr Tonfall waren anders als früher.

> Ich kannte meine Frau gar nicht mehr. Es hat lange gedauert, bis ich begriffen hab, daß sie gelernt hat, »ich« zu sagen, solange ich weg war. Immer hieß es, »ich habe«, »ich bin«. Und ich sagte dann immer, »entschuldige, wir haben« und »wir wollen«. Wir bekamen erst langsam miteinander Kontakt. Wir kannten uns ja auch kaum.

Fünf Jahre waren sie verheiratet, beide über dreißig. Nun erst sollte ihre Ehe richtig beginnen. Die Umstände konnten kaum schwieriger sein. Sie hatten alle ihre Hoffnungen ineinandergesetzt, dass das Leben nach dem Wiedersehen leichter würde. Nun schien es wie eine doppelte Last. Hedwig vermisste die Harmonie, auf die sie sich Jahre gefreut hatte. Ihm fehlte das behagliche Zuhause, wie er es von früher zu kennen glaubte. Er spürte die Enttäuschung, die er seiner Frau bereitete, weil er ihren Wunschvorstellungen von einem Mann nicht entsprechen konnte. Wie lange hatte sie ihre Einsamkeit ertragen, derweil sie von einem Mann träumte, der ihr die Last von den Schultern nehmen würde. Zu ihr zurückgekommen war einer, der sich selbst kaum mehr im Leben zurechtfand. Unterstützer, Beschützer, nichts davon konnte er sein. Stattdessen saß da ein Geschlagener, der in den falschen Krieg gezogen war und dafür die Quittung bekommen hatte. Die Schulter im Krieg zerschlagen, die Gesundheit im Lager ruiniert. Hedwigs Riese war zum Schatten geschrumpft.

Von den Herren im Ost-Berliner Arbeitsvermittlungsbüro erfuhr Wilhelm, dass er als früheres NSDAP-Mitglied seinen Beruf als Bankkaufmann nicht wieder aufnehmen durfte. Doch sie schickten ihn nicht weg, sondern teilten ihn auf der Stelle bei der Roten Armee zur Zwangsarbeit ein. Kohlen abladen beim Arbeitsbataillon 4 in Köpenick. Kein Beruf, kein Geld und auch kein neuer Anfang. Wilhelm Lehmann war unten angekommen, wo er seiner Frau nur Last statt Stütze sein konnte. Er verlor jede Achtung vor sich selbst. Welche Demütigung! Er verspürte den Drang, jemanden dafür zu bestrafen.

Hedwigs fröhliches Wesen, in das er sich vor sieben Jahren beim Skilaufen verliebt hatte, reizte seinen Zorn. Er hasste ihre Selbständigkeit, mit der sie ihn zu verhöhnen schien. Erst war er nur wortkarg. Kein freundliches Wort kam mehr aus seinem Mund. Dann folgten die Beleidigungen. Wenn sie stumm über seine Bosheiten hinwegging, polterte er weiter. Zufrieden war er erst, wenn er die Angst in ihr aufsteigen sah. Seine Schwäche machte ihn grausam. Das Gesicht, das er ihr in den eigenen Wänden zeigte, war die Fratze des vom Leben Betrogenen. Seine Rache traf immer nur sie. Die schlimmste Zeit ihrer Ehe war angebrochen in dem Moment, wo sie alle Kräfte für den Neubeginn brauchten. Sie drohten, einander verloren zu gehen.

Ich hab versucht, ihm manches nachzusehen, was eigentlich Grobheiten waren. Ich hab ihn seelisch einfach nicht wiedergefunden. Ich hab aber auch an mir gezweifelt und gegrübelt, ob ich zuviel von ihm verlangt habe. Ich hab dauernd überlegt, was ich tun könnte, um ihn wiederzufinden.

Der Schlüssel zu Wilhelm Lehmanns Zerrüttung war nicht allein in seinem Abstieg zu suchen. Da war auch das, was er durchgemacht hatte an der Front und im Gefangenenlager. Er erzählte von Dörfern, die sie in Polen niedergebrannt hatten. Alles zusammengeschossen, was sich ihnen in den Weg stellte. Damals hatte er daran geglaubt, dass sie ihr Vaterland verteidigten. Sie waren aufgebrochen mit der Überzeugung, dass es richtig war, was sie taten. *Aber als es dann so weit war, war's schrecklich.* Dabei war er nur im Nachrichtentrupp mit seinen drei Kumpels. Aber danebenzustehen und zuzusehen genügte.

Es blieb nicht beim Zusehen. In Russland bekam er den Auftrag, Partisanen zu erschießen. Junge Kerle wie Straßenjungs. Dann die eigene Verwundung, als eine Panzergranate seine Schulterblätter zertrümmerte. Schließlich der Albtraum im Gefangenenlager, als sie reihenweise neben ihm verreckten, am Fleckfieber, am Typhus. Die wenigsten waren Soldaten, es waren Zivilisten, Opas und Großmütter dabei, Kinder und Säuglinge. Er hatte sich an den Toten selbst absichtlich mit Fleckfieber infiziert, weil er nur noch sterben wollte. *Ich wollte nicht mehr. Ich hab das alles gesehen, und das war kein Krieg mehr.* Der Plan ging nicht auf. Gegen seinen Willen war er wieder gesund geworden.

Die Toten auf diesem Weg, die von seinen Kugeln durchsiebten Partisanen und die vom Fieber verzehrten Kinder waren ihm gefolgt bis über die Schwelle seiner Wohnung in Berlin-Pankow. Wilhelm Lehmann hatte den Krieg verloren, aber er musste ihn erst noch besiegen, ehe er das Leben mit seiner Frau mit anderen Augen sehen konnte.

Die menschliche Seele ist grenzenlos belastbar

Bei den als »Wassersucht« bekannten Ödemen sammelt sich Körperflüssigkeit außerhalb der Gefäßzellen in Beinen, Händen oder der Bauchhöhle und lässt diese unförmig anschwellen. Ein Druck mit dem Finger hinterlässt auf der Körperpartie eine Delle. Viele Heimkehrer litten nach der Mangelernährung im Gefangenenlager an solchen Wassereinlagerungen im Körper. Es war aber nur eines von unzähligen Leiden, die sie mit in die Heimat brachten. Jeder von ihnen hatte einen anderen Krieg erlebt. Jeder behielt andere Spuren davon zurück.

Manche litten an Muskelschwund, Herzschrumpfung, niedrigem Blutdruck, Gefäßschwäche, Magen- und Darmstörungen oder Knochenhautreizungen. Es gab Symptome wie Schwindel, Gliederzittern, Zuckungen der Gesichtsmuskeln und Überreflexe. In der deutschen Medizin lief die Krankheit der Heimkehrer unter dem von russischen Ärzten eingeführten Sammelbegriff der »Dystrophie« zunächst als reine Ernährungsmangelkrankheit. Demnach durchlitt der Dystrophiker durch den langfristigen Entzug von Nahrung den stufenweisen Verfall von Körper und Geist. Die meisten Ärzte in Deutschland beschränkten sich darauf, Aufbaudiäten zu verordnen, um die äußeren Symptome der Hungerkrankheit zu bekämpfen. Sobald der Wasserbauch verschwunden war, galt der Patient als geheilt.

In den Praxen der deutschen Psychiater saßen jedoch Männer mit Beschwerden, die sich der Routinediagnose entzogen. Nicht selten kamen sie auf Veranlassung ihrer Verwandten, die Jahre nach ihrer Rückkehr mit ihnen nicht mehr weiterwussten. Darunter waren Heimkehrer, die sich kaum konzentrieren konnten. Andere litten unter Beklemmungen ohne sichtbare Ursache. Viele wälzten sich in Albträumen. Verbreitet war die Angst, verfolgt zu werden. Ein vorbeidonnernder Zug oder ein irritierender Geruch ließ sie hochfahren. Manche Heimkehrer waren geschlagen mit einer Müdigkeit, für die es keine Erholung gab. Ein typischer Anblick jener Jahre waren Männer mit traurigen Augen, denen jede Unbeschwertheit abhandengekommen war. Nichts aber war so zerstörerisch wie die Ausbrüche von Gewalt, die ohne erkennbaren Grund über die Angehörigen hinwegfegten. An ihrem Wüten drohten Familien zu zerbrechen, die das Auffangbecken dieser Männer sein sollten. Für viele Veteranen hatte der Krieg, den sie mit in ihre Häuser trugen, nicht aufgehört.

Im Jahr 1952 legte der Leiter der Heimkehrerkrankenanstalt Fischerhof bei Uelzen einen Forschungsbericht vor, der in Deutschland einen Nerv zu treffen schien. Die Zeitungen stürzten sich auf seine Interpretation der Dystrophie, die von der gängigen Lehrmeinung abwich. Seine Untersuchungen von 750 Männern und Frauen hatten ihn zu dem Schluss geführt, die Heimkehrerdystrophie als psychosomatisches Krankheitsbild zu kennzeichnen, dessen seelische Dimension mindestens so bedeutsam sei wie die körperliche. Die Spätfolgen würden noch Jahre nach dem Stacheldrahterlebnis weiterwirken.

Kurt Gauger vermochte in seinen Ausführungen nicht abzuschätzen, wie viel Unrecht den Heimkehrern durch diese psychologische Fehlbewertung entstanden sei. *Es ist zuzugeben, daß sehr viele Leiden und sehr viel Leid hätten verhütet werden können, wenn die hier vorgelegten Ergebnisse früher und allgemeiner bekannt gewesen wären.* Doch die Hoffnung, dass sein Bericht eine Wende in der ärztlichen Beurteilung der seelischen Dimension der Heimkehrersymptome einleiten würde, hielt nicht lange vor.

Die herrschende Lehre der Psychiatrie in Deutschland folgte nämlich weiterhin der Auffassung, dass weder der Krieg noch die Gefangenschaft Ursache seelischer Störungen sein konnten. Psychischen Beschwerden lagen dieser Wahrnehmung zufolge immer organische oder angeborene Schäden zugrunde. Die menschliche Seele galt als grenzenlos belastbar. Daran vermochten extreme Erlebnisse wie Nahkampf, Massenerschießung, Todesangst oder Ermordung von Unschuldigen nichts zu ändern.

Diese Lesart hatte spätestens seit 1950 eine politische Dimension bekommen, als mit dem Bundesversorgungsgesetz die Versorgung der Kriegsopfer zur Debatte stand. Die Nervenärzte standen als Gutachter vor der Frage, ob die Angstzustände ihrer Patienten genauso zu entschädigen waren wie ein amputiertes Bein oder ein verlorenes Auge. Im Bild des »Rentenneurotikers«, dessen echte oder eingebildete Leiden ihm zu einer Opferrente verhelfen sollten, verdichtete sich die Haltung der deutschen Medizin gegenüber den seelischen Symptomen der Kriegsheimkehrer: Wer über die Schrecken des Erlebten nicht hinwegkam, galt als Schwächling.

Nach vorne blicken und im Heute leben, so lautete der Ratschlag. Aber die Gegenwart konnte ebenso Schrecken verbreiten, denn die Ankunft in der Heimat gestaltete sich den Entronnenen nicht wie der Empfang eines verlorenen Sohnes. Sich im Labyrinth des Nachkriegsdaseins zu orientieren war umso schwerer, je länger sich zuvor das Leben im Soldatenrhythmus abgespielt hatte. Eine Wohnung zu suchen, sich für die Arbeitserlaubnis anzustellen, sich auf die Verhandlung in der Spruchkammer vorzubereiten waren Hürden, die niemand zu nehmen gelernt hatte.

Für viele Heimkehrer begann der Weg nach vorn mit dem Verlust ihrer Arbeit. Das Verfahren der Entnazifizierung, das der Forderung der Alliierten nach Säuberung des öffentlichen Lebens in Deutschland am Ende wenig nahekommen sollte, schwebte wie dräuendes Gewölk über dem Neubeginn. Kaum einer konnte sicher sein, ob er nach dem Verfahren seinen Beruf weiter ausüben würde. Wer sich über seinen Fragebogen beugte, musste seine Erinnerungen zum ersten Mal mit den Kategorien von Moral und Verbrechen abgleichen. Aus der Erleichterung, davongekommen zu sein, wuchsen Zweifel am eigenen Selbstbild. Alle waren auf der Suche nach Entlastungszeugen, um vor den Spruchkammern bestehen zu können. Der Weg zurück ins Leben machte sie zu Bittstellern.

Viele Familienväter mussten befürchten, bei einem negativen Urteil ihre Verwandten mit ins gesellschaftliche Abseits zu ziehen. Die Angehörigen nicht beschützen zu können war weder mit dem alten noch mit dem neuen Familienbild vereinbar. Die Nachkriegsgesellschaft wimmelte von Verlierern und Abgehängten. In der Erzählung vom deutschen Wiederaufbau fanden ihre Geschichten keinen Platz.

Tief im Osten von Hamburg liegt der Stadtteil Horn. In den Zwanziger- und Dreißigerjahren wurde er mit Geschosswohnungen im Backsteinstil überzogen. Neben einer Pferderennbahn befindet sich die zweite Sehenswürdigkeit, der »Horner Kreisel« – Torso eines nie fertiggestellten nationalsozialistischen Reichsautobahnhofs. Nachdem die britischen Luftstreitkräfte ihre Strategie auf die Kriegsmoral der deutschen Arbeiter abgestellt hatten, dirigierten sie ihre Flotten bevorzugt auf die östlichen Stadtteile der Hafenstadt, um deren Behausungen in den Boden zu stampfen. In den Nächten des Hamburger Feuersturms hörten ganze Straßenzüge auf zu existieren. An deren Stelle entstanden zwischen Ende der Vierziger- und Anfang der Fünfzigerjahre weite Flächen von Mietskasernen aus Rotklinkerziegel. Sie waren von anspruchsloser Erscheinung. Hamburg-Horn hatte durch den Wiederaufbau wenig hinzugewonnen. Es zählte weiter zu den ärmlichen Gegenden der Millionenstadt. Seine Bewohner reimten in ihren Witzen »Horn« auf »Gottes Zorn«.

Unweit der Wohnung von Familie Brenner führten die Gleise

einer Eisenbahn entlang, die nur für ein paar Jahre ihren Betrieb aufnehmen sollte, so wie in den anderen deutschen Städten, in Berlin, Leipzig, Nürnberg oder Magdeburg. Ihre Aufgabe bestand darin, Hunderte Millionen Kubikmeter Kriegsschutt aus den Zentren an die Stadtränder zu transportieren, wo sie in Löchern versenkt oder zu topografisch neu zu erfassenden Bergen aufgetürmt wurden. In Hamburg war das Ziel der Trümmerbahn das Friedhofsviertel Öjendorf, an dessen östlichem Rand die Stadt zu Ende war. Wie ein Industriesaurier schleppte die kleine Dampflokomotive eine Kette von Loren hinter sich her, die die Reste des alten Hamburg in Gestalt von Steinblöcken, Mauerbruchstücken oder Karkassen aus Rohrleitungen aus dem Blickfeld schafften. Tagaus, tagein ratterte die Beerdigungskolonne über ihr Gleisbett. Niemand machte sich die Mühe, aus den Steinhaufen, die in den Loren gestapelt vorüberzogen, die Umrisse des über Jahrhunderte gewachsenen Handelszentrums mit seinen Gründerzeitfassaden zu entziffern. Die niedergebombte Innenstadt wurde als das behandelt, was sie war: toter Abraum.

Die Gleisstrecke begann an der Trümmerumladestelle im Ortsteil Hamm. Von da ging es durch Wohnviertel quer über die Felder bis zur Endstation hinter dem Öjendorfer Friedhof, wo ein stillgelegtes Kieswerk wartete, über das sich auf einem Hügel eine Wiederaufbereitungsanlage emporreckte. Die Steinmühle zermalmte die Bruchquader zu Splitt und feinem Staub. Sie stand dort und mahlte vor sich hin.

> Ein seltsamer Ort, eine weitläufige, mondartige Landschaft, feindselig und bösartig. Aus der Ferne sah die Mühle aus wie ein riesiges Insekt, das vor dem graublauen Horizont hockt und auf Beute wartet.

Jahre später, als alles Kriegsgeröll zerschreddert war, verwandelte sich die zwölf Meter tiefe Öjendorfer Kiesgrube in eine hügelige Parkanlage rund um einen See mit hübschen Inseln. Die Steinmühle war verschwunden, verschrottet ihrerseits. Nichts lässt die Spaziergänger darauf schließen, dass unter ihren Füßen 3,5 Millionen Kubikmeter der Stadt Hamburg zu Grabe gelegt sind.

Karl Brenner, an dessen Wohnung die Gleise der Trümmerbahn entlangführten, sah aus wie die meisten Männer in den Fünfzigerjahren. Er trug einen abgewetzten dunklen Anzug, Lederschuhe und auf dem Kopf einen Hut. Sechs Mal in der Woche stieg er auf dem Weg zur Arbeit in die Straßenbahn, die ihn Richtung Innenstadt brachte. Zehn Stunden später kam er zurück. Auf den stets wiederkehrenden Anblick der Trümmerprozession, auf das Rumpeln der Loren hätte er gut verzichten können. Die Bahn führte ihm jeden Tag vor Augen, was aus seinem Leben geworden war. Was es nicht mehr war, vor allem. *Die Mühle konnte den Bombenschutt zermalmen, jedoch nicht die Erinnerungen.*

Aus der englischen Gefangenschaft war er ohne sichtbare Schäden wiedergekommen. Aber die Niederlage hatte sein Leben in zwei Teile zerschnitten, die nicht mehr zueinanderpassten. Seither rauchte er viel und trank, was ihn, den einst durchtrainierten Elitesoldaten, schnell altern ließ. Anfang der Fünfzigerjahre hatte Brenner seinen ersten Herzinfarkt. Er war noch keine vierzig Jahre alt.

Zwanzig Jahre zuvor war Karl mit Erfolg ins Leben gestartet. Die Eltern lebten in einer Wohnung im Stadtteil Hamburg-Eilbek. Sein Vater arbeitete als Zimmermann auf dem Bau, seinem Sohn aber war das zu wenig. Er kämpfte sich durch eine kaufmännische Ausbildung bei einer Spedition. Danach kam er als Angestellter in einem Hamburger Kontor unter und war nicht mehr dem Hamsterrad körperlicher Arbeit ausgeliefert. Das Elend lag hinter ihm, doch sein Aufstiegshunger war gerade erst geweckt. Während seines Wehrdienstes erkannte er die Chancen einer militärischen Karriere.

Krieg als Beruf genoss in der Gesellschaft der Dreißigerjahre einen Stellenwert wie nie zuvor. Zügig durchlief Brenner die unteren Dienstgrade. Er kam zum »Luftgaukommando XI« in Hannover, einem Ausbildungszentrum für Spezialeinsätze. Er war bei den Fallschirmjägern gelandet, der Eliteeinheit der Wehrmacht. Mit den Feldzügen in Norwegen, den Niederlanden und Belgien schlug 1940 ihre Stunde. Der Krieg kam für Karl Brenner zur rechten Zeit, um sich für Höheres zu empfehlen.

Dazu gehörten »Todesaufträge« hinter den feindlichen Linien. Lastensegler brachten die Soldaten zu ihren Zielen, wo sie in kleinen Gruppen mit ihren Fallschirmen über dem Hinterland des Feindes absprangen. Sie sprengten Brücken, besetzten Kreuzungen und griffen militärische Anlagen an, gezielt, ohne Gefangene. Karl Brenner war bei der Einnahme des gewaltigen Bunkerkomplexes Eben-Emael bei Lüttich dabei. Dieses Sperrfort im Handstreich erobert zu haben, galt als das Bravourstück der Fallschirmjägertruppe. Sichtbarer Beweis waren die Orden, die Brenner für diese Sondereinsätze an die Brust geheftet bekam. *Bis zum Tod hat er seine Ehrungen aufbewahrt. Sie müssen ihm viel bedeutet haben.* Der Junge aus dem Arbeiterstadtteil Eilbek hatte es zum bewunderten Helden der Nation geschafft.

Bis zum Ende des Krieges blieb Karl Brenner in Brüssel beim Stab einer Luftwaffeneinheit stationiert. Mehr als vier Jahre verbrachte er fernab aller Fronten, während er in der Wehrmachtshierarchie aufstieg. Im Gegensatz zu seinen Kampfeinsätzen sprach er später kaum über seine Funktion in der Stabsstelle des Besatzungsregimes. Belgien zu verwalten bedeutete, wie überall im deutschen Herrschaftsbereich, das Land für die Volksgenossen in der Heimat auszubeuten. Teil dieser Aufgabe war, belgische Zwangsarbeiter ins Reich zu verfrachten, Regimegegner zu verfolgen und den Abtransport der Juden in die Konzentrationslager im Osten zu organisieren. Riesige Mengen an Beutegütern, darunter die Goldvorräte des Landes und jüdisches Eigentum, gingen auf den Weg nach Deutschland.

Wie stark er in diese Vorgänge einbezogen war, was er davon gewusst oder mitveranlasst hat, darüber schwieg sich Brenner gegenüber seiner Familie aus. *Die Zeit zwischen Herbst 1940 und seiner Gefangenschaft wirkt wie verschleiert.* Nie verbarg er allerdings, dass er in Belgien die beste Zeit seines Lebens verbracht hatte. Durch seine sparsamen Äußerungen schimmerte der Dreiklang von Wein, Weib und Gesang. Dem jungen Elitesoldaten mit Kampferfahrung war ein Traumposten als Verwaltungsoffizier in einer der behaglichsten Städte Europas zuteilgeworden. Ein Glückslos in einer Zeit, da seine Kameraden an vielen Fronten verreckten. Aber auch ein Mysterium.

Erst gegen Ende seines Brüsseler Abenteuers lichtet sich der Schleier, als der Krieg wieder in sein Leben trat. Anfang September 1944 marschierten die Alliierten von Westen aus auf Brüssel zu. Da seine Vorgesetzten geflohen waren, blieb Brenner nach seinen eigenen Angaben als ranghöchster Offizier der deutschen Besatzungsmacht zurück. Für wenige Stunden soll er der letzte Stadtkommandant gewesen sein. Wie jeder Vertreter eines Gewaltregimes im Moment von dessen Fall brauchte er keine Weisung von oben, um zu wissen, was er zu tun hatte. Er nutzte die verbliebene Zeit, um Spuren zu verwischen.

> Karl verbrannte alle die Deutschen belastenden Unterlagen und räumte auf. Er setzte sich auf einen Stuhl und wartete auf die Ankunft der alliierten Truppen. Die deutschen Soldaten ergaben sich, und auch er geriet in Gefangenschaft.

Nach zehn Monaten entließen ihn die Briten aus dem Offizierslager bei Brüssel. Er galt nicht als Kriegsverbrecher. Als er zurückkam nach Hamburg, suchte er sich zu Fuß den Weg durch die Schuttwüsten der östlichen Stadtteile bis nach Eilbek. Dort fand er die Wohnung nicht mehr, in der er aufgewachsen war. Der Feuersturm hatte den Häuserblock weggerissen und seinen Eltern das Wenige, was sie zusammengespart hatten, aus den Händen geschlagen. Sie selbst hatten im Luftschutzbunker überlebt. Er traf sie an im Plattenhaus Nr. 13, einer Behelfsunterkunft im Stadtteil Horn. Hier begann Karl Brenner sein zweites Leben.

Was er gelernt hatte als Soldat, den Absprung aus großer Höhe, das Töten und Zerstören, war ihm zu nichts mehr nütze. Immerhin kam ihm ein Kamerad aus der Fallschirmjägertruppe zu Hilfe, als er sich wieder in seinem Zivilberuf als Speditionskaufmann versuchen wollte. Sie hatten bei ihren Einsätzen hinter der Front die Nähe des Todes geteilt. Nun war es jener Bremer Kaufmann, der Brenner eine Stelle in seiner Hamburger Speditionsfirma anbot.

Dort begegnete er der 17-jährigen Magda. Sie war auf der Suche nach Geborgenheit, die sie in ihrer Kindheit nicht erfahren hatte. Ihre Mutter hatte sie früh verloren. Der Vater schob sie weiter zu Verwandten, zu Pflegeeltern und in die Kinderlandverschickung, bis sie nach dem Krieg zurückkam in ihre Heimatstadt. Ihr Vater, Hausmeister in einer Polizeikaserne, empfing sie abweisend wie zuvor. Sie hätte vieles getan, um ihrer Einsamkeit zu entrinnen. Um diese Hoffnung konkurrierte sie mit vielen anderen Frauen, für die es nach dem großen Sterben in Deutschland zu wenige Männer gab.

Ein mittelloses Mädchen ohne Familienrückhalt hatte kaum Anspruch darauf, wählerisch zu sein. Sie war dankbar für den älteren Kriegsheimkehrer, der im Kontor ihrer Firma nicht gleich über sie hinwegsah. Es dauerte nicht lange, bis Magda von Karl schwanger wurde. Sie heirateten, bevor ihr erstes Kind im September 1951 auf die Welt kam.

Karl Brenner war sechzehn Jahre älter als seine Frau. Auf den frühen Fotos lassen ihre Mienen nicht gleich auf den Charakter der Notgemeinschaft schließen, die die beiden eingegangen waren. Sie bezogen eine Wohnung in einer Nebenstraße in Horn, anderthalb Zimmer im Dachgeschoss eines Mietshauses aus Rotklinker. Karls Eltern wohnten um die Ecke in einer zusammengezimmerten Gartenhütte an einem Sandweg, der von Bombentrichtern gesäumt war.

Dort verbrachten die beiden Kinder der Brenners, Sohn und Tochter, sechs Tage in der Woche, wenn ihre Eltern arbeiten waren. Karl war Im- und Exportkaufmann, Magda Sekretärin. In der Nachbarschaft wohnten Flüchtlingsfamilien aus den früheren Ostgebieten. Karl Brenner ließ seine Kinder wissen, was von den Flüchtlingen zu halten sei. *Wie selbstverständlich sprach er abfällig und mit großem Hass über sie, denn sie erinnerten ihn an Niederlage, Gefangenschaft und sein verlorenes Glück aus Kriegstagen.* Nahebei kreischten die Loren der Trümmerbahn in ihren Gleisen. An diesem Ausblick sollte sich für die Familie Brenner lange Zeit nichts ändern.

Es fiel Karl Brenner schwer, in seinem Leben etwas anderes als immerwährenden Abstieg zu sehen. Zurückgestoßen in die Bedeutungslosigkeit, aus der er sich vor Jahren befreit hatte, konnte er seinen Neubeginn nicht einmal als bescheidenes Glück empfinden. Bald fingen Magda und er an zu streiten. Meist drehte es sich ums Geld, um ihre Armut, denn trotz ihrer beider Gehälter reichte es lange nicht zum Kleinbürgerglück von Kühlschrank und Staubsauger. Täglich türmten sich die Vorwürfe in der Enge ihrer vier Wände.

> Eines Abends hat er nach endlosen Minuten lauten Geschreis einen Teller Essen an die Wand des Wohnzimmers geworfen. Wie ein Mahnmal war der riesige Fleck viele Jahre zu sehen. Niemand kam auf die Idee, ihn zu überstreichen.

Karl steigerte sich in eine Lebenswut, gegen die niemand ankam und die in alle Ritzen des Familienlebens kroch. Wenn er getrunken hatte, wurde der Soldat in ihm wach: die Gefühle vor dem Angriff, das wilde Vorwärts, die Macht über Leben und Tod. Nichts davon war ihm geblieben. Er schrie gegen alles an, seine Frau, seine Kinder, die Flüchtlinge, den Stadtteil, die Armut. Gegen sein verdammtes, elendes Leben.

> Diffus und unbestimmbar führte er einen aussichtslosen Kampf gegen sich selbst. Lebenslang lief die Realität seinen Wünschen und Erwartungen hinterher. Tatsächlich hat er zweimal verloren, den Zweiten Weltkrieg und die Nachkriegszeit. In ihm brodelte ein riesiger Vulkan aus Enttäuschung und Verlust. Seine Wut war die Wut des Verlierers. Wenn er schrie, kamen die Wunden der Vergangenheit zum Ausbruch.

Warum aber war er zur Geisel dieser Vergangenheit geworden? Wie konnte dieser Krieg eine Grenze durch die Familie ziehen? Irgendwann kapitulierten seine Angehörigen vor der Frage, was seinen Kriegerjahren solchen Glanz verliehen haben mochte, dass ihm sein heutiges Dasein derart wertlos erschien. Immer tiefer zog sich der Graben, der ihn von seiner Familie und dem Rest der Welt trennte. Mit Magda sprach er darüber, sich scheiden zu lassen. Sie taten es nie.

Der Herzinfarkt, den er nach der Geburt seines ersten Kindes erlitten hatte, versetzte ihm einen Schlag. Er, der frühere Fallschirmjäger, war nicht mehr stark genug, für seine Familie zu sorgen. Den Monaten im Krankenhaus folgten Monate in Kurheilstätten, in denen nur Magdas Sekretärinnengehalt sie über Wasser hielt. Seine Wut schlug um in Hilflosigkeit, die seinen Lebenswillen auffraß. Er sprach vom Sterben. *Karls ausdrücklicher Wunsch war es, im Straßengraben zu verrecken. Häufig hat er mit genau diesen Worten von seinem Ende gesprochen.*

Es gab aber noch einen anderen Karl Brenner. Einen, der trotz der Selbstaufgabe seinen zwei Kindern ein besseres Leben ermöglichen wollte; der ihre Wünsche vor seine eigenen stellte und zusammen mit Magda und den Großeltern dafür sorgte, dass sich in ihrer winzigen Wohnung Lego-Steine, Spielzeugautos, eine Märklin-Eisenbahn, Rollschuhe, Hula-Hoop-Reifen, Experimentierkästen und Fußbälle stapelten. Bisweilen versprach er ihnen Dinge, die er sich nie leisten, eine Zukunft, die er nicht verwirklichen konnte. Wenn sie krank waren, lief er zur Apotheke. Er verabreichte ihnen Wadenwickel. Gegen Mangelernährung gab es jeden Tag einen Löffel Sanostol.

Mit fünf oder sechs Jahren schickten die Eltern ihren Sohn Michael in ein Kinderheim nach Franken, wo ihn die Rotkreuzschwestern aufpäppelten. Fast jedes Wochenende unternahmen sie Spaziergänge im Horner Park oder Ausflüge an die Elbe. Mit dem Jungen besuchte Karl, so oft es ging, Fußballspiele im Stadion. So bösartig er sein konnte, so sehr wünschte er ihnen jene anderen Lebensumstände, an die er selbst nicht mehr glaubte. Den Weg hinaus aus Horn, das wusste er aus seinen Lehrjahren, mussten sie selbst erlernen. Aber er wollte ihnen die Tür dazu aufstoßen. Also gab es Kinderturnen bei Herrn Kruse, Musikförderung und Sprachtherapie.

»Du sollst es einmal besser haben als wir«, dieses Nachkriegsmantra hörten die Brenner-Kinder immer wieder. Undeutlich ahnten sie, dass dem nicht allein Fürsorge zugrunde lag. Sie spürten die Sehnsucht ihres Vaters wie ihrer Mutter, die eigenen verlorenen Träume wahr werden zu lassen. *Dieser Satz war auch das Tor zu ihrer dunklen Seite, von der wir Kinder möglichst wenig wissen sollten.*

Manfred Augst schrieb einen Brief an einen alten Studienkameraden. Er bat ihn um Hilfe bei seinem Entnazifizierungsverfahren. Ob er ihm nicht ein Entlastungsschreiben, einen »Persilschein«, ausstellen könne? Augst sah seinem Verfahren mit Angst entgegen. Er war sowohl Mitglied der NSDAP als auch der SA gewesen, ja sogar der SS, Mitgliedsnummer 110 118. In Jena hatte er Rassenkunde studiert, wo er im SS-Mannschaftshaus »Trutzburg« gewohnt hatte. Er hatte sich dem Reichsbauernführer Walther Darré in einem Brief als künftiger »Zuchtwart« angedient, obwohl es diesen Beruf gar nicht gab. *Ich habe geglaubt, dass im NS die gesunden sozialen, geistigen und biologischen Kräfte des Volkes verkörpert waren.*

Die Waffen-SS hatte ihn zu seiner Enttäuschung wegen seiner hohen Brillenstärke ausgemustert, sodass er während des Kriegs als Flak-Kanonier beim Wachbataillon »Hermann Göring« diente. Eine weitere Karriere im NS-Staat oder in der Wehrmacht war ihm misslungen. Nichts deutete darauf hin, dass sich Manfred Augst aktiv an Verbrechen beteiligt hätte. Dennoch sprachen die Eckpunkte seiner Biografie eine deutliche Sprache. War seine frühere Überzeugung vor der Spruchkammer des Entnazifizierungsausschusses strafbar? Auch ohne Verbrechen? Augst befürchtete das Schlimmste. Er sollte für jede Lebensspanne ein entlastendes Zeugnis vorlegen. An seinen früheren Studienkameraden schrieb er:

> Kannst Du mir da helfen? Ich lege keinen Wert darauf, die Geschichte meines Spezialstudiums aufzurollen. Da ist es wohl zweckmäßiger, als verkrachte Existenz zu erscheinen. Ich weiss nicht, an wen ich mich sonst wenden könnte, da ich zu unbelasteten Lehrern kaum Verbindung habe. Wenn Du irgendwie ein Urteil über das Menschliche aussprechen kannst, ist mirs recht.

Der Brief ging an Heinz Brücher in Argentinien, der nach dem Krieg dorthin ausgewandert war. Er hatte seinerzeit mehr aus seinem Studium gemacht als Augst. Nach seiner Promotion zum Thema »Art- und Rassenbastarde beim Weidenröschen« landete er am Institut für Züchtungsforschung. Später war er in SS-Chef Himmlers persönlichem Auftrag als Rassenexperte für Pflanzen in Osteuropa unterwegs. Als Entlastungszeuge war er vor diesem Hintergrund nicht die beste Wahl. Immerhin blieb er nicht der Einzige.

Manfred Augst verfasste reihenweise solcher Schreiben an ehemalige Kameraden, die ihm den Gefallen zu tun bereit waren. Die alliierte Verfahrenspraxis mit den deutschen Spruchkammern war für sie alle der gemeinsame Feind, den auszumanövrieren man sich jeder Winkelzüge für würdig hielt. *Weißt Du, hier im Reich ist alles so dreckig, daß man sich nicht zu schämen braucht, wenn man so einen Dreckwisch vorlegt.*

Im August 1951 erhielt Augst den Beschluss des Staatskommissariats für die politische Säuberung von Württemberg-Hohenzollern, von einem Verfahren gegen ihn abzusehen. Das Interesse an Mitläufern war erloschen. Augst atmete auf. Sechs Jahre Unsicherheit waren zu Ende.

Manfred Augst hatte die Befreiung vom Nationalsozialismus als persönlichen Untergang erlebt. Er war 32 Jahre alt, als er nach dem Kriegsende zu Fuß aus Italien nach Hause in seine schwäbische Heimatstadt gewandert war. Niemand wollte ihn dort haben, nachdem sein Vater als ehemaliger NSDAP-Blockwart vom Lehrerberuf suspendiert war. Für ihn selbst, den gelernten Rassenkundler, gab es nichts zu tun. Zunächst verdingte er sich als Erntehelfer, ehe er eine Assistentenstelle in einer Tübinger Apotheke fand. Jeden Morgen fuhr er von seinem Dorf die sieben Kilometer mit dem Fahrrad. Er fing unten an. Von seinen Wurzeln fühlte er sich abgetrennt.

Wir alle sind losgelöst und losgerissen worden von Menschen und Dingen und Idealen, die uns lieb und teuer waren, die uns das Leben lebenswert machten – wir alle haben an ihnen ein Stück unseres Lebens verloren. Dabei sein, dazugehören, sich einordnen und dadurch bedeutender werden – Augst war in der NS-Volksgemeinschaft aufgegangen, auch weil er so der Herrschsucht seines Vaters entfliehen konnte. Nun waren diese Netze zerrissen. Er war allein, die Zukunft zum Fürchten. Mehr denn je sehnte er sich nach Gemeinschaft.

Im November 1945 lernte er als Umzugshelfer eine junge Frau aus einer Tübinger Bürgerfamilie kennen. Beim Möbelschleppen entdeckten sie eine Gemeinsamkeit: So wie er war auch sie ein Rädchen im verästelten SS-Imperium gewesen. Margarete war in der »Forschungsstelle Orient des Arischen Instituts« in Tübingen zur Arabisch sprechenden Agentin des Sicherheitsdienstes ausgebildet worden, ohne jemals zum Einsatz zu kommen. Eine Stelle von exotischem Zuschnitt, für die sie nach dem Krieg dennoch ein paar Wochen im Gefängnis abzusitzen hatte.

Jenseits dieser Übereinstimmung dominierten zwischen den beiden die Gegensätze. Wo sie unkompliziert war, war er umständlich. Sie war von praktischem Wesen, er war krämerisch und theoretisch. Sie war dicklich, er sah aus wie ein hagerer Dauerläufer. Sie naiv, er zynisch. Gefühl traf auf Kopf, was sich zunächst nicht abstieß. Sie wollte ihm helfen, seine Welt aus Trümmern, sein Heimweh nach der Kameradschaft zu überwinden. So viele andere in Deutschland hatten sich aus ihrer Desillusion in die Geschäftigkeit einer bürgerlichen Existenz retten können, warum nicht auch er. Im Sommer 1947 heirateten sie.

In den nächsten acht Jahren bekamen sie vier Kinder. Sie besaßen wenig Geld und waren immer die Letzten, um sich eine Waschmaschine, ein Auto, einen Fernseher zu leisten. Er geizte mit Haushaltsgeld wie mit Taschengeld, aber er sparte auch an sich selbst. Sie trugen ihre Armut nicht als Makel, sondern mit Stolz. Anstelle von Neid hatten sie für die Neureichen um sich herum Verachtung übrig. Sie waren Schwaben genug, um ihre Sparsamkeit als Tugend auslegen zu können.

Schließlich fand Manfred Augst den Antrieb zu einem beruflichen Neubeginn, indem er sich in ein Pharmaziestudium hineinwühlte, mit 45 Jahren. Sechs Semester später erhielt er sein

Diplom. Von da an war er ordentlicher Apotheker in der Tübinger Universitätsapotheke. Zum Ausgleich arbeitete er im Garten und unternahm Ausflüge in die Wälder der Schwäbischen Alb. Er entdeckte seine Liebe zur Natur, in der er sich aufgehoben fühlte. Diese Liebe gab er an seine Kinder weiter.

> Vor allem im Wald lebte er auf. Er nannte alle Pflanzen und Pilze mit Namen, kannte ihre Heilkraft oder Eßbarkeit, kannte die Lebensgewohnheiten von Dachsen, Kröten und Molchen. Im Frühjahr weckte er uns bisweilen schon um vier Uhr morgens, um uns die verschiedenen Stimmen der Singvögel vorzuführen.

Wie jede deutsche Familie hatten die Augsts ihr eigenes Weihnachtszeremoniell. Am Nikolaustag legten die Kinder ihre Wunschzettel, Listen über Puppenkleider und Rennautos, auf einen Teller auf der Veranda. Der verschwand wie von Zauberhand. Zurück blieb ein Weihnachtsplätzchen. Der Vater wusste den Grund: *Die Engel haben die Wunschzettel mitgenommen.* Am Heiligabend lagen die Spielsachen unterm Baum. Sie sangen und fiedelten. Zum Schluss gab es aus dem Mund der Kinder Manfreds Lieblingsgedichte aus dem *Deutschen Born.* Er nickte dazu.

Manfred Augsts Weg vom SS-Rassenkundler über den verkrachten Kriegsheimkehrer zum Diplom-Apotheker und Vater einer Großfamilie war selbst im Erfolgsklima der Aufbaurepublik keine alltägliche Leistung. Der hagere Mann mit den Furchen im Gesicht und den daumendicken Brillengläsern hatte dem Verlust seiner inneren Heimat eine Antwort entgegengesetzt.

So könnte seine Geschichte enden, im Triumph über die eigene Biografie. Aber es ist ja ein Merkmal dieser Epoche, dass zu allen Geschichten eine Unterseite gehört. Überall gab es die Gegenwelt zum äußeren Anschein, wo so viel vom Gelingen die Rede war und vom Trost der Gleichförmigkeit. So flach diese Oberfläche war, so tief war ihr Unterbau, wild und verstörend.

Im Verborgenen blieb er, weil die deutsche Gesellschaft ihn hinter die Türen des privaten Lebens gesperrt hatte. Dort geschahen die Dinge, die dem Schein der Normalität zuwiderliefen. Auch hinter den Türen von Manfred Augst lauerten Dämonen, die ihn nicht losließen.

Das Irritierende, Verquere hatte sich schon vor der Hochzeit in seine Beziehung zu Margarete geschlichen. Ehe sie sich verlobten, verließ er sie dreimal. Dreimal kam er wieder zurück. Er wollte Nähe und rannte davon. Er wollte allein sein und konnte es nicht. In seinen Liebesbriefen sprach er in Rätseln zu ihr:

> Liebe Margarete, wenn Du Deinem Urteil traust, so wirst Du wissen, wie stark Du, ohne Dein Zutun, auf mich wirkst und gewirkt hast, dass ich trotz heftiger Gegenwehr Deinem Einfluss nachgegeben habe. Ich habe nur nachgegeben. Doch anders bin ich dadurch nicht geworden, als ich vorher war. Ich gebe mir etwas zu leicht nach.

Nach der Hochzeit verabredete er sich jeden Sonntag mit ihr zum Ehegespräch. Die Themen, die er setzte wie in einem ethischen Seminar, drehten sich um Bindung, Partnerschaft oder Sittlichkeit. Für seine Frau, die am liebsten drauflossang, waren es Stunden endloser Qual. Als sie eines Sonntags mit Fieber wie tot im Bett lag und kein Wort hervorbrachte, strafte er sie drei Wochen lang mit Schweigen, weil sie das Ehegespräch verweigert hatte – nicht mehr als »guten Morgen«, »auf Wiedersehen«, »gute Nacht«. Da lauerte bereits jenes Schweigen, das zur Waffe werden sollte, auch gegen sich selbst.

Sie versöhnten sich, aber es war eine Wende zum Schlechten. Margaretes Glaube an ihren Mann war erschüttert, da sie spürte, wie sehr er um seine eigene krumme Achse kreiste. Sie nahmen die Sonntagsgespräche wieder auf, akademisch wie zuvor. Verboten war es, über ihre Gegenwart zu sprechen, über ihre Liebe und ihre Kinder. Verboten war seine Vergangenheit, was er bei der SS oder im Krieg erlebt hatte. Stattdessen sprachen sie über Pflicht, Barmherzigkeit, Kameradschaft.

Von da an gestaltete sich ihr Zusammenleben zusehends mühsam. Er warf ihr vor, nicht mit ihm, sondern neben ihm zu leben. Vorwürfe wie ein Refrain, der ihr tägliches Leben begleitete. *Du bist nicht sparsam. Du kochst schlecht. Du kümmerst Dich nicht um mich. Du hörst mir nicht zu.* Als die Kinder größer wurden, bekamen auch sie Vorwürfe zu hören. Sie waren zu laut, sie halfen nicht, sie schrieben schlechte Noten. Selbst seine Kollegen konnten es ihm nicht recht machen. Irgendwann hatte er genug von Deutschland. Mitte der Fünfzigerjahre wollte er auswandern nach Südafrika, Kolumbien oder die DDR. Er suchte Gemeinschaft, nur nicht die, in der er sich aufhielt. Es blieb bei Plänen.

Gleichzeitig war da etwas in ihm, das nach draußen drängte, je mehr er sich in sich kehrte. Er suchte nach jeder Gelegenheit, sich auszudrücken, in Wortmeldungen oder Vorträgen, die ihm regelmäßig misslangen. Es wirkte verquält, wenn er versuchte, die Menschen zu erreichen.

> Er konnte keine Erklärung formulieren, die ein Kind verstand. Er konnte nicht einmal Erwachsenen etwas erklären. Er presste Worte hervor, dann hielt er inne, rang mit ihnen, als ob er es mit einem Gegner im Ring zu tun hätte, verhedderte sich in der Grammatik und verstummte irgendwann, innerlich und äußerlich völlig verkrampft. Und dabei wollte er doch so gerne reden. Er wollte nichts lieber als reden.

Statt mit seiner Frau führte er seine Sonntagsgespräche mit sich selbst am Schreibtisch. Die Lettern seiner Schreibmaschine, an der er inmitten von Papieren, Zetteln und Büchern saß, hackten Buchstabe an Buchstabe. Er produzierte Stöße von Manuskripten über das menschliche Gewissen oder soldatischen Glauben. Während draußen auf der Veranda seine Frau mit den Kindern saß und ihr Lachen vorüberzog, saß Manfred Augst in seiner Kammer. Er hämmerte Ratlosigkeit in seine Maschine. *Wer ist mein Partner? Für wen soll ich schreiben? An wen soll ich mich wenden? Die Familie identifiziert sich nicht mit meiner Auffassung.*

Nach zehn Ehejahren hatte sich Manfred Augst aus seiner Familie stillschweigend verabschiedet. Es war das Jahr, in dem er seine späte Lebensleistung, das Studium der Pharmazie, in Angriff nahm.

Die Olympia-Schreibmaschine hatte bessere Tage gesehen. Im Olympiajahr 1936 hatte er sie gekauft, da glänzte sie wie das Deutsche Reich bei den Berliner Spielen. Viele meinten, es sei das glücklichste Jahr ihres Lebens gewesen. Er, Friedrich Lodemann, hatte jedenfalls seither unglücklichere Jahre vorbeiziehen sehen, nicht nur vor 1945.

Zwanzig Jahre nach den Olympischen Spielen war das Farbband ausgeleiert. Es stanzte kaum mehr lesbare Buchstaben aufs Papier, also musste er umso nachdrücklicher in die Tastatur hauen. »Der große Irrtum« erschien als Titelzeile auf dem weißen Bogen. Darunter »Die Erinnerungen des NSDAP-Mannes Friedrich Lodemann«. Damit hatte er sein Vorhaben skizziert, das für einen wie ihn in einer Zeit wie dieser ungewöhnlich war. Hier wollte ein Nazi von einst Klarheit darüber finden, wie er damals mitmachen konnte. Er wollte weder abstreiten noch rechtfertigen. Ihn interessierte nur eins: *Wie konnte ich nur!* Nicht als Frage, sondern als Ausruf.

Es passte zum Widerspruchsgeist des vergrübelten Bauernsohns, dass er sich mit seinen Bekenntnissen gegen den Zeitgeist der Ehemaligen stellte. In seiner Antwort aber kam er nicht über das Rechtfertigungsklischee des verführten Idealisten hinaus. So sah er sich selbst, so beschrieb er seinen Weg. Es sei sein Idealismus gewesen, der ihm den Weg in die Partei gewiesen hatte. Aus

Idealismus hatte er sich als NSDAP-Parteiobmann in Essen immer wieder zur Kritik an den Bonzen hinreißen lassen, aus Idealismus hatte er Parteiprivilegien von sich gewiesen. In seinen Erinnerungen schrieb er:

> Meine Art Idealismus verbot mir, auf dem Weg über die Partei irgendetwas für mich persönlich zu erreichen, meine Frau zum Beispiel klagte oft, dass ich Vergünstigungen ausschlug und zum Beispiel die sogenannten »Führerpakete« ablehnte. Auch eine Parteikarriere hielt ich de facto für Egoismus.

Die Enthüllungen am Kriegsende brachten den Querulanten zum Verstummen. Vor den Endkämpfen ums Ruhrgebiet hatte er sich mit seiner Familie in das Dorf seiner Kindheit bei Celle gerettet. Dort saß er im Sommer 1945 an einem Bauerntisch. Vor ihm lag ein Haufen Schwarz-Weiß-Fotos, Bilder aus dem Konzentrationslager Bergen-Belsen. Dorfpolizisten hatten sie im Namen der britischen Besatzer an die Leute verteilt, die alle nichts wissen und nichts glauben wollten. Friedrich Lodemann gab sich bestürzt. *Ich verstand die Welt nicht mehr, verstand gar nichts mehr.* Was diese Bilder zeigten, war eindeutig.

Lodemann gehörte nicht zu denen, die Feindpropaganda dahinter behaupteten. Stattdessen verfiel er in ein wochenlanges Schweigen. Auf Spaziergängen mit seinem neunjährigen Sohn Jürgen durch die Lüneburger Heide sprach er gar nicht. Der Frieden schockierte ihn mehr, als es der Krieg vermocht hatte. Der große Irrtum, dessen er sich schuldig gemacht hatte, sollte ihn verfolgen. Er stürzte von einer Ratlosigkeit in die nächste. *Stammeln, brummen, stottern von Verbrechen und Schuld, er versuchte ja, die richtigen Vokabeln zu lernen als Fremder, der seine Wirklichkeit lebenslang zu buchstabieren versucht hat.*

Für die Verhandlung vor der Spruchkammer, die über seine Entnazifizierung urteilen sollte, hatte Friedrich Lodemann an die hundert Erklärungen von Kollegen zusammengetragen. Sie beteuerten immer erst die eigene Integrität, dann die des ehemaligen Blockleiters und AEG-Parteiobmanns. Sie sprachen von guten Taten, seinem Sinn für Kameradschaft. Manche bescheinigten ihm schlimmstenfalls Weltfremdheit. Der Ausschuss-Vorsitzende zitierte vieles in seinem Plädoyer, das Lodemann aufwühlte wie der Nachruf auf ein beliebtes Familienmitglied. Er war drauf und dran, ihm vor Dankbarkeit die Hände zu schütteln, als der Vorsitzende mit seinem Schlusswort eine nicht erwartete Kehre vollzog. *Mitten hinein in meine Verwirrung schneite das kalte Urteil: »Gruppe III b«. Das hieß, ich war »belastet«, war schuldig. Ich musste bestraft werden.*

Bestraft fühlte er sich längst, der von den Nazis getäuschte Idealist, der mit Herzblut immer nur das Beste an der Sache gewollt hatte. Von nun an sah er sich verurteilt, schuldig gesprochen des Idealismus. Nach dem Urteil der Spruchkammer konnte die Essener AEG ihn nicht wieder in leitender Stellung beschäftigen. Er war 56 Jahre und arbeitslos.

Aber da winkten ihm eben jene Herren seines langjährigen Arbeitgebers mit einem glimpflichen Übergang ins letzte Lebensdrittel. Sie bauten ihm eine jener Brücken, über die im Deutschland der Entnazifizierungsjahre Millionen Menschen trockenen Fußes hinüberhuschten. Als Abteilungsleiter konnten sie Lodemann zwar nicht wieder einstellen, dafür war er als Repräsentant der Bewegung den Alliierten einfach nicht mehr vermittelbar. Auf ihr Geheiß mussten die verurteilten Nazis entlassen werden. Oder man musste so tun als ob. Darin lag die List, die man ihm nahelegte.

In augenzwinkerndem Wohlwollen wurde er beiseite genommen. Wenn er nun bereit wäre – die Herren dämpften ihre Stimmen –, als einfacher Monteur anzufangen? Nur für eine Übergangszeit, selbstverständlich, um die alliierten Kontrolleure nicht aufzuscheuchen. So könnten sie ihn »verstecken«, bis sich die

Lage beruhigt habe, wovon alle ausgingen. Danach würde man weitersehen.

Handarbeit also, runter vom Chefsessel, raus auf Montage, um den Schein zu wahren. Auf der einen Seite des Tisches standen in zwinkernder Erwartung die Herren von der Betriebsleitung, auf der anderen der Idealist Friedrich Lodemann. Sie verlangten also von ihm, dass er taktierte. Zur Täuschung sollte er in den Monteurskittel schlüpfen. Er ließ seine blauen Augen blitzen, als er ihnen die Antwort entgegenschleuderte: Dann entlasst mich lieber! *Aber ich sage Euch schon jetzt: Es wird der Tag kommen, an dem werdet Ihr mich mit fliegenden Fahnen wieder holen.*

Friedrichs Geschichte vom Abgang aus der Essener Elektrizitätsgesellschaft wurde zur oft erzählten Familienanekdote der Lodemanns. Ihr Bedeutungsgehalt wechselte je nach Standpunkt. Er selbst sah darin die Metapher seiner Unbeugsamkeit. Seine Frau Elfriede las daraus den Beweis für seine Lebensuntüchtigkeit. 23 Jahre hatte ihr Mann für den Konzern gearbeitet, in nur zwei Jahren wäre sein Pensionsanspruch fällig gewesen. Er hatte alles verspielt für eine Aufwallung von sinnlosem Idealismus. Es versteht sich von selbst, dass niemand mehr die Fahnen schwenkte, um ihn zurückzuholen ins Essener AEG-Werk. Friedrich Lodemann, so sah es Elfriede, hatte die Zukunft seiner Familie weggeworfen. Sie ließ es ihn spüren.

In seinem Ich-Bericht vom »Großen Irrtum« verschwieg er das Angebot der Elektrizitätsdirektoren. Er schrieb nichts darüber, wie sein Stolz ihm ein Zugeständnis verweigert hatte. Stattdessen schilderte er seinen Abgang als Ränkespiel seines Nachfolgers, der die Gelegenheit ergriffen hätte, eine Rechnung mit ihm zu begleichen. Anschließend zitierte er seitenlang aus den Entlastungspapieren seiner Essener Arbeitskollegen. Seine Legende war fünfzehn Jahre später eine andere geworden. Er war nicht mehr der Rebell mit dem starken Abgang, sondern das Opfer von Falschjustiz.

Mit Mitte fünfzig fing Lodemann an, als Vertreter von Lampen und Lampenschirmen die Elektrogeschäfte des Ruhrgebiets abzuklappern – Essen, Oberhausen, Bottrop. Er kam ins Schwitzen, wenn er die unförmigen Musterkästen durch die Gegend schleppte. Körperliche Arbeit hatte er immer abgelehnt. Bald reichten seine Provisionen immerhin für den ersten Volkswagen, Farbe grün, mit Zwischenleiste im Rückfenster. So manövrierte er seine Familie im Wirtschaftsaufschwung allmählich aus dem Tief.

Zu Hause aber war sein Stern versunken. In den Augen seiner Frau hatte er zu viele Irrtümer begangen und zu wenig aus ihnen gelernt. Elfriede Lodemann, die Praktische und Spöttische, hielt nichts von seiner Trauermoral, von den Versuchen, sich nachträglich alles zurechtzuschreiben. Verstockt saß er da zwischen seinen Papieren. Die Olympia klapperte den Takt für seinen »Großen Irrtum« und den der Weltgeschichte. Etwas gärte noch in ihm, dem alten Quergeist, das vereinzelt herausbrach wie aus einem Dampfkessel.

> Da sehe ich ihn plötzlich, mit verzerrtem Gesicht und hochpathetisch, leidend nach Art und Sinn des untergehenden antiken oder Schillerschen Helden, sehe ihn mit dieser Hitlerschen Rednerfratze einen Stuhl ergreifen und an einem der vier Beine mit nur einer Faust empor stemmen.

Manchmal brüllte er auch nur, weil er seine Brille verlegt hatte.

Sonntag der Erhebung

Männer, die Zettel vollschreiben; Männer, die auf Fotos starren; Männer, die sammeln, auflisten, unterstreichen; Männer, die den ganzen Wust im Aktenschrank begraben. Eine Familienansicht jener Jahre ist der Rücken des Vaters, der am Schreibtisch sitzt, ohne sich umzuwenden. Das weibliche Gegenstück dazu gab es kaum. Frauen, die in Denkerhöhlen vor sich hin grübelten, blieben seltene Ausnahmen. Es waren Männer, die auf diese Weise die verlorenen Koordinaten suchten, an denen sie ihren Kompass neu ausrichten konnten. Aber die wenigsten von denen, die im Schreiben ihr Leben gefügig machen wollten, kamen mit ihrer Zettelwirtschaft je ans Ziel.

Die Krise der deutschen Männer währte bis in die Fünfzigerjahre hinein. Aber ihr Traum vom Leben wie ehedem war keineswegs tot. Er verbündete sich mit einer Sehnsucht nach Ordnung, die die ganze Gesellschaft durchzog. Die Lust auf den normalen Alltag teilten die Männer mit den meisten Frauen. Die Abwendung von dem, was hinter ihnen lag, war eine Abwendung vom Chaos. Der Krieg hatte ihre Karrieren abgewürgt. Er hatte ihr Ansehen beschädigt, ihre Stellung untergraben und ihr Selbstwertgefühl ruiniert. Wer genug Ausdauer hatte, nahm jeden Umweg in Kauf, um wieder anzuknüpfen an die frühere Rolle.

Geld verdienen war die eine Seite. Früh bis spät aus dem Haus, im Blaumann oder Anzug, sechs Tage in der Woche. Wer Soldat gewesen war, dem fiel es nicht schwer, sich wieder einer wenn auch andersartigen Disziplin zu unterwerfen. Die Frauen, die zwischendurch ihren Platz eingenommen hatten, wurden dabei zu ihren Verbündeten. Sie hatten ihre Selbständigkeit weniger als Aufbruch erlebt denn als erzwungene Begleiterscheinung des Krieges. Sie ließen sich an den alten Platz zurückstellen und aus den Männerberufen verdrängen, in denen sie Fuß zu fassen begonnen hatten.

Die Scheidungsziffern waren auf ein beruhigendes Niveau herabgesunken. Die Männer gaben wieder den Ton an als Oberhaupt der Familie, selbst wenn sie aufgrund der Vollauslastung im Beruf neuerlich zu abwesenden Männern wurden. Umso wichtiger waren die Fixpunkte im Familienkalender des Alltags. Die Weihnachtsfeiertage kündigten sich über Wochen an. Sie steigerten sich in Zwischenetappen, die jedes Familienmitglied kannte. Nichts war gewisser, als dass auch in diesem Jahr der Nikolaus kam, die Engel sängen und das Christkind zur Bescherung läutete. In den Traditionsfesten wie Weihnachten und Ostern lag ein Trost, der die Generationen miteinander verband, von den Jüngsten bis zu den Ältesten. Es waren Tage der gemeinsamen Gefühle, die selbst Einzelgänger aus ihrer Isolierung holten. Häufig waren es die Väter, die auf einen Kanon von Gepflogenheiten pochten.

Jede Woche wiederholte sich dieser Vorgang in der Institution des deutschen Sonntags. Auch dafür hatten die Väter des Grundgesetzes den Grund gelegt, indem sie in Artikel 140 eine Bestimmung der Weimarer Reichsverfassung von 1919 übernommen hatten: »Der Sonntag und die staatlich anerkannten Feiertage bleiben als Tage der Arbeitsruhe und der seelischen Erhebung gesetzlich geschützt.« Der Mustersonntag der Nachkriegsgesellschaft war eine Abfolge alter wie neuer Gepflogenheiten. Es begann mit dem Kirchgang am Morgen, an den manche Männer ihren Frühschoppen anschlossen, ehe die Mittagszeit zum Sonntagsbraten rief. Nach dem Mittagsschlaf brach die Familie auf zum Spaziergang, der zum Familiengrab führen konnte. Der

Sonntagabend schließlich gehörte dem Fernseher, soweit er den Weg in die Wohnstube gefunden hatte.

Vielen Nachkriegsdeutschen gab die Wiederkehr des Sonntags im Kreis der Familie ein Gefühl von Behaglichkeit, das sie über Jahre vermisst hatten. Besonders die Heimkehrer wurden zu Hütern der Sonntagsdisziplin. Nicht immer gelang es ihnen, ihren Angehörigen deren Sinn zu vermitteln. Dann schlug die beruhigende Wirkung ins Gegenteil um. Der deutsche Sonntag roch eben nicht nur nach Bratenduft, sondern auch nach abgestandener Leere. Es dauerte nicht lange, bis der Sonntagsmythos zur Zielscheibe von Spöttern wurde. In Epochenporträts musste er herhalten als Symbol einer Gesellschaft, die Gemütlichkeit mit der Wiederkehr des Öden verwechselte.

Im vierten Jahr nach Wilhelms Heimkehr begann Hedwig Lehmann Blut zu spucken. Seit zwei Jahren fühlte sie den Druck auf dem Brustkorb, aber der Arzt konnte nichts feststellen. Weitermachen, sie musste ja für den Haushalt sorgen. Sie war es, die zum Hamstern ging, den Brennesselspinat kochte und Tomaten auf dem Balkon pflanzte. Zum Heizen schleppte sie Eisenbahnschwellen heran und grub Baumwurzeln aus.

Sie war glücklich gewesen, als Wilhelm den Mut gefunden hatte, zur sowjetischen Kommandantur zu sagen, dass er umlernen wolle auf ein Handwerk. Ein großer Schritt für ihn, den früheren Bankangestellten aus Pankow. Ein Bekannter hatte einen Malerbetrieb im amerikanischen Sektor von Berlin, wo er für anderthalb Jahre in die Lehre ging. Aber nichts war damit besser geworden. Wilhelm, der weiter von ihrem Geld abhängig war, ließ seinen Unwillen an ihr abregnen. Sie rackerte, bis die Blutflecken in ihrem Taschentuch so groß waren, dass sie sie nicht mehr ignorieren konnte.

Vor Jahren war schon einmal ihr linker Lungenflügel von Tuberkulose befallen worden. Dieses Mal saß sie im rechten. Ihr

Körper war ruiniert, nachdem sie die Krankheit über Jahre verschleppt hatte. Für Wilhelm Lehmann war die Diagnose ein nicht geringerer Schock. Hedwig verschwand für Monate im Sanatorium. Zum ersten Mal saß er allein in der Pankower Wohnung und wusste nicht recht, wohin mit sich. Er war ein 40 Jahre alter Malergehilfe. *Und Wilhelm hat für uns dann alleine sorgen müssen.* Es war das Beste, was ihm passieren konnte.

Alle zwei Wochen ging er seine Frau im Sanatorium besuchen. Er berichtete ihr von seinen Fortschritten, wie man anstehen musste für alles. Den Meisterkurs als Maler wollte er dennoch machen. Sie sparten, doch es reichte hinten und vorne nicht. Ein Jahr musste Hedwig als Näherin in Heimarbeit mit anpacken. Dann hatten sie es geschafft. Er konnte endlich für ihr Auskommen sorgen.

Wilhelm Lehmanns Lehrjahre dauerten bis Mitte des Jahrzehnts. Als Malermeister übernahm er 1955 den Betrieb eines Kollegen, der vor dem Krieg bereits ein Geschäft gehabt hatte. Große Räume waren das mit einem Lager an Farben, die hier im Ostsektor der Stadt nicht mehr zu bekommen waren. Zum Bestand gehörten ein Dreirad und vier Angestellte. Sie starteten in die Gründerjahre der DDR mit ihrem Malereibetrieb als gemeinsamem Lebensprojekt. Vom Bezirk holte sich Wilhelm die Aufträge für Krankenhäuser, Schulen oder Heime. Zwischendurch klopften Privatleute bei ihm an, um ihre Wohnungen malern zu lassen. Immer besser kamen sie ins Geschäft. Als der Betrieb schuldenfrei war, konnte er anfangen, in die eigene Kasse zu arbeiten.

Das war im Jahr 1958. Zwölf Jahre zuvor hatte Wilhelm Lehmann mit Wassersucht im Körper und Selbstmordgedanken im Kopf auf Hedwigs Schwelle in Berlin-Pankow gestanden. Wie zwei Fremde waren sie füreinander gewesen. Zwölf Jahre hatte es gedauert, bis sie den Schuttberg der Enttäuschung zwischen sich abgetragen hatten.

> Ab da wurde es auch zwischen meiner Frau und mir besser. Durch den gemeinsamen Betrieb haben wir uns richtig zusammengerauft. Mußte man ja auch, wenn man zusammenbleiben wollte. Da haben wir dann eben Kompromisse geschlossen. Und da haben wir dann festgelegt: sie ist der Ministerpräsident und Vergnügungsminister und Kultur- und Verpflegungsminister, und ich bin der Arbeitsminister. Auf der Basis haben wir's dann geschafft.

Wer von beiden zu Hause an der Regierung war, handelten sie von da an untereinander aus. Sie hatten einander wiedergefunden.

Der Rettungsanker des Menschen der Nachkriegszeit war die Familie. Zu diesem Schluss hatte sich Manfred Augst über viele Papierstapel hinweg durchgearbeitet. Aber er sprang nach seiner Erkenntnis nicht etwa vom Stuhl auf, um ins Wohnzimmer zu stürmen und seine Familie nach den Jahren der Entfremdung in die Arme zu schließen. Er brach nicht in Tränen aus, er gelobte nicht kleinlaut Besserung. Er blieb sitzen und brachte den Gedanken in der ihm eigenen Kürzelsprache zu Papier:

> In und nach dem letzten Krieg hat es sich in unendlich vielen Fällen herausgestellt, dass der Mensch so ziemlich alle Verluste verschmerzen und verkraften konnte, solange ihm in der Familie, im Kameradenkreis eine pe Pa blieb. Pa ist keine menschliche Erfindung, sondern so was wie eine Naturtatsache.

Die Begriffe der »personellen Partnerschaft« (pe Pa) und »gegenseitigen Verständigung« rückten ins Zentrum seiner Theorieproduktion, je stärker er sich von seiner Familie isolierte. Er hatte aufgehört, sich um sie zu kümmern. Er ging nicht mehr in die Wälder, um ihnen den Unterschied zwischen giftigen Lamellenpilzen gegenüber essbaren Schwämmen zu erläutern. Er gab es auf, mit ihnen auf dem Fahrrad von Tübingen an den Bodensee zu fahren. Er sah keinen Grund mehr, frühmorgens aufzustehen und die Vögel an ihrem Gesang auseinanderzuhalten.

Aber die banalen Routinen des bürgerlichen Lebens, gegen das er seinen stummen Widerstand richtete, wollte er nicht preisgeben. Also machten sie weiterhin Bescherung an Weihnachten, standen stocksteif um den Baum und leierten nacheinander, drei Söhne und eine Tochter, Vaters Lieblingsgedichte aus dem *Deutschen Born* herunter. Jeden Mittag um 12.45 Uhr, wenn er zur Mittagspause aus der Apotheke heimkam, versammelten sich die sechs am Esstisch im Wohnzimmer. Margarete trug auf, das Essen musste pünktlich auf dem Tisch stehen. Schweigend löffelte Augst seinen Grießbrei, schweigend schnitt er das Fleisch. Er saß da, anwesend und doch fern, und formulierte kaum noch vollständige Sätze.

> Wir Kinder gewöhnten es uns ab, das Wort an ihn zu richten. »Mutter, was macht der Vater heute nachmittag?«, fragte einmal einer meiner Brüder, während unser Vater mit uns am Mittagstisch saß. Man kam nicht auf die Idee, den Vater direkt anzusprechen.

Indem sie ihre Gespräche über ihn hinweg führten, verbündeten sich Mutter und Kinder gegen sein Verstummen, mit dem er sich von ihnen ausschloss. Niemand gab sich die Mühe, die Fassade einzureißen. Nur hie und da entfachte eine allzu dreiste Gegenrede einen Jähzorn, der tief in ihm lauerte. Dann konnte es passieren, dass er seine Söhne so heftig ohrfeigte, dass das Blut aus der Nase schoss. Oder er packte einen am Hinterkopf und stieß sein Gesicht in die heiße Suppe.

Er musste es spüren, wie sie Tag für Tag mehr von ihm abrückten. Dennoch bestand er auf den Mahlzeiten als letzter Gemeinsamkeit. Danach verschwand er jedes Mal wortlos, zurück zur Apotheke oder hinein in sein Schreibzimmer, wo er Gedanken entwickelte über die offene Partnerschaft, über die Liebe zwischen Mann und Frau und die Rolle des Vaters in der Familie. Die Kinder hörten die Anschläge im Wohnzimmer, mit denen er seinen Phantomen hinterherjagte.

> Wenn Gefahr droht, wenn Unrecht geschieht, wenn es schwierig ist, dann ist der Vater da, da ist sein Dazwischentreten notwendig und erlösend. Der Vater ist der Überlegene, der alles Nötige weiß und kann, der Starke, Gerechte und Gütige, der Wünsche erfüllen kann.

Alles, was ihn bewegte, vertraute er seinen Traktaten an und brachte sein Leben doch nicht auf den Punkt. Hätten seine Angehörigen sich heimlich in die Kammer gestohlen, was er ihnen streng untersagt hatte, sie wären nicht klüger herausgekommen. Sie hätten sich wundern können darüber, wie viel er sich mit Liebe, Nähe und einem geglückten Leben befasste. Aber nach klaren Bekenntnissen hätten sie vergeblich gesucht.

Dabei brannte in ihm nach wie vor die Sehnsucht nach Gemeinschaft. Manfred Augst gab Kontaktanzeigen in Zeitungen auf, auf der Suche nach existenziellen Partnerschaften. Auf seine brieflichen Annäherungen bekam er Absagen von irritierten Damen. Er sprach davon, die Familie zu verlassen, womit er den Gedanken seiner Frau entgegenkam. Aber beiden fehlte der Mut zur Trennung. Die Kinder spürten die Heuchelei in jedem Abschiedskuss am Morgen.

»Lerne schweigen, ohne zu platzen.« Alle kannten sie diesen Spruch, der bei Verwandten als braun gerahmter Merkspruch auf der Toilette hing. Manfred Augst schien zu spüren, dass er reden musste, wenn er nicht platzen wollte. Doch sobald er nicht mehr die Tasten seiner Schreibmaschine an den Fingern fühlte, gerieten ihm die Worte aus der Spur. Er nahm Rhetorikunterricht, besuchte Sprachschulen, aber seine Zunge wurde nicht geschmeidiger. Seine Gedanken widersetzten sich dem gesprochenen Wort. Er gab es auf und schrieb weiter.

> Nun zog er eine unüberwindliche Betonwand auf und verstärkte sie von Jahr zu Jahr. Seine Augen wurden Schießscharten. Seine Nase witterte Verdammnis und Verrat. Seinen Mund füllte er mit Schweigen – oder mit Zynismus. Selbst seine Schrift veränderte sich, sie wurde immer unlesbarer und flacher, duckte sich weg. Er machte sich unberührbar.

Einmal schrieb Manfred Augst über sich selbst. Da sah er einen Menschen, in dem etwas verborgen war, was andere nicht hatten, das aber umso mehr störte. Gerade deswegen wollte er so gern mittun und blieb doch außen vor.

> Da ich aber empfindlich und sensibel war, wurde ich unbewusst ein wenig Außenseiter, denn das war besser als dauernde Kränkungen erleiden. Ich galt als »Eisbär«, und bei den wenigen ernsthaften Raufereien staunte man über meinen Wutausbruch.

Er schrieb diese Zeilen über das Kind Manfred. Es war ein Blick auf das Dilemma seines Lebens. Dabei sein wollen, doch immer draußen stehen.

Ganz normale Kameraden

18 Millionen Männer haben auf deutscher Seite am Zweiten Weltkrieg teilgenommen. Mehr als zwei Drittel von ihnen brachten ihre Erfahrungen mit in die deutsche Gesellschaft. Dazu gehörte die Erkenntnis, dass die Heimat, für die sie ihr Leben riskiert hatten, keine Anerkennung für sie übrig hatte. Dass man ihnen Siegerkränze flechten würde, das hatten nicht einmal die Überzeugten erwartet. Aber auf die Geringschätzung, die den früheren Soldaten der Wehrmacht vielerorts entgegenschlug, waren die wenigsten gefasst.

Mit der Kapitulation im Mai 1945 waren die deutschen Heldensagen zu Ende erzählt. Viele Soldaten rieben sich die Augen, als sie die Generäle der Wehrmacht in den Sumpf der schlimmsten Verbrechen hineingezogen sahen. Die militärische Führungselite saß beim Nürnberger Prozess gegen die Hauptkriegsverbrecher von Herbst 1945 an Schulter an Schulter mit den verbliebenen NS-Führern im Gerichtssaal. Der Chef des Oberkommandos der Wehrmacht Wilhelm Keitel, der Chef des Wehrmachtsführungsstabes Alfred Jodl, der Oberbefehlshaber der Kriegsmarine Erich Raeder und sein Nachfolger Karl Dönitz sowie Hermann Göring, der ja auch Oberbefehlshaber der Luftwaffe gewesen war, waren allesamt schwerer Kriegsverbrechen beschuldigt. Sie, deren Macht unantastbar gewesen war, saßen als Häuflein alter Männer auf der Anklagebank. Versteinert waren ihre Mienen, reglos blieben sie selbst bei den Berichten vom Morden. So grau wie ihre von allem Dekor beraubten Uniformen waren ihre Aussagen.

In Gestalt der gestürzten Feldherren saß die Ehre des deutschen Militärs auf der Anklagebank. Der Fortgang des Prozesses gestattete keinen Zweifel, dass diese Angeklagten Hitlers Krieg so geführt hatten, wie dieser ihn gewollt hatte, als Raub- und Vernichtungskrieg. Keitel und Jodl wurden dafür aufgehängt. Göring kam dem Strang durch seinen Gift-Selbstmord zuvor. Raeder und Dönitz wanderten ins Kriegsverbrechergefängnis von Berlin-Spandau. Die alliierten Richter hatten den Deutschen vor Augen geführt, dass ihre Soldaten unter dem Befehl von Kriegstreibern in einen verbrecherischen Kampf gezogen waren. »Die Mörder sind unter uns« hieß der erste deutsche Spielfilm nach 1945. Er zielte auf die Verbrecher in Uniform, die wieder unbescholten ihr Leben führten. Unmittelbar nach dem Kriegsende war die Stimmung des Vaterlands von Dankbarkeit weit entfernt.

> Sollen wir unseren Soldaten dafür danken, daß sie sich dazu gebrauchen ließen, friedliche Länder zu überfallen? Haben wir ihnen dafür zu danken, daß sie mithalfen, fremde Länder in Trümmerfelder zu verwandeln? Sollen wir ihnen dafür dankbar sein, daß sie es zuließen, daß Millionen »feindlicher« Menschen jeden Alters und jeden Geschlechts erbarmungslos umgebracht wurden? Sollen wir ihnen endlich auch dafür zu Dank verpflichtet sein, daß sie einen längst verlorenen Krieg in sturem Gehorsam sinnlos fortsetzten? Wir wären ihnen dankbar gewesen, wenn sie Schluß gemacht hätten mit den SS-Banditen und einer wahnsinnigen Führung.

Die Mehrheit der ehemaligen Soldaten verzichtete seit dem Tag ihrer Rückkehr darauf, ihre Kriegserfahrungen auszubreiten. Sie hüllten sich im Umfeld ihrer Familien in Schweigen. Zu dem Verdacht, einen falschen Krieg geführt zu haben, kam die Befürchtung, sich den Verwandten nicht verständlich machen zu können.

Merkwürdig war dies im Kontrast zu einer gleichzeitig aufblühenden Veteranenkultur. Im Mai 1952 reisten mehr als 6000 Menschen in Zügen, Bussen und Autokarawanen nach Tübingen zum Ehemaligentreffen der 78. Infanteriedivision der Wehrmacht. Eine Festschrift »Furchtlos und treu« erinnerte an die Leistungen an der Ostfront, an das Hochgefühl des Vorwärtsstürmens und der Kampfgemeinschaft. Dabei waren die Veranstalter sehr bemüht, eher den Eindruck eines bürgerlichen Volksfests als einer Gedenkparade zu erwecken. Eine Kapelle musizierte über mehrere Stunden hinweg. Eine Tombola sorgte für unterhaltsame Spannung. Die Feierstunde auf dem Marktplatz der Altstadt war der Höhepunkt, auf dem der Tübinger Oberbürgermeister ein Grußwort an die Männer der »Sturmdivision« richtete. Anschließend ehrten diese ihre Toten: 20 000 aus ihren Reihen waren gefallen. Der Aspekt der Trauer war tief in das Festprogramm eingewoben. Von den 5000 vermissten Divisionsangehörigen waren 1000 Familien in der Hoffnung angereist, etwas über ihren Ehemann, Vater oder Bruder zu erfahren.

Das Veteranentreffen in Tübingen war kennzeichnend dafür, wie frühere Soldaten in den bald mehr als 2000 Traditionsvereinen von Wehrmacht und Waffen-SS die Erinnerung an ihren Krieg pflegten. Im Rahmen solcher Begegnungen, die es an allen möglichen Orten des Landes gab, stand das Gemeinschaftserlebnis und niemals die individuelle Auseinandersetzung im Vordergrund. Ausgeblendet waren die Kriegsursachen und die Verbrechen, an denen sich die Wehrmacht beteiligt hatte. Zugleich spielte der Stolz auf die militärische Leistung angesichts der Niederlage die geringere Rolle gegenüber dem Gedenken an die Gefallenen.

So war es möglich, dass sich die Veteranen selbst zum Opfer einer verbrecherischen Führung um Adolf Hitler erklärten. Die Frage nach der Verantwortung des Einzelnen im deutschen Angriffs- und Vernichtungskrieg erübrigte sich im Argument des Befehlsnotstands, das den Soldaten der Wehrmacht jeglichen Spielraum für Entscheidungen absprach. Dabei konnten sie sich auf die Rückendeckung ihrer früheren Vorgesetzten verlassen, die in endloser Reihe ihre Memoiren auf den Markt brachten. Die Kriegserinnerungen aus der Feder von Generalfeldmarschall Erich von Manstein, die 1955 erstmals erschienen, brachten diese Wahrnehmung auf den Punkt. *Verlorene Siege* nannte Manstein seine Verteidigungsschrift, in der er jede seiner Schlachten noch einmal schlug. An deren Ende hatte er die schiefen Bilder zurechtgerückt. Die Wehrmacht hat ehrenhaft im Geist der preußischen Ideale gekämpft; sie wurde durch eine stümperhafte wie gewissenlose politische Führung verraten; die Niederlage 1945 war ein schweres Ereignis, aber in Würde getragen. Schuld an allem war Adolf Hitler.

Der Mythos der sauberen Armee mit ihren ganz normalen Soldaten half, die positiven Seiten des Kriegerlebens in die bürgerliche Gesellschaft hinüberzuretten. Wer Soldatentugenden gelernt hatte, war in einer Gesellschaft gut aufgehoben, die den Angepassten belohnte. Andererseits fand der Tatendrang, der den abenteuerlichen Aspekt des Kriegerlebens ausgemacht hatte, seine Übersetzung im Leistungswillen. So drückten nicht die Individualisten der Epoche ihren Stempel auf, sondern die Wirtschaftsführer, die Rackerer und Kämpfer – und ein Bundeskanzler, dessen autoritärer Stil nicht immer unumstritten war, zu dem die Menschen gleichwohl mit Ehrfurcht aufschauten.

Seitdem Josef Neckermann 1951 mit Firma und Familie in die neue Zentrale am Frankfurter Ostbahnhof umgezogen war, durchdrang die Arbeit sein Leben von früh bis spät. Wenn ihm mitten in der Nacht ein Einfall durch den Kopf schoss, musste er nur die Treppe nach unten laufen, um es in seinen Geschäftsräumen in die Wege zu leiten. Zum Mittagessen lud er Geschäftspartner nach oben an den Familientisch. Treppauf, treppab, vom Wohnzimmer in den Konferenzraum und zurück. Familie und Unternehmen waren nicht mehr zu trennen.

Neckermann hat diesen Gleichklang nie bedauert. Für ihn gab es keinen größeren Freizeitspaß als die Arbeit. Fünf Stunden Schlaf, mehr brauchte er nicht. Zu seinen Direktorenmarotten gehörte es, bei schwierigen Entscheidungslagen in seinem Büro von einer Ecke zur anderen zu marschieren. *Auf und ab, hin und her, solange, bis ich wußte, was ich wollte.* Während er die Raumdiagonale abschritt, zerkaute er den fein rollierten Saum seiner Stofftaschentücher.

Deutlich empfand er in diesen Jahren das Klima einer Ausnahmesituation, in der die Menschen aufbrechen wollten. Nichts beseelte ihn mehr als der Wille, diesen Aufbruch mitzugestalten – täglich zu beobachten, wie die Zahlen wuchsen, daran berauschte sich sein Kaufmannsherz. Der Kampf gegen eine Konkurrenz von zeitweise 4000 Versandhändlern war Teil davon. Josef Neckermann war zielstrebiger, geschickter und härter zu sich selbst als die meisten anderen. Lange zuvor hatte er sich eine Kundenkartei mit 100 000 Versandadressen aufgebaut. Bald bot die Neckermann Versand KG mehr als nur günstige Kleider an. Kleinmöbel und Lederwaren kamen ins Sortiment, Lampen, ein Radiogerät, Fernseher und Kühlschränke. Der Katalog wuchs innerhalb von fünf Jahren von zwölf auf 300 Seiten, von denen drei Millionen Exemplare in die deutschen Briefkästen fluteten. In neunzehn Städten eröffnete er Warenhäuser. Er hatte besser als andere begriffen, wie er die Lücken im Selbstbewusstsein der Deutschen besetzen konnte. »Für Jedermann«, so buchstabierte er den Traum des deutschen Wirtschaftswunders.

Das beschreibt unsere damalige Stimmungslage vielleicht am besten. Aber natürlich war es auch der allgemein im Lande herrschende Geist der Zeit, der uns unter die Haut ging: Wir wollten etwas besser machen. Wer wie ich die Vergangenheit bewußt miterlebt hatte, war von dem Gedanken beseelt, alles wieder aufzubauen, was einmal vernichtet wurde.

Josef Neckermann war keiner, der viel in die Vergangenheit zurückblickte. Das Leben ging weiter, man musste sich abfinden. So lautete sein Fazit, als er Jahrzehnte später seine Erinnerungen zu Papier brachte. Darin musste er sich am Ende eingestehen, wie schwer es ihm fiel, sich zurückzuversetzen. Grübeleien waren dem Unternehmer fremd, wenn sich auch eine leise Melancholie in seinen Gelingensstolz einschlich. An wenigen Stellen gewährte er Einblick in sein Innenleben. Der dünne Mann der leisen Töne gab nicht viel von sich preis.

Am wärmsten klang er immer dann, wenn er auf seine Leidenschaft des Reitens zu sprechen kam. Die schweren Kaltblüter seiner Kindheit, die Handgriffe im Stall, die Wallache Morgenrot und Sonnenglanz, seine Triumphe als Dressurreiter für Deutschland bei den Olympischen Spielen – Neckermann war stolz auf seine Reiterausbildung, in der er Strenge als Haltung verinnerlicht hatte. Reiten hieß für ihn kämpfen und siegen. Der Beste zu sein war das Maß, das ihm sein Vater mitgegeben hatte.

Josef war 16 Jahre alt, als sein Vater überraschend an einem Herzanfall starb. Von da an kämpfte der Sohn um seinen Platz in der Gesellschaft, voller Energie und Furcht zugleich. *Das Gespenst der Deklassierung stand wie eine schwarze Wand vor mir.* In den Dreißigerjahren übernahm er die jüdischen Kaufhäuser von Ruschkewitz und Joel, die zum Verkaufen gezwungen worden waren. So begründete Josef Neckermann seinen Aufstieg als Warenhaus-Unternehmer. Über jenen Nachmittag im Oktober 1935, als er zu den Verhandlungen um die Firma Ruschkewitz kam, schrieb er*: Ich blieb, rührte die Milch im Kaffee sorgfältig um und wurde so zum Ariseur.*

In vielfältiger Weise war Josef Neckermann mit den Machthabern des Dritten Reiches verbunden. Im Krieg stieg er auf zum stellvertretenden Reichsbeauftragten für Kleidung. Er hatte Zugang zu Figuren der NS-Nomenklatur wie SS-Gruppenführer Ohlendorf, Gauleiter Sauckel und SS-Chef Himmler. Längst hatte er erkannt, was ein Unternehmer mehr als alles andere brauchte: *Ohne Beziehungen ist man in dieser Welt ein Dreck. Ich gehörte zu den Glücklichen und hatte welche.*

Im April 1942 stellte Neckermann in der Wolfsschanze Adolf Hitler seine Winteruniform für die Wehrmacht vor. Bald lieferten seine Textilbetriebe zigtausend Stück an die Ostfront. Er erhielt das Kriegsverdienstkreuz Erster Klasse. Ein Kriegsheld, der nie an der Front gewesen war. Neckermann bezeichnete sich als glücklich in diesen Jahren. Als ihm später nach dem Krieg Fragen zum Wie und Warum gestellt wurden, hatte er nichts zu sagen.

> Wir haben schließlich nicht im Geschichtsbuch gelebt, alles fein säuberlich sortiert und analysiert, das war doch ein Alltag, den wir geführt haben. Gelegentlich hatte ich ungute Gefühle, gewiß. Ich ahnte auch, daß nicht alles mit rechten Dingen zuging, aber genau wissen ... Ich hatte nicht das geringste Bedürfnis, in Schwierigkeiten zu kommen. In politischen Dingen liegt mir keine tätige Opposition. Ich tauge nicht zum Märtyrer.

Im Entnazifizierungsverfahren kamen ihm seine Beziehungen zugute. Die Richter stuften ihn als Mitläufer ein und sprachen ihn in allen Anklagepunkten zu seiner Arbeit im NS-Reich frei. Erst als er versuchte, das Kontrollratsgesetz zu umgehen und seine treuhänderisch verwalteten Geschäfte wieder aufzunehmen, verurteilte ihn ein Militärgericht zu einem Jahr Arbeitslager. Ab 1951, dem Eröffnungsjahr der neuen Konzernzentrale, durfte sein Name wieder im Handelsregister stehen. Mit den Erben des Kaufhauses Ruschkewitz hatte sich Neckermann über eine Entschädigung geeinigt. Das Wiedergutmachungsverfahren mit Carl Amson Joel endete im Jahr 1959.

Mit der Eröffnung seiner Zentrale am Danziger Platz in Frankfurt erübrigten sich alle Fragen nach seinem Rang in der Gesellschaft. Der Oberbürgermeister hatte die Festansprache gehalten, der Bundeswirtschaftsminister einen Glückwunsch telegrafiert, und das Streichertrio des Hessischen Rundfunks gab eine Beethoven-Sonate zum Besten. Der Gastgeber, in eleganter Kleidung und von verbindlichen Manieren, gewährte in der Chefetage sein erstes Fernsehinterview.

Niemals wäre der Interviewer auf die Idee gekommen, ihn nach seiner Angst vor dem Scheitern zu fragen. Vor ihm saß ein Protagonist des deutschen Aufschwungs, der es verstand, sein Lampenfieber hinter Selbstbeherrschung zu verbergen. Das Motto seines Lebens hatte er schon preisgegeben: »Wo ein Wille, da ein Weg«. In metallgestanzten Buchstaben hing dieser Wahlspruch in der neuen Eingangshalle neben dem Fahrstuhl. Wer Josef Neckermann besuchte, kam an seinem Bekenntnis, das auch Mahnung war, nicht vorbei. Es bündelte seine Erfahrungen aus der Vergangenheit. Der Willensmensch hatte das Gespenst der Deklassierung bezwungen.

Als Oberhaupt der Familie Neckermann trat er in den Jahren am Frankfurter Ostbahnhof kaum in Erscheinung. In Gegenwart der Kinder blieb er wortkarg, in seltenen Fällen brauste er auf. Die Kinder sprachen viel über ihn, aber wenig mit ihm. Anekdoten um seine Person charakterisierten den Vollblutunternehmer Neckermann, aber kaum den Ehemann und Familienvater »Necko«. In seinen Memoiren schrieb er mit Vorliebe über seine Wagnisse und Schachzüge im Versandhausgeschäft. Die Familie spielte darin eine Nebenrolle.

6. AUFSTAND IM LAND DER ANGEPASSTEN

Am Berg der rechten Dichter

Die alljährlichen »Dichtertage« auf Lippoldsberg waren ein Pilgertreffen der alten Unzeitgemäßen mit ihren jungen Bewunderern. Tausende drängten in den Hof des Klosters Lippoldsberg, das wie eine Burg über der Weser thronte. Sie folgten dem Ruf des Dichters Hans Grimm, der sich nach dem Ersten Weltkrieg in einem Teilgebäude der aufgelösten Klosteranlage niedergelassen hatte. Sein Roman *Volk ohne Raum* war zwanzig Jahre zuvor in den Rang eines Leitmotivs der NS-Eroberungspolitik gehoben worden. Grimm war ein Lieblingsautor Adolf Hitlers, hatte sich aber nie richtig zur Galionsfigur der Bewegung machen lassen, da ihm diese zu proletarisch und zu technikbegeistert war. Schon die frühere Reihe der Lippoldsberger Dichtertage in den Dreißigerjahren war ein Manifest deutscher Tiefsinnigkeit gewesen. In den Augen der NS-Kulturfunktionäre von damals wirkten diese Lesungen mit klassischer Musikbegleitung rückwärtsgewandt und selbstverliebt.

Nach einer dem Krieg geschuldeten Unterbrechung ließ Grimm die Veranstaltung im Sommer 1949 wieder aufleben. Sie dauerte mehrere Tage. Mit der Aura eines Aristokraten der Kaiserzeit, steif und aufrecht, die runde Metallbrille auf der Nase, nahm er seine Jünger in Empfang. Sein dunkler Anzug, Dreiteiler mit Einstecktuch, war so altmodisch wie sein Auftreten. Unter den Besuchern in Lippoldsberg waren Heimatlyriker wie die Ostpreußen-Dichterin Agnes Miegel, der NS-Literat und Gymnasiallehrer Hans Venatier und als Ehrengast Richard Wagners Schwiegertochter Winifred aus Bayreuth. So wie der Hausherr selbst gehörten sie nicht zu den Vergessenen, sondern waren prominent in der Kulturlandschaft von Nachkriegsdeutschland vertreten. Auch das machte die Anziehungskraft dieser deutschen Nebenwelt aus, die sich dem Heute nicht zugehörig fühlte, dem Morgen misstraute und das Vorgestern noch mehr als das Gestern verherrlichte. Der Geist der Restauration, dessen Ruf der Epoche anhaften sollte, hatte hier ohne Zweifel einen Kultort gefunden.

Das entsprach nicht nur dem Lebensgefühl der Altvorderen um Hans Grimm, sondern zog auch viele Prominente aus der Frontgeneration an wie den Kriegshelden Hans-Ulrich Rudel. Mitunter rauschten solche Gestalten im Mercedes mit Chauffeur heran. Auffällig bei den Lippoldsberger Begängnissen der Fünfzigerjahre war die Vielzahl von Jugendlichen, die sich auf dem Klosterhof tummelten, um den Ausführungen der »Erlebnisgeneration« zu lauschen. Da waren Haarknoten zu sehen, lange Röcke und hochgeschlossene Blusen, Windjacken und Lederhosen. Lippoldsberg war ein Wallfahrtsort für Familien mit rechter Gesinnung. Bernward Vesper war 15 Jahre alt, als er 1953 zum ersten Mal mit seinen Eltern dort ankam. Den Zauber von Ort und Meister saugte er mit allen Sinnen auf.

> Plötzlich kommt im Mantel unterm Regenschirm, groß, hager, allein, Grimm aus dem Klostertor, steht einen Augenblick auf dem Pflaster (Katzenköpfe, Gras, flach dazwischen), geht weiter, den Oberkörper leicht geneigt mit Stahlbrille (für Weitsichtige), um mit seinen Dichtergästen zu frühstücken. Sehe ihn immer noch so stehn, der Regen an beiden Seiten am Schirm vorbei.

Der alte Kirchturm, die Jugend im Klosterhof, der Essraum unter den achthundertjährigen Eichenbalken, alles grub sich ein in Bernwards Gedächtnis. Am stärksten aber die Haltung von Hans

Grimm, der wie ein Denkmal im Regen stand, schweigend und lächelnd. *Ich komme hierher, um den Gentleman Grimm zu hören, um den Mann zu sehen, dessen gerader und unerbittlich wahrhafter Charakter wie ein Leuchtzeichen über der Niederung des Nationalen steht.*

Später am Tag verschwand Grimm mit Bernwards Vater im Arbeitszimmer zu dunkelraunenden Gesprächen. Will Vesper war wie Grimm selbst ein völkischer Dichter, im Gegensatz zu dessen forthallendem Ruhm war der seine jedoch verblasst. Wills Ehefrau Rose Vesper klebte Jahr für Jahr die Fotos von den Dichtertagen in ihr Lippoldsberger Poesiealbum. Wiederum fällt darauf die Menge junger Menschen ins Auge, denen eine gemeinsame Sorge tiefen Ernst ins Gesicht geschrieben hat. Diese Sorge galt dem Geschick ihrer Heimat. Aus ihrer Sicht hatte sich Deutschland dem Kulturdiktat der alliierten Besatzer unterworfen und damit dem Verfall preisgegeben. Sie empfanden die Dekadenz einer Gesellschaft, die die Traditionen ihrer Vorväter verleugnete und die Mahnungen edler Geister verhallen ließ; was diese Gesellschaft zusammenhielt, waren die faulen Werte einer irdischen Leistungs- und Genussreligion, die sich in der Hohlphrase vom »Wirtschaftswunder« selbst entblößte.

Die Zusammenkünfte in Lippoldsberg waren eine Standortbestimmung der rechten Opposition. Hier versammelten sich die Kulturpessimisten der Nation zu einer Veranstaltung gegen den Zeitgeist, der unterhalb ihrer Bergzuflucht die Niederungen Deutschlands überschwemmte. *Im erhabensten Sinne des Wortes, eine Verschwörung des Geistes gegen den Ungeist.* Die »Dichtertage« waren nur eine Facette einer weitverbreiteten Unruhe, die hinter der konformistischen Fassade der Gesellschaft immer wieder zum Ausbruch kam.

Wogen von Unbehagen

Der Schwung, mit dem die deutsche Wirtschaft Mitte der Fünfzigerjahre in Gang gekommen war, erschien vielen in der Tat als ein Wunder. Die Zeit des Elends in Deutschland war vergangen, die Notunterkünfte waren geräumt. Auf den Straßen rollte der Verkehr. Nicht nur die Kataloge der großen Versandhäuser wurden von Jahr zu Jahr dicker; in Wellen entdeckten die Bürger den Spaß am reinen Konsum, den sie sich von keinem schlechten Gewissen untersagen ließen. Mit Staunen stellten sie fest, wie weit sie über den bloßen Wiederaufbau des Zerstörten hinausgekommen waren, aus dem unversehens die Umrisse einer anderen Welt emporgewachsen waren. In den Städten, auf den Straßen, bei der Arbeit, im Reisen verlief das Leben in einem Tempo, das den Horizont an immer neue Grenzen verschob.

»Wohlstand für alle« versprach 1957 das Buch des Bundeswirtschaftsministers. Auch wenn »für alle« keineswegs stimmte und viele ohne Kühlschrank, Fernseher und Warmwasser auskommen mussten, schien er doch für alle möglich. Allein das Versprechen leuchtete hell nach der Misere des vergangenen Jahrzehnts. Das Bedürfnis, aufzuholen, Leben nachzuholen, war dringender als der Wunsch, dass sich diese Umwälzung auch in den Beziehungen zwischen den Menschen vollzöge. Die Rollenmuster folgten im Wesentlichen dem hergebrachten Führungsstil. An der Spitze des Staates interpretierte ein Patriarch die Demokratie als Politik der vollendeten Tatsachen. Die Mehrheit der Bundesbürger war damit einverstanden.

Aber nicht alle, und schon gar nicht mit allem. Die Fünfzigerjahre brachten die Geburt einer neuartigen politischen Protestkultur, die Millionen Menschen auf die Straße trieb. In der Auseinandersetzung um das Betriebsverfassungsgesetz von 1952 mobilisierten die Gewerkschaften anderthalb Millionen Arbeiter und Angestellte zu Kundgebungen. Menschen demonstrierten für die Montanmitbestimmung, für die Verbesserung der Lohnfortzahlung, gegen Häuserräumungen und Truppenübungsplätze, gegen Burschenschaftlertreffen oder gegen den Brecht-Boykott an den westdeutschen Theatern. *Die Protestchronik 1949–1959* umfasst drei monumentale Bände mit knapp 3000 Seiten.

Nichts erregte die Gemüter quer durch alle Generationen so stark wie die Frage von Krieg und Frieden. So unbefangen Konrad Adenauer die westdeutsche Wiederbewaffnung ins Werk setzen wollte, so heftig war der Gegenreflex in der Bevölkerung. Im Mutterland des Militarismus entwickelte sich eine antimilitärische Gesinnung, mit der der Kanzler nicht gerechnet hatte. Seit Adenauer 1949 seine ersten Pläne zu einer »neuen Wehrmacht« vorstellte, entwickelte sich ein über Jahre andauerndes Zerren über die Rückkehr des deutschen Soldaten.

Die Gründe, weshalb sich eine Mehrheit dagegenstellte, waren vielfältig. Viele standen unter dem Schock der letzten Kriegskatastrophe und hatten Angst, wieder aus ihren Familien gerissen zu werden. Es gab Menschen, die das übrig gebliebene Deutschland nicht für wert hielten, Leben aufs Spiel zu setzen. Wieder andere glaubten nicht daran, dass im Rahmen der NATO die deutsche Armee mehr als ein Spielzeug der Besatzungsmächte sein würde. Von den früheren Wehrmachtssoldaten fühlten sich viele verraten vom alten Regime, das sie verheizt hatte, wie auch vom neuen System, das ihnen die Anerkennung versagte. Nie wieder wollten sie einen Treueschwur auf ein Staatswesen leisten, dem gegenüber sie ihr Vertrauen für immer verloren hatten.

In mehreren Wellen gingen im Protest gegen die Wiederbewaffnung die Menschen zu Millionen auf die Straße. Gegen ihren langsam schwindenden Widerstand setzte sich die Regierung dennoch durch. Im Herbst 1955 bekamen die ersten Soldaten der deutschen Bundeswehr ihre Ernennungsurkunde überreicht. Der Höhepunkt des Konflikts stand aber noch bevor. Weniger als zwei Jahre später war der Bundestagswahlkampf geprägt vom Streit um die Atombewaffnung Deutschlands. Mehr als zuvor formierte sich eine Protestallianz aus Intellektuellen, Wissenschaftlern, Künstlern, ehemaligen Soldaten, linken und pazifistischen Gruppen.

Kanzler Adenauer und Verteidigungsminister Strauß fachten die Flammen durch ihr selbstherrliches Auftreten an. Wesentlichen Anteil an der Aufregung hatte eine Bemerkung Adenauers im Bundestag, taktische Atomwaffen seien nichts weiter als die Weiterentwicklung der Artillerie. Die Kampagne »Kampf gegen den Atomtod« brachte im Frühjahr 1958 mit zwei Millionen Demonstranten größere Massen auf die deutschen Straßen als jemals zuvor. Allein in Hamburg wandte sich Bürgermeister Brauer vom Rathausbalkon an eine Menge von bis zu 200 000 Atomgegnern. In acht Demonstrationszügen waren Arbeiter, Studenten, Hausfrauen und Rentner zum Rathaus marschiert.

So wurden die Fünfzigerjahre zum Jahrzehnt der »Ohne mich«-Bewegung. Es war kein Zufall, dass gerade die Wiederbewaffnung die verborgenen Komplexe der Nachkriegsgesellschaft an die Öffentlichkeit spülte. Der Schatten des Krieges geisterte nach wie vor unverarbeitet durch die Köpfe. So gut die Gesellschaft ihre Vergangenheit getarnt hatte, so sehr drängte diese zurück ans Licht. Schon im Jahr 1951 hatten heftige Tumulte die Aufführung des Kinofilms »Unsterbliche Geliebte« von NS-Regisseur Veit Harlan in verschiedenen deutschen Städten begleitet. Menschen gingen auf die Straße gegen die Haftentlassung von Kriegsverbrechern. Sie demonstrierten gegen Minister mit NS-Vergangenheit, gegen Treffen alter Kameraden und gegen Neonazis. Gegen Ende des Jahrzehnts kam durch Zufall eine Untersuchung in Gang, die den Blick der Deutschen direkt auf ihren schwärzesten Abgrund lenkte.

Bernd Fischer beging einen Fehler, als er 1955 beim Land Baden-Württemberg auf Wiedereinstellung klagte. Der Leiter des Flüchtlingsheims Wilhelmsburg bei Ulm war nicht lange zuvor entlassen worden. Er war nicht der Mann, eine solche Zumutung stillschweigend hinzunehmen. Als früherer Polizeibeamter meinte er einen Anspruch auf einen Platz im öffentlichen Dienst seines Landes zu besitzen. Er zog damit vors Arbeitsgericht. Zusammen mit den Klageunterlagen reichte er das Spruchkammerurteil aus seinem Entnazifizierungsverfahren mit ein: »Nicht betroffen.« Fragen zu seiner Vergangenheit erübrigten sich damit, so glaubte er. Bernd Fischer war hochgewachsen, hatte breite Schultern und ein kantiges Gesicht. Er war 51 Jahre alt. Aber er war gar nicht der Bernd Fischer, der zu sein er vorgab.

Das Flüchtlingsheim Wilhelmsburg auf dem Michelsberg war in der größten ehemaligen Festungsanlage Europas untergebracht. Die Burg war ein Wahrzeichen Ulms, gleich nach dem berühmten Münster. Am Ende des Krieges zogen Tausende Flüchtlinge aus den deutschen Ostgebieten in die Kasematten. Später wurden sie abgelöst von Flüchtlingen aus der DDR, ehe im Jahr 1956 die neu gegründete Bundeswehr einzog. Die Wilhelmsburg war ein Umschlagplatz deutscher Nachkriegsgeschichte.

Bernd Fischer hatte sich zunächst als Staubsaugervertreter durch diese Jahre gehangelt. 1953 bewarb er sich um die Leitung des Flüchtlingsheims und verwies dabei auf seine Berufserfahrung als Kriminalpolizist. Bei einer Routineüberprüfung stieß das Regierungspräsidium auf braune Stationen in seinem Lebenslauf, die er unterschlagen hatte. Sein voller Name war Bernhard Fischer-Schweder. Er war mehr gewesen als ein einfacher

Kriminalbeamter. NSDAP-Mitglied seit 1925, SA-Oberführer, dann SS-Oberführer, Polizeidirektor von Memel und Kompanieführer der Waffen-SS. Nach dem Krieg war er mit bereinigter Vita in eine neue Identität geschlüpft. Aus Bernhard Fischer-Schweder wurde Bernd Fischer. Seinen Meldebogen für die Spruchkammer hatte er gefälscht. So konnte er sich an der Entnazifizierung vorbeimogeln.

Als die Behörden sich 1955 mit seinem Gesuch auf Wiedereinstellung auseinandersetzten, stellten sie fest, mit wem sie es zu tun hatten. Der Zufall hatte sie dazu bewogen, genauer hinzusehen. Ein Zeitungsleser hatte in einer Meldung über den Fall jenen Fischer-Schweder wiedererkannt, dem er während des Krieges im Memelgebiet begegnet war. Dort hatte er sich in seiner Funktion als SS- und Polizeiführer an Massenexekutionen jüdischer Kinder, Frauen und Männer im Bereich der Einsatzgruppe A beteiligt. Mehr als 5000 Menschen waren diesen Massakern zum Opfer gefallen. Mit dieser beiläufig aufgetauchten Information befasste sich die Ulmer Staatsanwaltschaft. Sie ließ Fischer-Schweder verhaften und leitete ein Verfahren gegen ihn ein.

Der Ulmer Einsatzgruppenprozess begann im April 1958. Neben Bernhard Fischer-Schweder standen neun weitere NS-Täter vor Gericht. Im Gerichtssaal wurden ehrenwerte Mitglieder der deutschen Gesellschaft, die als Zeugen aussagten, ihrerseits aufs Schwerste belastet. Ein Stadtdirektor aus Gelsenkirchen erhängte sich, bevor ihn die Ermittlungsbeamten aufsuchen konnten. Ein Mainzer Kriminalmeister vergiftete sich im Zeugenstand. Ein Stuttgarter Kriminalpolizist nahm sich kurz nach seiner Aussage ebenfalls das Leben.

In Ulm stand zum ersten Mal die Vernichtung der Juden durch die Einsatzgruppen der SS hinter der Front im Mittelpunkt eines Prozesses. In allen Details erfuhr die Öffentlichkeit, wie Tausende Menschen erschossen wurden, nachdem sie für sich selbst die Massengräber hatten ausheben müssen. Um Kugeln zu sparen, hatte man Frauen und Kinder einfach totgeprügelt. SS-Männer ertränkten Kleinkinder vor den Augen ihrer Mütter in Teichen. Einer von ihnen hetzte zu seiner Belustigung zwei Männer mit Spaten bewaffnet in einen Schaukampf um Leben und Tod. Mitten in diesem Inferno hatte Bernhard Fischer-Schweder seinen Leuten die Befehle zum Mord erteilt.

Am Ende stieg er selbst in die Grube. Er feuerte Nachschüsse in die Köpfe der noch lebenden Opfer. Der Mann, der seine Deckung verlassen hatte, um für seine staatsdienstlichen Würden zu kämpfen, wurde wegen Beihilfe zum gemeinschaftlichen Mord in 526 Fällen zu zehn Jahren Zuchthaus verurteilt. Seinen Verweis auf Befehlsnotstand ließ das Gericht nicht gelten. Er habe aus freiem Willen und persönlicher Geltungssucht gehandelt.

Der Ulmer Schwurgerichtsprozess war, dreizehn Jahre nach dem Ende des Krieges, der späte Auftakt zur Strafverfolgung schwerster NS-Verbrechen. Die Urteile vom August 1958 prägten die weitere Rechtsprechung. Dieser Prozess, der vier Monate dauerte, erschütterte die deutsche Öffentlichkeit. Ausführlich berichteten die Medien über seinen Verlauf. Erstmals wurde offensichtlich, welch ein Ausmaß die Massenverbrechen gehabt hatten und wie wenig davon bis dahin geahndet war. Dieser verdrängte Teil der Vergangenheit war nicht länger zu leugnen.

Fast so schlimm wie der Schock über die Details war die Erkenntnis, wie die Mörder inmitten der Gesellschaft weiterleben konnten. Sie pflegten denselben Kleinbürgeralltag wie alle anderen, besaßen ihr Gartenidyll und unternahmen mit ihren Familien dieselben Ausflüge wie jedermann. Ein Fischer-Schweder, dieser Verdacht ließ sich nicht mehr unterdrücken, konnte in jedem Bungalow nebenan sitzen. Mit dem Ulmer Einsatzgruppenprozess war der Vorhang vor dem Grauen ein Stück zur Seite gezogen. Der zähe Brei des Vergessens war in Bewegung geraten.

Abschied von den Altvorderen

Im Sommer 1959 reiste Bernward Vesper zum letzten Mal an die Weser zu den Dichtertagen nach Lippoldsberg. Noch einmal fand er den Klosterhof überfüllt mit jungen Leuten, von denen einige in den Kluften rechter Jugendbünde wie der »Fahrenden Gesellen« und dem »Bund Heimattreuer Jugend« steckten. Jenseits des üblichen Leseprogramms waren sie hierhergekommen, um eines Märtyrers aus ihren Reihen zu gedenken. Hans Venatier, der Volksdichter, NS-Parteigänger, Kriegsveteran, Demokratiekritiker und bundesdeutsche Studienrat, hatte Anfang des Jahres Selbstmord begangen.

In seinen Abschiedsbriefen erklärte er seinen Schritt als einen Akt politischen Aufbegehrens gegen das Räderwerk des deutschen Staates, das ihm als ehemaligen Nationalsozialisten einen Platz in seiner Mitte verweigerte. Dabei habe er sich nie gegen den neuen Staat, sondern nur gegen die Untugenden seiner Bürger gewendet. Die Jugend wollte er zum Opferwillen erziehen und den verhängnisvollen »Ohne-mich-Standpunkt« ausrotten helfen. Ein Beitrag in der rechtsextremen Zeitschrift *Nation und Europa* rief seinen Dienstherrn, die Mainzer Schulbehörde, auf den Plan, die ihn zur Abmahnung einbestellte. Eine Demütigung zu viel, wie die Vorrede im Gedenkbüchlein von Hans Grimms Lippoldsberger Klosterhaus-Verlag feststellte.

> Krieg und Gefangenschaft haben seine Gesundheit untergraben. Jetzt ätzt ihn das Gift des Mißtrauens, Tropfen um Tropfen, bis die Leiden seine Widerstandskraft übersteigen. Am

> 19. Januar 1959 scheidet er freiwillig aus dem Leben. Der Gedanke, ein Opfer für sein Volk zu vollziehen, trägt ihn hinüber. Er weiß die Seele seines Volkes in Gefahr.

Bei der Gedenkstunde zu Ehren Venatiers trat die Österreicherin Ursel Peter, wie Venatier Lehrerin und volkstümliche Poetin, ans Rednerpult im Klosterhof. »Helm vom Haupt«, so begann sie ihr Trauergedicht, bei dem viele der jüngeren Zuhörer zunächst die Hände vors Gesicht schlugen. Dann vollzog sich wie auf geheime Verabredung ein Schauspiel wie im besten Melodram:

> In der letzten Bankreihe eine leise Unruhe, zwei, zehn, hundert stehen auf von ihren Sitzen, sofort haben alle begriffen, die Tausende im Klosterhof zu Lippoldsberg erheben sich, um den Dichter zu ehren, der sein Leben gab, im Glauben, seinem Deutschland so am besten zu dienen.

Im selben Jahr starb Hans Grimm, der Übervater von Lippoldsberg. Zwei Jahre später war die Reihe an Will Vesper, Bernward Vespers Vater. Im Nachhinein konnte man die tragische Geste der Jugend vom Klosterhof als Abschiedsgruß an die Generation ihrer Väter verstehen.

7. DIE WELT DER KINDER

Jugend in Gefahr

Selten waren die Aussichten auf eine behütete Kindheit und Jugend in Deutschland so trübe wie in den Jahren nach 1945. Die Herrscher des nationalsozialistischen Regimes waren bei ihrem Vorhaben, die Bevölkerung im Falle einer Niederlage mit in den Untergang zu reißen, weit gekommen. Auch wer als Kind zu jung gewesen war, um in dem totalitären Staatssystem eine Rolle einzunehmen oder seinen Zusammenbruch überhaupt bewusst mitzuerleben, bekam die Folgen gleichwohl zu spüren. Weit über eine Million Kinder hatten den Vater verloren, eine Viertelmillion war zu Vollwaisen geworden. Bis zu 100 000 elternlose Kinder vagabundierten durchs Land. Ende 1949 zählte man anderthalb Millionen heimatvertriebene Jugendliche allein im Bundesgebiet. Wohnungen fehlten, Lebensmittel fehlten, Kleidung, Medikamente. Unter diesen Umständen war eine Kindheit im Rahmen eines behütenden Elternhauses die Ausnahme. Wer gar das Pech hatte, von den Behörden oder den eigenen Verwandten in ein Kinderheim gesteckt zu werden, den erwartete eine Kindheit wie in einem Straflager. Hier gehörten Schläge, Erniedrigungen und Missbrauch zum Repertoire, ja zum System vieler Erzieher. Für rund 700 000 Heimkinder waren in den Nachkriegsjahrzehnten Drill und Gehorsam die Gebote des täglichen Lebens.

Im Februar 1946, während im Kälte- und Hungerwinter des Jahrhunderts Millionen Menschen um ihr Leben kämpften, begann eine Berliner Ethnologin mit einem eigenwilligen Projekt: Sie hatte sich zum Ziel gesetzt, die »Gegenwartsprobleme Berliner Familien« in einer Dokumentation zusammenzutragen. In den frühen Dreißigerjahren hatte Hilde Thurnwald mit ihrem Ehemann und Fachkollegen Richard Thurnwald ausgedehnte Forschungsreisen in Regionen wie Ostafrika und die Salomonen unternommen, wo sie sich mit der Stellung der Frauen im Familienverbund befasst hatte. Mit ihren Studien »Die schwarze Frau im Wandel Afrikas« und »Menschen der Südsee« hatte sie sich in Ethnologenkreisen Anerkennung erworben. Nach dem Krieg fand sie genügend Stoff vor ihrer Haustür vor, um ihre Feldforschung auf den Heimatkontinent auszudehnen.

Ein wesentlicher Antrieb war, wie sie schrieb, die wachsende Gefährdung der Kinder nach dem Zusammenbruch Deutschlands. Erschütterungen jeden Grades stellten das familiäre Zusammenleben in allen Milieus infrage. Thurnwalds Interesse zielte weniger auf die offenkundigen Missstände wie Hunger oder Wohnraumknappheit. Ihr ging es um die Bedrohung des Familienzusammenhalts in den Konflikten einer extremen Krisensituation, wie sie die deutsche Nachkriegszeit darstellte.

Sie verstand die Entfremdung zwischen Kindern und Eltern nicht nur als Folge der akuten Notlage, sondern auch als Reaktion auf den Umgang mit den vorausgegangenen Jahren. Hilde Thurnwald nahm an, dass der Zustand der Familien, ihr Klima und ihr Funktionieren davon abhingen, wie sich die Erwachsenen im Nationalsozialismus verhalten hatten und wie sie sich in der Gegenwart dazu stellten. Mehr als ein Jahr lang befragte die Ethnologin mithilfe von 35 Hilfskräften 498 Familien in Berlin nach ihren Einstellungen. In diesen Befragungen nannten die Jugendlichen als eine der größten Enttäuschungen, dass die Erwachsenen sich ihnen gegenüber niemals nachvollziehbar zur Vergangenheit äußerten. Sie vermissten jede Bereitschaft, sich ihnen zu erklären.

> Deshalb haben sie sich nach dem Zusammenbruch in eine mißtrauisch-abwartende Haltung zurückgezogen und sind auch jetzt oft noch skeptisch gegen alles, was ihnen von der älteren Generation angepriesen wird. Im ganzen muß der Respekt der Jugend vor der älteren Generation als schwer erschüttert bezeichnet werden.

Sieben Jahre war Theodor Gruschka alt und ein genauer Beobachter der Welt um sich herum, in der alles auf den Kopf gestellt war. In seinem Tagebuch, einem linierten Schulheft, hielt er in runder Kinderschönschrift fest, was er nach dem Ende des Krieges in der oberpfälzischen Kreisstadt Amberg sah, hörte und erlebte. Wenig entging seinem aufgeweckten Geist. Am wenigsten das, was die Erwachsenen beiseitesprachen, wenn sie miteinander tuschelten. Nicht einmal das, was sie leugneten und auffälligerweise vergaßen. Wo geflüstert wurde, sperrte Theodor seine Ohren weit auf. In seinem ersten Eintrag im Jahr 1945 schrieb er:

> Als die deutschen Soldaten weg waren, waren wir sehr traurig, weil die besser waren als die Feinde. Vielleicht ist Hitler gar nicht tot, sagen viele Leute. Um Gottes Willen sagt meine Mutter. Ich habe ihn einmal in Berlin gesehen. Das hat mir gefallen. Wer Hitler sagt flüstert dabei.

Eigentlich war Theodor Gruschka Berliner, denn er war aufgewachsen in Charlottenburg. In Amberg war er erst kurz zuvor mit seiner Mutter angekommen. Seine Schwester war auf ihrer Flucht aus Oberschlesien, wohin sie evakuiert worden waren, verloren gegangen. Sie fanden sie niemals wieder. Sein Vater hatte im Oberkommando der Wehrmacht beim Leiter des militärischen Geheimdienstes Wilhelm Canaris gearbeitet, weshalb er von den britischen Militärbehörden in Berlin festgehalten wurde. Ihre bayerischen Verwandten, wo sie unterzukommen gehofft hatten, knallten ihnen die Tür vor der Nase zu, sodass sie sich vom Wohnungsamt eine Unterkunft zuweisen lassen mussten.

Die Zahl der Einwohner von Amberg, einer Kreisstadt nicht weit von der tschechischen Grenze gelegen, stieg in diesen Monaten von 32 000 auf 44 000. In jeder Garage, in jedem Gartenhäuschen sah Theodor Menschen hausen. Er begriff schnell, was es in diesem Ankunftsgewühl für ihn zu holen gab und was er tun musste, wenn irgendwo eine Schlange anstand oder ein Pferd in Stücke geschnitten wurde. Seine Mutter, die fast fünfzig Jahre alt und von kaiserlich preußischer Gesinnung war, wusste, dass sie für jenen Teil des Überlebens, zu dem der Schwarzmarkt notwendig gehörte, nicht die Richtige in der Familie war. So schickte sie den kleinen Theodor los, der zusehen sollte, wo es in den Straßen Ambergs etwas zu holen gab. *Weil meine Mutter so ängstlich ist, muß ich viel machen.* Sie gab ihm nur eine Regel mit auf den Weg: Niemals stehlen. Lieber verhungern, als jemals etwas zu klauen. Aber klauen musste Theodor gar nicht. Er musste nur scharf aufpassen und seine Schlüsse ziehen.

Zum Beispiel bei der Sache mit Hitler. Einerseits taten alle Großen so, als hätte es ihn nie gegeben. Über Nacht war der einfach so verschwunden, da musste sich jeder dran halten. *Früher haben alle heil Hitler gerufen und die Hand gehoben und jetzt darf man Hitler nicht laut sagen. Ich weis wer ein Nazi in der Gabelsbergerstraße ist. Oder in der Marienstraße oder in den anderen Straßen.* Es war von Vorteil zu wissen, wer ein Nazi war, denn diese Leute hatten etwas zu verlieren. Noch viele Monate lang notierte Theodor aufmerksam, wen die Amerikaner wieder in ihren Jeeps abgeholt hatten.

Nie mehr über den Hitler reden war die eine Sache. Aber mit Hitler Geschäfte machen eine andere. Theodor Gruschka war nicht entgangen, in welcher Hetze die Leute von Amberg ihre Fahnen und Uniformen verbrannt, ihre Bildnisse, Parteiabzeichen und Anstecknadeln verbuddelt hatten. Sogar Bücher waren dabei, große Bildbände und Kinderbücher. Er selbst hatte ein Hitlerbild beiseitegeschafft. Man konnte nie wissen, die Dinge änderten sich ja ständig. Aufmerksam hörte er zu, wie die Frau von der Buchhandlung Lieret, die mit ihnen im Haus wohnte, über die verbotenen Sachen sprach.

> Jetzt ärgert sich die Frau Lieret daß wir alle silbernen und goldenen Papierhackenkreuze vernichtet haben bevor die Amerikaner kamen, denn jetzt könnte man ein gutes Geschäft machen hat sie gesagt. Weil die Amis sowas als Andenken mitnehmen. Sie sagen sie erschießen einen, wenn sie was finden, weil man dann ein Nazi ist. Ich habe aber welche heimlich weggenommen und versteckt.

Amberg war eine alte Garnisonsstadt mit drei Kasernen, in denen sich die US-Armee mit ihrem Tross eingerichtet hatte. Die Soldaten kamen in Wellen, die einander ablösten. Alle wollten Souvenirs haben aus Deutschland, für ihre Familien daheim in Amerika. Alle wollten Hitler-Kram. Theodor lief die Buddelgruben mit den NS-Devotionalien ab und hatte bald ein Lager mit Handelsware beisammen. Selbst bei den Juden an der Synagoge gab es solche Artikel einzutauschen, gegen Zigaretten oder Butter. Damit ging er zur Panzerkaserne der Amerikaner, die um die Ecke ihrer Wohnung lag. *Ich habe mit denen geschachert. Ich hatte irgendwann mal einen ganzen Packen, den hat jemand im Gebüsch versteckt. Nazi-Orden, Eiserne Kreuze, Mutterkreuze. Dafür habe ich 50 Dollar gekriegt.*

Theodor Gruschka sprach mit den Soldaten Englisch, das ihm seine Tante in Berlin beigebracht hatte. Sein Vater, der viel im Ausland unterwegs war, hatte die Auffassung vertreten, es könnte ihm nach dem Krieg behilflich sein. *Moneymaking* – »schachern« – gehörte zu den ersten Worten, die Theodor von den US-Soldaten zu hören bekam. Elisabeth Gruschka ließ ihren Sohn mit den Amerikanern schachern. Wenn er ihr von den Razzien berichtete, wo sie mit ihren Jeeps angefahren kamen, in die Häuser stürmten und anschließend mit nackten, in Decken gehüllten Frauen herauskamen, sagte sie nicht viel. Auch nicht, wenn die Amerikaner selbst Sachen klauten oder ihm seine Orden abnahmen, ohne zu bezahlen. *Meine Mutter sagt die dürfen das, weil sie die Sieger sind.*

Als Theodor Gruschka im September 1946 ins humanistische Gymnasium in Amberg kam, packte ihn das Grausen. Das Schulhaus stank nach Chlor, Blut und Urin. Wo war er da hingeraten? In einem Gebäudeteil war ein Behelfslazarett untergebracht.

> In der ersten Stunde sind wir fürchterlich erschrocken, weil ein Soldat so geschrien hat. Der Herr Professor hat gesagt, daran müsst ihr euch gewöhnen, denen wird ein Bein oder Fuß oder Arm amputiert. Im Schulhof ist eine tiefe Grube, da werden die amputierten Sachen reingeworfen. Das stinkt nach Eiter und Leichen. Wir dürfen da nicht hingehen, aber ich bin doch hingegangen, weil ich alles wissen will.

Der Krieg war seit sechzehn Monaten vorbei. In den Lazaretträumen neben seinem Klassenzimmer starben noch immer Soldaten, sägten Ärzte Arme und Beine ab. Theodor Gruschka war mit acht Jahren der Jüngste in der Klasse 1a, in der nur katholische Buben waren. Seine Lehrer waren alt, weil die Jungen gefallen waren oder in Gefangenschaft. Niemand erklärte ihnen, weshalb nebenan die Männer schreien und sterben mussten. *Niemand sagt mir die Wahrheit.* So lautete die wiederholte Kinderklage in seinen Tagebüchern.

Theodor wollte alles wissen. Er horchte weiter genau hin, was die Leute sagten und was sie verschwiegen. Das Thema Mädchen nahm in seinem Tagebuch zunehmend Raum ein. Vergeblich bedrängte er seine Mutter, für die alles oberhalb der Fußknöchel unkeusch war, ihn aufzuklären. Bis ihm eine gynäkologische Enzyklopädie in 24 Bänden in die Hände fiel. Als ihm die Mutter auf die Schliche kam, weil in seinem Wortschatz Begriffe wie »Ejakulation« und »Pollution« auftauchten, beschloss er, sein Tagebuch erst auf Englisch, dann im Morsealphabet weiterzuführen. Nun war er es, der Geheimnisse vor den Großen hatte.

Vier Jahre später, im Sommer 1949, Theodors Vater war wieder bei ihnen, aber Theodor wollte nur noch weg. In der Schule hatte er mit den alten Lehrern zu kämpfen. Er hatte nicht das Gefühl, auserwählt zu sein, wie der Kaplan zu ihnen sagte, sondern ausgestoßen. Einen alten Nazi gab es, der drohte, ihn von der Schule zu werfen. Wenige seiner alten Freunde waren ihm geblieben. Viele waren weggegangen, ein paar sogar tot wie seine Jugendfreundin Jenny. Seine Mutter wollte ihn in eine Lehre geben, aber er wollte weg aus Amberg. In eine andere Stadt, in ein anderes Land. Amberg, das Dorf seiner Jugend, hatte ihn traurig gemacht. *Ich habe viel gebetet, aber es kam mir keine Erleuchtung. Jeder sagt, ich müsste selber wissen, was ich machen will. Ob es besser ist, wenn man erwachsen ist?*

Nicht lange danach ging Theodor ins Kloster. Er hatte beschlossen, Missionar zu werden.

Auf der Suche nach dem Vater

Hatte sich in den Zwanzigerjahren in der deutschen Gesellschaft eine rege Debatte über die Folgen der Kriegsverluste in den Familien entzündet – über eine Jugend ohne Väter, über psychische Schäden bei den Kindern, über Gefahren wie Verweichlichung oder Verrohung, Verwahrlosung oder Entfremdung –, so blieben solche Erörterungen nach dem Zweiten Weltkrieg weitgehend ausgespart. Im Mittelpunkt der politischen Anstrengungen wie des Interesses der Familienforscher stand die Wiederherstellung der klassischen Konstellation von Vater, Mutter und Kind, nicht die Ausnahmen davon.

Dabei waren die Lücken in der Gesellschaft unübersehbar. Mehr als zwei Millionen deutsche Kinder, jedes vierte, wuchs ohne Vater auf. Viele warteten während prägender Jahre auf dessen Heimkehr aus der Gefangenschaft. Niemand leugnete diese Tatsachen, doch die zweite Nachkriegsgesellschaft verlegte sich darauf, die Umstände ins Positive zu deuten. Man bejubelte die Leistungen der Mütter, die ihre Kinder über die Elendsjahre gebracht hatten.

Hinzu kam der Zusammenhalt der Verwandtschaft, etwa die Unterstützung durch die Großeltern, die den halb verwaisten Nachwuchs auffingen und verhindern halfen, dass in Deutschland eine Jugend ohne Moral und ohne Halt heranwuchs. Die Kinder selbst zeigten sich laut dieser Wahrnehmung vom Vaterverlust ebenso wenig beeindruckt wie zuvor von der Ausbombung oder dem Fluchterlebnis.

Wer keinen Vater mehr habe, so hieß es, sei den Kindern aus

intakten Familien deswegen weder in der Schule noch in seiner körperlichen Entwicklung unterlegen. Die Widerstandskraft der menschlichen Seele gegen äußere Erlebnisse, so lautete ja ein Glaubenssatz dieser Zeit, sei nahezu grenzenlos. Das gelte nicht weniger für die Seelen der Kinder, weshalb im ersten Nachkriegsjahrzehnt niemand danach fragte, wie sich die Erfahrungen der Gewalt, der Anblick von toten Menschen und der Verlust des Vaters bei den Jahrgängen ab 1935 ausgewirkt hatte. Mit welcher Intensität jedoch ein Kindergedächtnis an den Wendepunkten des Lebens sich jedes Detail einprägte, »als wäre es gestern gewesen«, ließ sich noch Jahrzehnte später beobachten.

> Zufälligerweise war ich in dem Moment gerade in der Küche und wie ich – ich frage mich nach all diesen Jahren immer noch, wie meine Mutter sofort an diesem Brief erkannt hat, dass es die Todesnachricht ist, das weiß ich nicht, er war nicht schwarzumrandet, aber er war von einer offiziellen Stelle und das hat sie wahrscheinlich stutzig gemacht und ich kann mich nur erinnern, also ich sehe die Situation noch ganz genau vor mir, ich weiß nicht mehr wer es gebracht hat, diesen Sack Post, war ja auch Geschäftspost dabei, und dann brach sofort eine wahnsinnige Hektik aus und mich hat man aus der Küche rausgeworfen: »Also Du verschwindest jetzt, Dich können wir jetzt nicht brauchen.«

Als Anfang der Sechzigerjahre der Begriff der »vaterlosen Gesellschaft« in Mode kam, zielte er nicht auf die Waisen oder Halbwaisen aus dem Krieg, sondern auf ein eher abstraktes sozialwissenschaftliches Phänomen, demzufolge der Vater in seiner Hierarchenrolle als Vorbild gegenüber den Jungen verblasst war. Dabei war das konkrete Leben der Vaterlosen alles andere als selbstverständlich in einer Gesellschaft, die sich dem klassischen Familienmodell verschrieben hatte. Gemessen an diesem

Schema wuchsen die vaterlosen Kinder in unvollständigen, wenn nicht makelbehafteten Verhältnissen auf. Die meisten Kriegswaisen schleppten den fehlenden Vater als vage Größe und Sehnsuchtsbild durch ihr Kinderleben.

In den Abenteuergeschichten, die Bruno Riedel als Heranwachsender las, gab es am Ende immer ein Happy End. Mit Glück, vor allem aber mit Mut und Geschick zogen die Helden ihren Kopf aus so mancher Schlinge. Wenn sie doch einmal unterlagen, war das katastrophale Wetter schuld, die miesen Tricks des Gegners oder die Unfähigkeit der Anführer, die irgendwo weitab vom echten Geschehen im Trockenen saßen. Der Tonfall des Erzählers wechselte je nach Erlebnislage zwischen markig, rührselig und humorig. Die Moral von der Geschichte änderte sich dagegen nie.

> Dasselbe kann morgen Ihnen oder mir oder jedem anderen genauso passieren. Damit müssen wir rechnen. Wer weich wird, bekommt eins auf den Schädel – fertig. Was geschehen ist, läßt sich nicht mehr ändern. Nicht daran denken und weitermachen!

Für Bruno war es nicht einfach, an den *Landser* heranzukommen, denn der kostete Geld, das er nicht hatte. Aber beim Kiosk am Bahnhof von Ebersberg wurden die Hefte unter der Hand für ein paar Pfennige weitergereicht. Auf dem Einbandbild rannten oder feuerten Soldaten durch grellfarben ausgemalte Höllenlandschaften. Die Titel in Rot oder Gelb kündeten vom »Sturm auf Sewastopol«, dem »Donnerkeil-Cerberus« oder einem »Himmelfahrtskommando«.

Seit Mitte der Fünfzigerjahre gehörten die *Landser*-Hefte zur Alltagskultur. Im Zuge der Wiederbewaffnung war neben der Protestbewegung ein gegenläufiges Klima für Krieg und Militär aufgeblüht, das die Frontsoldaten der Wehrmacht, »den Landser«, aus der Versenkung holte. In wenigen Jahren fand die Zeitschrift mit einer monatlichen Auflage von 500 000 Exemplaren den Weg in viele deutsche Wohnzimmer. Ehemalige Wehrmachtssoldaten reichten sie nach der Lektüre an ihre Söhne weiter. *Der Landser* malte in breitem Pinsel ein Bild vom Krieg, wie er nicht gewesen war, wie ihn aber viele gern sehen wollten: die Wehrmacht als saubere Armee, ihr zur Seite die Waffen-SS, die Soldaten brave Männer, ihr Kampf von ritterlichem Anstand. Hitler kam selten vor, Niederlagen ebenso wenig, Verbrechen schon gar nicht. Schuld oder Verantwortung waren keine *Landser*-Kategorien. Nicht daran denken. Weitermachen.

Brunos Vater war im Krieg verschollen. Er hatte keine Erinnerung an ihn, da er bei Kriegsende erst zwei Jahre alt gewesen war. Für ihn war der Vater nicht mehr als ein Schatten. Dass der einfach so aus der Welt verschwinden konnte, ohne eine Spur zu hinterlassen, überstieg sein Begriffsvermögen. Dennoch lebte in seiner Familie die Hoffnung fort, dass er eines Tages zurückkäme. So blieb der Vater als Fiktion anwesend, und das Kind Bruno Riedel versuchte, dieser Fiktion eine Gestalt zu geben. Dabei half ihm der *Landser.*

Einige dieser pseudoauthentischen »Erlebnisberichte zur Geschichte des Zweiten Weltkriegs« befassten sich mit realen Figuren der Feldzüge. Auf diese Weise erfuhr Bruno von den Taten des hochdekorierten Sturzkampfbomberpiloten Hans-Ulrich Rudel. Der hatte sich nach dem Krieg über eine der »Rattenlinien« nach Argentinien abgesetzt und dort ein Netzwerk für NS-Kriegsverbrecher aufgebaut. In Deutschland agitierte er für rechtsextreme Parteien wie Otto Ernst Remers Sozialistische Reichspartei. Für die Deutsche Reichspartei war er 1953 selbst Spitzenkandidat im Bundestagswahlkampf. Noch Jahrzehnte später sorgte der ewige Wiedergänger für Skandale in der Bundeswehr und anderen Gesellschaftsteilen. Von all dem erfuhr Bruno Riedel aus dem *Landser* nichts, wenn er dessen Husarenstücke als Fliegerheld an allen Fronten verschlang. Er sah nur seinen Vater vor sich.

> Diese Helden bekamen natürlich seine Identität. Mein Vater ist in meiner Vorstellung so wie diese Männer im Krieg irgendwie umgekommen. Das war für mich sehr entlastend, denn da verschwand nicht einer, der sich plötzlich in Luft auflöste, sondern das waren wirkliche Helden, die Sturzbomber geflogen sind und weiß der Teufel, was sie noch alles gemacht haben. Und die Helden haben überlebt!

In seiner eigenen Familie gab es keine Männer mehr. Die waren entweder gestorben oder verschollen wie sein Vater. Bruno Riedel lebte mit seiner Mutter und den beiden Brüdern im Städtchen Ebersberg in Oberbayern. Nachdem sie in ihrer Heimatstadt Plauen in Sachsen ausgebombt worden waren, hatte sich die Mutter im Herbst 1945 mit einem Rucksack und drei kleinen Kindern auf den Weg nach München gemacht, wo ihre Schwiegermutter lebte. Für das überfüllte München bekamen sie keine Zuzugsgenehmigung, sondern nur für den Landkreis Ebersberg, der einige Kilometer südöstlich der bayerischen Hauptstadt lag.

Da er ohne Vater aufwuchs, beschäftigte sich Bruno viel mit der Frage, ob die Männer in seinem Umfeld eher Vorbilder oder Feinde waren. Von den Vermietern ihrer Notwohnungen, die ihnen von Amts wegen zugewiesen wurden, von den Bauern der Umgebung erfuhr er nichts als hartleibigen Geiz. *Draußen herrschte eine feindselige Grundhaltung, weil die Vermieter davon ausgingen, dass wir sie beklauen würden.* Wenn er mit seiner Mutter loszog, um zu tauschen oder ein paar Lebensmittel zu erbetteln, mussten sie den Bauern in der Stube bei der Brotzeit zusehen. Die aßen weiter, ohne vom Tisch aufzublicken. Der Schuster am Ort wollte ihre neu besohlten Kinderschuhe nicht zum üblichen Preis herausgeben, sondern verlangte zusätzlich die Zuckermarken der Kinder. Als Flüchtlingsfamilie hatten alle sie im Verdacht, die Eingesessenen um ihre Habe bringen zu wollen. In den Höfen saßen Männer mit kalten Herzen.

Viel Zeit verbrachte Bruno im Ebersberger Versehrtenheim. Dort wohnten die, die zerschossen aus dem Feld zurückgekommen waren und irgendwie verwahrt werden mussten. Um ihre schmale Kriegerrente aufzubessern, hatte seine Mutter sich entschlossen, im Heim für die Kriegsversehrten zu kochen. Dort bekam der Grundschüler jene Seite des Krieges vor Augen geführt, die weder im *Landser* beschrieben noch von sonst irgendjemandem angesprochen wurde. Er sah junge Männer, die keine Beine mehr hatten oder keine Arme, denen nur ein linker Arm und ein rechter Fuß geblieben waren. Amputierte in allen denkbaren Variationen saßen dort herum. Bruno Riedel blickte in zerschossene Gesichter, in Löcher anstelle von Augen, Nasen und Mündern. Krüppel nannte man die, an deren vaterländisches Opfer sich niemand mehr erinnern lassen, geschweige denn dafür Dankbarkeit aufbringen wollte. Wieder sah er seinen Vater vor sich. Diesmal nicht als Held, sondern als Ungeheuer.

> Das ist ein Bild, was ich sehr gruselig fand, und eines meiner prägenden Bilder von Männern. Und ich hatte immer Angst, mein Vater könnte so zurückkommen. Männer waren nicht strahlende Helden, sondern Mann sein hieß für mich, entweder sie überlebten nicht oder sie kamen als Monster zurück.

Eine Ausnahme war sein Grundschullehrer in der vierten Klasse. Der war zurückgekehrt, ohne entstellt worden zu sein. Es machte Eindruck bei den zehnjährigen Jungs, wenn er ihnen erzählte von seinen Kriegsabenteuern. In der Turnstunde brachte er ihnen das Marschieren bei. Er erklärte ihnen den Unterschied zwischen Eierhandgranaten und Stielhandgranaten und wie weit man nach dem Zünden zählen durfte, ehe man sie wegwarf, damit sie einem nicht Hand und Gesicht zerrissen. Prügel gehörten für diesen Lehrer zur Erziehung wie der Drill zum Soldatendasein. Er warf mit seinem Schlüsselbund nach den Kindern, er schlug sie mit einem Haselnussstecken, er prügelte sie mit der bloßen Hand.

Ohne Tränen und ohne Mienenspiel ließ Bruno diese Schläge über sich ergehen. Nicht brechen lassen, das war sein Widerstand. So schob sich ein weiteres Männerbild über die anderen. Da war einer, der den Krieg überlebt hatte und wusste, wie man kämpft. *Ich habe das so empfunden: So ist man, wenn man es schafft.* Von ihm war zu lernen, wie man der Stärkere wird.

Doch es gab Männer, die Bruno aus anderen Gründen beeindruckten. Ein Freund seines Vaters, den er »Onkel« nannte, war ebenfalls unversehrt zurückgekommen. Als Heeresfunker hatte er es verstanden, sich um Kampfeinsätze an der Front herumzumanövrieren. Er machte Karriere in München, wo er eigenhändig einen größeren Betrieb aufbaute. Auch der Bürgermeister von Ebersberg, die Kette aus Silbertalern vor dem stattlichen Bauch und immerzu in Tracht, war eine Instanz, zu der er aufblickte. Er besaß einen Landwirtschaftsbetrieb und war als Bürgermeister über alle Parteien erhaben. Als gerecht galt er, als rechtschaffen. In seiner behäbigen Männlichkeit strahlte er für Bruno Trost aus in einer Welt, die von alten Nazis, jungen Kriegskrüppeln sowie feindseligen Bauern bevölkert war. Auch der Pfarrer mit seiner Soutane verfügte über eine Würde, die den anderen abging. Dennoch blieben die Männer, die Bruno beeindruckten, ferne Figuren: der Bürgermeister; der Pfarrer; der Onkel in München. Diejenigen, an denen er nah dran war wie sein Lehrer, landeten entweder in der Irrenanstalt oder waren Sadisten geworden.

Der Vater blieb weg. Irgendwann setzte sich die Gewissheit durch, dass kein anderer an seine Stelle treten würde. Brunos Mutter war dreißig gewesen, als sie mit drei kleinen Kindern plötzlich allein im Ruinenland ums Überleben kämpfen musste. Der Rest ihres Lebens verlief anders, als sie es sich hatte vorstellen können. In den Jahren des Dritten Reiches war sie mitgelaufen. Nach ihrer Ausbildung zur Krankenschwester und der Heirat mit Brunos Vater gehörte sie zu den Aufsteigern. Am Kriegsende fand sie sich bei den Verlierern wieder, gestrandet in einer kalten neuen Heimat.

Niemals machte sie dafür andere verantwortlich, nicht einmal, wie viele andere, Adolf Hitler. Sie verfügte zwar weder über die Zeit noch den Horizont, die Dinge politisch einzuordnen, doch sie hatte begriffen, dass ihr Lebensplan nicht nur deshalb so entsetzlich schiefgelaufen war, weil ein böses Schicksal sie zum Opfer von Umständen gemacht hatte, mit denen sie nichts zu tun hatte. Niemals hörte Bruno sie über andere schimpfen, weder über die Russen noch die Amerikaner noch die Juden. Fremdenhass kannte sie nicht.

Wie für die meisten alleinerziehenden Frauen von toten und vermissten Soldaten hatte ihr Lebensmodell wenig zu tun mit den Wundern der neuen Gesellschaft. Brunos Mutter arbeitete rund um die Uhr, erst in einer Schneiderei, dann im Kriegsversehrtenheim und später in der Schulspeisung. Anfang der Fünfzigerjahre eröffnete sie einen Fußpflegebetrieb zu Hause in Ebersberg. Die Sperrholzkabine, in der sie ihre Anwendungen verabreichte, stand mitten in einem der beiden Wohnräume. Wenn Kundschaft kam, mussten ihre Jungs ganz still sein oder das Weite suchen.

So hat meine Mutter dieses Alltagsgeschäft der Nachkriegszeit, das ein übles, brutales Geschäft war, allein gemeistert. Bruno erlebte Tag für Tag, welchen Preis ihre Mutter dafür zahlte, Versorgerin, Erzieherin, Mutter und Vater zugleich zu sein. Zu viele Mühlsteine, die sie gleichzeitig schleppen musste auf einem Grat, der nie ein Ende nahm. Wie im Albtraum stand er einmal mitten in der Nacht an ihrem Bett, als sie wegen ihrer Magenkoliken glaubte, sterben zu müssen. Zusammen mit seinen Brüdern begann er bald, sich für die Mutter verantwortlich zu fühlen. Sie mussten alles Unheil von ihr fernhalten.

> Wir passten auf, dass wir nicht zu viel Stress machten, gaben Obacht und nahmen Rücksicht. Sonntags zu sagen, ich habe keine Lust, mich ordentlich anzuziehen und spazieren zu gehen, das war undenkbar. Bei einem Vater hätte ich mir das so vorgestellt, dass der sagt, das will ich so und so und du machst das. Dagegen hätte man kämpfen können. Aber so eine arme Frau, vom Leben geschunden, nervlich immer überfordert, tendenziell verzweifelt, magenkrank. Wie soll man bei so jemandem nein sagen?

Die drei Brüder passten sich an, um das Gespenst von Mutters Krankheit, das sie alle bedrohte, in Schach zu halten. Drei Jungs wie stille Schutzengel.

Mit dem Tod von Hanns Ludin im Dezember 1947 hatte seine älteste Tochter Erika eine neue Rolle übernommen. Bis dahin war sie die Lieblingstochter des Vaters gewesen. Nun war sie mit vierzehn Halbwaise geworden, sollte aber die Große, Starke und Vernünftige sein, der Mutter mehr Partnerin als Tochter. Wie eine zweite Erwachsene in der siebenköpfigen Ludin-Familie. Die Beziehung zwischen Tochter und Mutter kühlte sich durch Erikas lange Aufenthalte im Internat keineswegs ab, sondern sie wuchsen im stetigen Briefverkehr immer enger zusammen.

Sie vermissten sich gegenseitig, die Mutter mit den fünf jüngeren Kindern im »Schlösslehof« bei Ostrach, die Tochter unter den Klassenkameradinnen in Salem. Sie schrieben sich Briefe, in die sie ihre Gefühle legten, die kleinen Nöte und die großen Ängste. *Du fehlst sehr*, schrieb die Mutter an ihre halbwüchsige Tochter. Ein wichtiger Name jedoch tauchte in diesem Briefwechsel, der ein Leben lang fortging, so gut wie niemals auf: Hanns Ludin, der tote Ehemann und Vater, um dessen langen Schatten beide einen Bogen machen, als wäre nichts geschehen oder als würde man weiter auf ihn warten. Für diesen Verlust fanden beide keine Worte.

Nichts davon ahnten die Ärzte im Tübinger Klinikum, die Erika Ludin im Frühjahr 1948 drei Monate lang auf der Suche nach den Ursachen ihres plötzlichen Übergewichts einer Vielzahl von Untersuchungen (Schilddrüse, Stoffwechsel, Nieren) unterzogen. Sie nahmen ihr Blut ab, jagten Insulin in ihren Körper und verabreichten ihr eine »perirenale Luftfüllung« mit Betäubung in den Rücken und Sauerstoffinjektionen in die Nieren. Endlose Wochen verbrachte Erika bei Apfeldiät zwischen Östrogenspritzen und homöopathischen Schilddrüsenpräparaten. Sie bekam wenig Besuch. Die Zeit vertrieb sie sich mit dem Stricken von Strümpfen.

Niemand im Krankenhaus kam auf die Idee, sie nach ihren Erlebnissen der letzten Monate zu fragen. Dabei war es keine sechs Wochen her, dass Erika Ludins Vater in einem Gefängnis in der Slowakei als verurteilter NS-Kriegsverbrecher gehenkt worden war. Die Gedanken an den Vater beherrschten ihren Geist wie ihren Körper. Aus dem Krankenhaus schrieb sie auf väterlichem Briefpapier mit seinen Initialen. Von ihrer Mutter orderte sie die Abschrift seiner Briefe, um sich im Krankenhaus darin vertiefen zu können, und wurde unwirsch, je länger diese nicht eintrafen. *Du bist ein zerstreuter Professor, statt dem dicken schwarzen Heft, wo ich für mich Vatis Brief abgeschrieben hatte, schickst du mir ein leeres Heft, das ich von Großmutter zu Ostern bekommen habe.*

Keiner wollte sehen, was offensichtlich war, wie Erika Ludins Tochter Alexandra Senfft in ihrer Familiendarstellung später festhält. Als Erika nach ein paar Monaten ohne plausible Diagnose entlassen wurde, kehrte sie zurück ins Internat. Auch dort blieb sie mit dem Verlust allein, da niemand sie darauf anzusprechen unternahm. Hinter ihrem Rücken tuschelten die Kinder jedoch über die Hinrichtung des Vaters, die sich herumgesprochen hatte. Während ihre Geschwister glauben sollten, der Vater sei wie andere Männer im Krieg gefallen, hatte die Mutter einzig ihr, Erika, die Wahrheit anvertraut über seine Hinrichtung am Würgegalgen.

Immer wieder kreisten Erikas Gedanken um diese qualvolle Art zu sterben. Eine Erklärung, weshalb der Vater auf diese Weise umkommen musste, bot ihr die Mutter weder damals noch später. Der gute Mensch Hanns Elard Ludin war unschuldig gestorben, wie die Witwe Erla Ludin stets verkündete. Nur einer Schulfreundin gegenüber offenbarte Erika einmal, was sie hinter dieser Familienlegende erahnte: *Er ist wohl kein so'n Guter gewesen.*

Da sie von ihrer Mutter nicht mehr als diese Gemeinplätze geboten bekam, blieben ihr ein paar Bilder. Eines dieser Fotos war in den späten Dreißigerjahren aus Anlass des Besuchs von Adolf Hitler beim damaligen SA-Obergruppenführer Hanns Ludin in Stuttgart entstanden. Der Vater nahm diese Gelegenheit wahr, um dem Führer und Reichskanzler seine beiden Töchter Erika und Barbel vorzustellen. Dieses Bild ist in der späteren Familiengeschichte von Alexandra Senfft abgedruckt und beschrieben:

> Eri und Barbel sind ordentlich hergerichtet, Eri hat geflochtene Zöpfe. Hitler und Hanns, beide in Uniform, stehen vor den Mädchen, um sie herum viele Uniformierte. Der »Führer« beugt sich väterlich lächelnd zu Eri herunter und ihr Vater schiebt sie mit einer Hand, die in einem dicken, ledernen Handschuh steckt, näher zum Diktator hin.

Hanns Ludins Gesicht strahlt auf diesem Bild, vom Vaterstolz wie von der Nähe zum Herrscher des Reiches. Hitler und er wirken wie Vertraute auf Augenhöhe, während die Körpersprache der beiden Mädchen Unbehagen verrät. Das Motiv der Kinder des Obergruppenführers beim Hitlerbesuch in Stuttgart erschien hinterher in einer Zeitschrift.

Von den Briefen, die ihr Vater ihr nach seiner Verhaftung aus seinen Gefängnissen geschrieben hatte, las Erika den einen immer wieder. Er datierte vom September 1946. Zu diesem Zeitpunkt musste Hanns Ludin bereits damit rechnen, seine Familie lange oder gar nicht mehr wiederzusehen. Von tiefem Ernst war dieser Brief getragen, nicht aber vom Abschiedsschmerz eines Vaters gegenüber seiner geliebten Tochter. Eher war es, als würde ein Schulleiter seinem noch ungefestigten Lieblingsschüler den Weg ins rechte Leben weisen wollen. Der Vater dozierte von weiblicher Zurückhaltung und Selbstdisziplin. *Wahrheitsliebe, Gerechtigkeit, Geduld und Ausdauer, Verschwiegenheit, Selbstbeherrschung und Härte gegen sich selbst, Tätigkeitssinn.* Anständig bleiben, nützlich sein, sich nicht nach vorne drängen. Es war ein Hohelied der Haltung, das er Erika mitgeben wollte, ein Buch der Warnungen. Hanns Ludin kannte seine Tochter gut genug, um zu wissen, dass er darin ein Gegenbild zu ihrem Charakter entworfen hatte. Am Ende schrieb er:

> Wenn es schiefgeht, hast du kein Recht, dich über irgendjemanden und irgendetwas zu beklagen; das ist eine harte, aber klare und notwendige Erkenntnis. Je früher man von ihr durchdrungen ist und entsprechend handelt, desto besser. Deshalb haben diese Ratschläge auch nur bedingten Wert. Du kannst sie befolgen oder auch nicht. Wahrscheinlich wirst du sie nicht befolgen.

Dies war das Vermächtnis von Hanns Ludin an seine damals 13-jährige Tochter Erika. Auch wenn sie sich bei der Lektüre dieses Briefes immer wieder vornahm, seinen Ansprüchen gerecht zu werden, hatte ihr späteres Leben kaum Ähnlichkeit mit Vaters Pflichtenprogramm.

Nach dem Ende ihrer Internatszeit 1950 verlegte Erika Ludin ihren Lebensmittelpunkt nach Hamburg. Anlass dafür war die Begegnung mit einem SA-Kameraden ihres Vaters, der mit ihm als Attaché an der Deutschen Gesandtschaft in Pressburg gewesen war. Anders als Hanns Ludin war er nach dem Krieg ungeschoren davongekommen. Er hatte in den Harburger Bergen vor Hamburg einen pharmazeutischen Betrieb gegründet, in den er

Erika Ludin aufnehmen wollte. Seinem ehemaligen Vorgesetzten fühlte er sich verpflichtet.

Erika nahm die Kameradenhilfe gern an, die sie auf der Reise von Süden nach Norden begleitete. An jeder Station wartete ein anderer Herr aus dem alten Netzwerk, hier ein SA-Führer, da ein ehemaliger Offizier, dort ein Legationsrat oder Männer aus der Deutschen Gesandtschaft. *Das waren wildfremde Leute und trotzdem kamen sie mir schnell wie alte Bekannte vor.* Alle waren zuvorkommend, alle halfen der kleinen Ludin ein Stückchen weiter. Erika spürt in ihnen den harten Nazi-Kern. Sie wunderte sich, wie viele Freunde ihres Vaters mit Glück davongekommen waren, im Gegensatz zu ihm selbst. Gierig saugte sie auf, was diese Leute ihr über ihren Vater zu berichten hatten. Es war ausschließlich Schmeichelhaftes.

In Hamburg begann für sie ein neues Leben. Der »New Look«, die Mode der Zeit, war wie für sie gemacht. Erika Ludin war längst kein pummeliger Teenager mehr, sondern eine blendend aussehende Frau mit einem ausgeprägten Stilgefühl. Mit großen Schritten trat sie aus dem Grau der Nachkriegsjahre ins Licht der Großstadt. Sie rauchte ihre erste Zigarette, nahm ihre ersten Cocktails und verschlief ihre ersten Kater. Männer wurden auf sie aufmerksam. Männer umschwirrten sie. Welchen Eindruck sie hinterließ, schilderte später ihre Tochter Alexandra:

> Wenn sie so dasteht – ihre schönen Beine unter kniekurzem Rock zur Schau gestellt, lässig an einer Wand lehnend, die Zigarette einen Hauch lasziv zwischen den Lippen – und einen Betrachter mit ihren lebhaften Augen, hinter denen sich eine tiefe Sehnsucht und Traurigkeit verbergen, anblickt, ist fast jeder berührt.

Curd, so heißt es weiter in der Familiengeschichte, der ältere Mediziner, ließ nicht locker, aber sein Rivale war Schwede und hieß Sven. Einmal ging sie mit beiden gemeinsam aus. Dazwischen drängte sich Lars, aber als Curd mit einem neuen Volkswagen daherkam, schlug ihr Herz wieder für ihn. Sie begannen zu reisen, nach Süddeutschland, Österreich, Jugoslawien.

Immer wieder aber drängte sich das Bild des verlorenen Vaters in ihre Gedanken. Nie konnte sie über ihn sprechen, ohne dass ihr die Tränen kamen. Seine mahnenden Worte hatte sie nicht vergessen. *Ich glaub, ich muss aufpassen, dass ich nicht anfange, leichtsinnig zu werden und zu spielen. Vatis Brief ist mir zurzeit so viel wie noch nie.*

Am Ende war es Heiner, der erfolgreiche Junganwalt, der das Rennen machte. Sie heirateten Ende 1950 und gingen auf Weltreise. Aber es war nicht das glückliche Ende einer langen Suche, wie sowohl Erika selbst als auch ihre Mutter Erla Ludin gehofft hatten. Ihr Leben pendelte weiter zwischen mondäner Geselligkeit, tiefen Leidenschaften, Abstürzen und Enttäuschungen. Gemessen am Moralkatalog ihres Vaters, den dieser aus der Haft als angeklagter Kriegsverbrecher für sie geschrieben hatte, scheiterte sie in nahezu allen Punkten.

Zwischen ihr und ihrer Mutter Erla, ohne die sie nicht glaubte, existieren zu können, gingen die Briefe weiter hin und her. Sie zankten und vertrugen sich, ein ums andere Mal. Ihre Symbiose endete erst, als Erla Ludin im Mai 1997 mit 91 Jahren starb. Über den Vater und Ehemann hatten sie nie gesprochen. Ein Jahr später starb ihre Tochter Erika.

Allein in einer neuen Klasse, an einer neuen Schule, in einer neuen Stadt. Und das mitten im Schuljahr, am 1. März 1952. Jeder Schüler hatte längst seinen Platz eingenommen. Alle waren sortiert in Banknachbarn und Pausengrüppchen. Die Klasse war wie eine Festung zusammengewachsen. Selbst wer nicht gern hinging, war irgendwie Teil des Ganzen. Einsam war nur, wer neu dazukam. Einsamer ging es nicht.

Der Rektor schritt durch den Schulflur voran. Gisela schlich hinterher. Ihre Mutter Emilie Edelmann hatte unlängst die ersehnte Wohnung für »Evakuierte« in München zugewiesen bekommen, dann musste es schnell gehen. Sie holte ihre Tochter aus Bad Tölz zu sich. Dort hatten die Ordensschwestern auf der Mädchenschule Gisela unterrichtet. Männer als Lehrer waren ihr unbekannt. Vor dem Rektor hatte sie Angst, mehr aber noch vor den Schülern, als sie ins Klassenzimmer trat. Alle glotzten sie an. Sie sah drei Mädchen- und zwei Bubenreihen vor sich, voll bis auf einen Platz in der vorletzten Reihe, wo ein Junge allein saß. Dorthin musste sie sich setzen; als hätte dieser leere Stuhl auf sie gewartet.

> Die Buben feixten, die Mädchen kicherten, und ich habe mich so geschämt. Ich tat so, als ob ich nicht merkte, dass die beiden Buben hinter mir mich sofort an meinen langen blonden Zöpfen zogen. Immer fester, weil sie natürlich auf mein Jammern warteten. Ich habe keinen Mucks gemacht; keinen Schmerz zu zeigen war für mich eine leichte Übung.

Schlimme Augenblicke waren das, aber der schlimmste kam noch. Die Lehrerin blickte von ihren Unterlagen auf und fragte sie nach dem Namen ihres Vaters. Der fehlte in den Papieren. Nun stieg Gisela das Blut in die Wangen. Sie konnte ihn nicht sagen, denn sie wusste den Namen nicht. Da lachten sie laut auf in der Klasse, ein paar schlugen sich auf die Schenkel vor Vergnügen. Was für ein Landei, das nicht mal den Namen vom Vater kennt! *Ich saß da mit knallrotem Kopf, und ich wusste jetzt sicher, was ich schon immer geahnt hatte: Etwas stimmte mit mir nicht.* Den Namen hatte man ihr nie gesagt, nur dass er vermisst war. Sie selbst hatte ihn doch nie gesehen. Der ist in Russland vermisst, diesen Satz flüsterte sie schließlich hervor. Als das Gelächter verstummte, hörte sie einen Schüler murmeln, dass das doch kein Grund sei, den Namen des Vaters nicht zu kennen.

Gisela Edelmann war neun Jahre alt, als sie zu begreifen begann, was mit ihr nicht stimmte. Es hatte mit ihrem Vater zu tun. Und mit ihrer Mutter. Als es einige Zeit später wieder ein Schulformular auszufüllen gab, bestand sie darauf, dass ihre Mutter den Namen vor ihren Augen aufs Papier setzte. Die tat es mit Widerwillen. Ernst Kemper, so las sie da in Druckbuchstaben. Zum ersten Mal sah sie den Namen jenes Mannes, der ihr Vater war. Sie sprach ihn mehrmals vor sich hin. Ernst Kemper. Ihre Mutter war schweigsam geworden. Kemper, Edelmann. Gisela wurde bewusst, dass ihre Mutter nicht mit diesem Mann verheiratet gewesen sein konnte. Dass sie selbst damit als uneheliches Kind gelten musste, war eine Schande, so viel war ihr klar. Nun glaubte sie die Heimlichtuerei ihrer Mutter um diesen Mann und ihre Geburt besser zu begreifen.

Erst mit drei Jahren hatte sie erfahren, dass Emilie Edelmann ihre Mutter war. Die hatte sie in einem norwegischen »Lebensborn«-Heim in Norwegen zur Welt gebracht. Zurück in Bad Tölz hatte sie Gisela mal als norwegisches Waisenkind, mal als ihre Nichte ausgegeben. »Norwegerkind«, bekam sie hinterhergezischt, wenn nicht gar »SS-Bankert«, wie von ihrem Onkel Dunkel hatte das Kind geahnt, dass das alles mit dem vermissten Mann zusammenhängen musste. Jetzt hatte sie einen Namen. Ihre Suche nach ihm hatte begonnen.

Sie musste hinnehmen, dass ihre Mutter ihr dabei nicht helfen wollte. Als im Sommer 1955 Bundeskanzler Adenauer bei seinem Moskau-Besuch die Rückführung der letzten 10 000 Kriegsgefangenen ausgehandelt hatte, keimte in Gisela der Gedanke, Ernst Kemper könnte in einem der Rückkehrerzüge aus Russland sitzen. In den Zeitungen sah sie die Bilder der Gestalten, die in Berlin aus den Waggons stiegen. Dabei dachte sie an ihren Vater. An dem Tag, an dem die Transporte in München ankommen sollten, lehnte ihre Mutter es rundheraus ab, mit ihr zum Bahnhof zu gehen. Er hätte sich doch gemeldet, wenn er käme; er stünde auf keiner Liste, ja es gäbe nicht einmal ein Foto von ihm. Emilie Edelmann hielt es für nicht der Mühe wert.

Allein ging Gisela nach der Schule zum Hauptbahnhof, wo sich Hunderte oder Tausende auf den Bahnsteigen drängten, für die der Krieg kein Ende gefunden hatte. Schweigen lag über diesem Meer aus angespannten Gesichtern. Männer und Frauen, Junge und Alte hielten Pappschilder mit Namen hoch. »Wer kennt Heinz Müller, geb. am 12.3.15 in München?«, »Vermißt: Rudolf Winter, aus Rosenheim, letzte Nachricht: Ukraine«. An ihre Schilder hatten sie Fotos geklebt von Männern in Uniform, mit Mütze oder Stahlhelm, Gesichter von noch unbesiegten Soldaten. Daran hätte sie denken müssen, schimpfte Gisela in sich hinein. Ein Plakat mit seinem Namen, an dem sie sich hätte festhalten können wie die anderen. Aber nur eine Pappe mit dem Namen »Ernst Kemper« drauf? Kein Foto dazu. Kein Geburtsdatum, keine Einheit, keinen letzten Ort. Sie hatte nichts, nicht einmal jemanden, der mit ihr wartete.

Der einfahrende Zug brachte die Menge in Bewegung. Mützen winkten aus den Fenstern, verschlissene Wehrmachtsmützen oder Russenmützen aus dem Lager. Gisela sah die grauen Männer aus den Wagen steigen, die erst einmal wie verloren auf dem Bahnsteig stehen blieben. Verlegenheit in mageren Gesichtszügen. Einzelne gingen auf die Wartenden zu. Wie Lappen hingen die Hosen an ihren Körpern, die gesteppten Anoraks, wie man sie aus den Zeitungsberichten kannte. Sie hörte den Aufschrei einer alten Frau, die einem Mann um den Hals fiel, Vornamen gestammelt wie Beschwörungen. Manche standen da wie angeschraubt, die Hand vor den Mund geschlagen, die Augen aufgerissen beim Anblick desjenigen, der da entgegenkam. Es gab die, die schluchzten, und es gab die anderen, die sich still in den Armen hielten, die nur Blicke statt Worte füreinander hatten.

Wie habe ich die Kinder in meinem Alter und die Jugendlichen beneidet, die verlegen lächelten und hölzern die Arme nach einem dieser fremden Männer ausstreckten, wenn die Mutter rief: »Schau, das ist dein Vater!« Ich sehe noch das etwa gleichaltrige Mädchen neben mir stehen, in einem ähnlichen Mantel – mit Schottenkaro gefütterte Kapuze –, wie es plötzlich hochgehoben wird und die Arme um einen fremden Hals schlingt und die Tränen über ein faltiges Gesicht rinnen, und die knochigen Hände schwenken sie einmal im Kreis, dass ihr blonder Pferdeschwanz fliegt. Ich sehe noch die derben Hände, rau und rissig, mit schmutzigen Fingernägeln, die endlich eine Tochter festhalten können!

Irgendwann stieg keiner mehr aus dem Zug aus. Gisela stand unter denen, die sich leergehofft an ihre Pappschilder klammerten. Manche Heimkehrer warfen einen Blick darauf und schüttelten den Kopf. Eine Frau kam ins Gespräch mit einem, ein befreites Lachen, dann gingen sie zusammen davon. Als sich die Menschen irgendwann verlaufen hatten, machte sich Gisela auf den Heimweg. *Als meine Mutter am Abend nach Hause kam, fragte sie nicht einmal, ob ich tatsächlich am Bahnhof gewesen sei.* Gisela aber hatte eine Erkenntnis mitgenommen von dort. Sie brauchte ein Foto.

Es gab die Oma in Weimar. Sie war die Mutter ihres Vaters, zu der es immer einen losen Kontakt gegeben hatte. Sie war sogar im Sommer 1944 einmal nach Bad Tölz gekommen, um das Kind ihres Sohnes zu sehen. Von diesem Besuch existierte eine Aufnahme, auf der eine zierliche Frau mit hellem Haar gemeinsam mit Gisela neben einem Rosenbeet steht. Ein weiteres Mal kam diese Oma aber nicht, denn zwischen Weimar und Bad Tölz war die deutsche Grenze gewachsen, die das verhinderte. Aber sie schrieb ihnen Postkarten, die Gisela aufbewahrte. Auf deren dünnem Papier waren Goethes Gartenhaus, das Schillerhaus oder das Denkmal vom Weimarer Nationaltheater zu sehen.

Zweimal im Jahr, zu Geburtstag und Weihnachten, schickte die Oma ein Päckchen mit einem Buch, schlecht verarbeitet, aber für Gisela von großem Wert. Sie bedankte sich mit Briefen und selbst gemalten Bildern. Im Herbst 1955, mit den Eindrücken vom Heimkehrerbahnhof im Kopf, bat sie die Weimarer Oma um ein Foto ihres Vaters. Lange musste sie auf eine Antwort warten, bis ein Brief mit freundlichen Worten und einem Bild im Kleinformat ankam.

> Ein strahlender junger Mann mit ausladenden Kniebundhosen und hohen Stiefeln, hemdsärmelig und an beiden Armen eine lachende Frau. Die kleinere, die ihm gerade mal bis zur Schulter ging und stolz zu ihm aufblickte, erkannte ich, das war die Frau vom Rosenbeet, und die andere, die jüngere, das sei seine Schwester, erfuhr ich aus dem beiliegenden Schreiben und auch, ich solle sorgfältig umgehen mit dem Bild, es sei eines der wenigen, die sie noch besaß.

Mit ihrer Briefmarkenlupe studierte sie das Gesicht mit den gleichmäßigen Zähnen unter streng gescheiteltem hellblondem Haar. Sie glaubte sich darin selbst wiederzuerkennen. Ihre Mutter warf einen langen Blick durch die Lupe, sagte aber nicht viel dazu. So klein war das Foto, dass es in das Klarsichtfach ihres Geldbeutels passte, wo Gisela es Jahre mit sich trug, bis er ihr gestohlen wurde. Sie weinte über den Verlust, als hätte sie den Vater noch einmal verloren. Sein Gesicht hatte sie bis dahin so oft betrachtet, dass sie es für immer vor sich sah. Heimkehrer kamen da schon lange keine mehr. Sie begann sich damit abzufinden, dass ihr Vater tot war. Ihre Mutter weiter nach ihm zu befragen brachte nichts. In ihren Tagträumen fand sie Wege, ihn zurückkommen zu lassen. Mit ihrer Sehnsucht nach einer heilen Familie, mit Vater, Mutter und Geschwistern, blieb sie allein.

Auf der Suche nach ihrer Herkunft stieß Gisela Edelmann

auf immer neue Wendungen, für die sie niemals Erklärungen bekam. Das eigentliche Rätsel in ihrer Kindheit war nicht ihr verschwundener Vater, sondern die anwesende Mutter. Ihre Person war umwoben von einem Schleier, mit dessen Hilfe sie sich von der Vergangenheit abschottete. Ihre immer neuen Täuschungsmanöver dienten dem Ziel, sich die Dinge vom Hals zu halten, die ihr an ihrem verworrenen Leben zu viel geworden waren. Doch je älter das Kind wurde, desto mehr drang es auf Antworten, ohne die es sich selbst nicht begreifen konnte. Antworten auf Fragen, die ihre Mutter von sich fernhielt.

Zum ersten Mal war es wohl so gewesen, als ihre Mutter von der US-Militärpolizei für Monate in Nürnberg interniert wurde. Nicht anders war es mit der sieben Jahre dauernden Liebesaffäre ihrer Mutter mit dem NS-Diplomaten Horst Wagner, die 1947 im Nürnberger Justizgefängnis ihren Ausgang genommen hatte. Als ihm in Deutschland der Prozess als Kriegsverbrecher drohte, hatte ihm Emilie Edelmann zur Flucht nach Italien verholfen. Jahre danach reiste sie als seine Geliebte regelmäßig über die Alpen.

Ihre Tochter daheim wunderte sich, wie viel Urlaub ihre Mutter in Italien verbrachte. Erst 1954 hörten diese Reisen auf. Horst Wagner hatte Emilie fallen lassen. Gisela hatte bis dahin von der Liebe ihrer Mutter so gut wie nichts erfahren. Einmal war sie Wagner begegnet, ohne zu wissen, wer er war. Sie war vier Jahre alt, als er für eine Nacht nach Bad Tölz gekommen war. Gisela war in Schrecken erstarrt, dass dieser Mann ihr die Mutter wegnehmen würde. So heftig wehrte sie sich gegen ihn, dass ihr die Mutter vom Kinderheim in Bairawies zu sprechen begann.

Ich durfte niemandem von ihm erzählen. Es war ein Geheimnis, dass er uns besucht hatte; wenn das jemand erführe, kämen die MP-Soldaten mit den weißen Helmen und Gamaschen erneut

> und würden meine Mutter wieder mitnehmen nach Nürnberg. Diesmal käme sie nicht so schnell zurück, und ich müsste endgültig nach Bairawies. Natürlich habe ich geschwiegen.

Für Gisela Edelmann blieb er ein geheimnisvoller Fremder, von dem sie nur den Schatten einer einzigen Begegnung im Gedächtnis behielt. Bis er eines Tages unvermutet wieder auftauchte. Bevor sie 1953 in ein Münchener Gymnasium eintrat, wünschte sie sich anstelle ihres Kinderranzens eine Schultasche. Ihre Mutter legte eine schwarze Aktenmappe aus Rindsleder auf den Tisch, die den Duft alter Schuhcreme verströmte. Die Tochter öffnete die Schnappverschlüsse auf der Vorderseite. Auf der Innenseite der Tasche stand in blauer Tinte ein Name geschrieben: Horst Wagner. Die Mappe von Mutters Geliebtem, die diese aufbewahren sollte, bis er wiederkam, irgendwann. Ein knapper Satz zu ihrer Zeit in Nürnberg, mehr sagte die Mutter nicht. Aber sie sah glücklich aus dabei. Gisela trug die schwarze Mappe bis zu ihrem Abitur.

Fremder Mann im Flur

Im Krieg hatten sich die meisten Kinder daran gewöhnt, dass Männer ständig weg waren. Gelegentlich kamen sie auf Besuch, brachten Gerüche von Leder und Schweiß, Bartstoppeln kratzten auf Kinderwangen. Dann warfen sie Uniform und Stiefel von sich, stellten ein paar ungelenke Fragen und gingen alsbald wieder fort. Dann und wann schickten sie Postkarten aus dem Feld, mit denen nicht viel anzufangen war, die aber die Kinder auf Geheiß der Mutter beantworten mussten. Unklar blieb, was sie dort taten, »im Feld«, »an der Front«, wie es dort aussah und wofür das alles gut sein sollte.

Klar war hingegen, dass es sich ohne die Männer besser lebte, nur mit Mutter, Großmutter und Tanten. Die erteilten ihnen Aufträge, die sonst nur die Großen erledigen durften. Das Gefühl, gebraucht zu sein, nahm nach dem Kriegsende vorübergehend noch zu. Kinder halfen mit, Lebensmittel und Kohlen zu organisieren, das Haus in Schuss zu halten und die Geschwister zu versorgen. So früh Verantwortung zu verspüren ließ das Selbstvertrauen wachsen.

Dagegen schrumpfte in ihren Augen die Welt der Großen zusammen. Die hatten den Krieg verloren. Jetzt waren sie nicht mehr die, die alles wussten, immer recht hatten und das laute Wort führten. Wie auf Verabredung dämpften sie ihre Stimmen zum Flüstern und leugneten, wofür sie gestern gebrüllt hatten. Die plötzliche Ohnmacht der Erwachsenen war eine einschneidende Erfahrung. Aber erst als die Väter heimkehrten, stellte sich die Welt der Kinder vollends auf den Kopf. Hier kamen jene zurück, denen alles misslungen war, die aber trotzdem den Platz neben der Mutter und das Sagen in der Familie beanspruchten.

Auf einmal drehte sich alles um einen, der ungebeten im Flur stand wie ein Dahergelaufener. Knochig und grau, mürrisch und dünnhäutig. Väterliches Verständnis war von diesen Gestalten kaum zu bekommen, die an ein Leben in militärischer Routine gewohnt waren. Vielmehr wurden die meisten in der Heimat zu Zuchtmeistern ihrer Kinder. Manche beneideten darum die anderen, deren Väter nicht zurückgekommen waren. Der Vater war der Gegner, gegen den sich alles richtete. Wie sehr die deutsche Katastrophe von 1945 die Gesellschaft im Inneren erschüttert hatte, erlebten viele Kinder erst, als der Vater zu ihnen nach Hause zurückkehrte. Mit Verzögerung kamen die Wut, Verwirrung und Bedrohung auch bei ihnen an.

Das erste Bild zeigt Ute Boller auf einem Stuhl sitzend, ihre Hände hält sie im Schoß verschränkt. Die Füße stecken in Lackschühchen. Ihre beiden Zöpfe sind mit weißen Zierschleifen hochgebunden. »Affenschaukeln« waren 1949 modern. Das kleine Mädchen wirkt adrett, als könnte man die Seife riechen, mit der es sich kurz zuvor waschen musste. Ihre Augen blicken wie erstarrt zum Betrachter. Ihr Mund lächelt nicht. Neben dem Bild stehen einige Zeilen in Versform:

Hier hat die Mutter – abgehetzt –
die Tochter einfach abgesetzt.
Zum kleinen Mädchen sie dann spricht:
»Da bleibst du, und du rührst dich nicht!«
Das Mädchen, »Ute« wird's genannt,
bleibt auf dem Stuhle wie gebannt.
Es harret des, was kommen mag,
denn heute ist ein großer Tag.

»Der Spätheimkehrer« heißt die Geschichte, die das vierjährige Mädchen Ute Boller erlebt und ein halbes Jahrhundert später, mit Ende fünfzig, aufgemalt hat, aus Anlass des sechzigsten Geburtstags ihres Bruders. Ihr Bilderbuch erzählt die Geschichte der Familie Boller in zwei Teilen. Die erste Hälfte behandelt in Reimen den Tag der Heimkehr des Vaters im Jahr 1949. Die zweite Hälfte schildert Szenen aus dem Familienleben bis 1955 in ungereimten »Elfchen«, einer literarischen Kurzform. Vierzehn großformatige Zeichnungen begleiten den Text in klaren Linien aus leuchtenden Wachsmalkreiden.

Diese Bilder von großer suggestiver Kraft vermitteln zusammen mit den Versen eine Atmosphäre des Beängstigenden. *Ich habe das gemalt, so wie ich es in Erinnerung hatte. Aber ich hätte noch viel giftigere Farben nehmen können. Dieser dunkle Mann! So war die ganze Kindheit.* In Form und Sprache erinnert es an das berühmteste deutsche Bilderbuch über Kinder, die nicht artig sind. An den Struwwelpeter, den Suppenkasper, an Paulinchens Spiel mit dem Feuer, an den Daumenlutscher: »Konrad, sprach die Frau Mama, ich geh aus und du bleibst da.« Keine dieser Geschichten endet heiter.

Weil die Rückkehr ihres Vaters ein solcher Einschnitt für Ute Boller war, hat sie darüber ihr eigenes Bilderbuch verfasst. Weil sich zweitens diese Geschichte in millionenfachen Varianten in Deutschland abgespielt hat, gab die Autorin ihr den Untertitel »Ein Zeitdokument aus den Nachkriegsjahren«.

Der große Tag, der ihr Leben verändern sollte, war der 13. Dezember 1949. Eine Zäsur, zu der es ein Vorher und ein Hinterher gab. Bis dahin lebte Ute allein mit ihrer Mutter und ihrem Bruder in Gießen, der Universitätsstadt im Herzen von Hessen. Eine als behaglich erinnerte Zeit, in der ihnen die Mutter Marmeladenbrote schmierte, unterdessen sie ihnen beibrachte, mit Messer und Gabel zu essen. Auf der Kommode im Wohnzimmer stand die Fotografie von einem Mann in Uniform, »dem Papa«. Ute, die

Anfang Mai 1945 zur Welt gekommen war, hatte ihn nie gesehen. Sie wusste weiter nichts, als dass sie auf diesen Mann warteten. Manchmal kam ein Brief aus Russland, wo irgendwelche Menschen den Papa gefangen hielten. Darin wandte sich der Vater auch an die Kinder. Ob wohl die Kinder *auch so auf ihren Vati warten. Sicher nicht, denn ich bin ja für sie ein fremder Mann. Doch zu Hause werde ich schon dafür sorgen, dass die beiden bald Vertrauen zu mir haben.*

Zu Utes Verwirrung hatte der Mann auf dem Foto große Ähnlichkeit mit seinem Bruder, ihrem Onkel Richard, der aus dem Krieg längst zu Hause war. Ihr wurde nie recht klar, ob dieser Papa etwa jener Onkel war, der so oft zu ihnen auf Besuch kam. Der Richard-Onkel war ein sanfter, freundlicher Mann. Als ihr echter Vater nach Hause kam, sollte sich diese Verwechslung rasch aufklären. Am 13. Dezember 1949 stieg sie, frisch gewaschen und die Haare zu Affenschaukeln geflochten, gemeinsam mit Mutter und Bruder zu Onkel Richard ins Auto. Nach sechs Jahren Krieg und vier Jahren sowjetischer Gefangenschaft wartete der Vater im Heimkehrerlager Bad Hersfeld darauf, von seiner Familie abgeholt zu werden.

Hermann Boller war 1934 Berufssoldat geworden. Er stammte aus einfachen Verhältnissen und brauchte Geld, um Lisel Schneider, die Tochter des Bahnhofsvorstehers, heiraten zu können. Er nahm am Spanienfeldzug der deutschen »Legion Condor« teil und war im Zweiten Weltkrieg als Funkoffizier bei der Luftwaffe an verschiedenen Fronten eingesetzt. Bei Prag geriet er in sowjetische Gefangenschaft. Im Winter 1949 erfuhr seine Frau von seiner bevorstehenden Entlassung. Sie setzte sich mit ihrem Schwager Richard und den beiden Kindern ins Auto, um ihn nach fünf Jahren Abwesenheit am Tor des Heimkehrerlagers zu empfangen.

Ute Boller war viereinhalb Jahre alt. So vage ihre Erinnerungen bis zu diesem Zeitpunkt sind, so genau blieben ihr die Einzelheiten dieses Tages im Gedächtnis haften. Wie die Mutter ihre

Kinder frisierte, sie noch mal auf die Toilette schickte, wie sie alle in Onkel Richards »Adler«-Pkw stiegen, wie der Onkel auf halber Strecke eine Schnapsflasche hervorzog und die Großen je einen tiefen Schluck zu sich nahmen. Wie sehr ihnen der Frost im ungeheizten Wagen in die Glieder kroch.

Als sie in Bad Hersfeld ankamen, spürte sie zur Kälte die Beklommenheit aufsteigen. Heute sollte sie zum ersten Mal jenen »Papa« sehen, den die Russen so lange festgehalten hatten. Aus dem Lagertor trat schließlich ein Mann, den selbst sein eigener Bruder erst erkannte, als er dicht an sie herangetreten war. Unter dem Arm trug er ein Bündel, am Körper die dunkel wattierte Jacke des aus Russland heimkehrenden Kriegsgefangenen, an den Füßen graue Leinenschuhe. Er hatte keine Ähnlichkeit mit dem schneidigen Papa in Offiziersuniform, wie ihn sich Ute nach den Fotos vorgestellt hatte.

Das Bild zeigt einen großen Mann auf der Schwelle einer leicht geöffneten Tür stehen. Er steckt in einem schwarzbraunen Mantel, auf dem Kopf eine unförmige Riesenmütze mit Ohrenklappen. Augen und Mund sind weit geöffnet. Vor ihm steht winzigklein das Mädchen in hellblauem Rock und weißer Bluse. Die Arme hat sie eng an ihren Körper angelegt. Wie vor Schreck stehen ihre Affenschaukeln zur Seite ab. Der dunkle Mann und das Mädchen. Sie schrieb daneben:

Ute schaut voll Befremden drein,
Der kann doch nicht der Papa sein,
den braucht sie gar nicht zu begrüßen,
der hat ja Schlappen an den Füßen.
Statt Hut 'ne »Batsch-Kapp«, welch ein Graus!
Der sieht wie ein »Schlammbeißer« aus.

Schlammbeiser, mit diesem Ausdruck der Verachtung sprachen die Leute in Gießen von den Asozialen. *Ich hab' mir Dich aber viel schöner vorgestellt!* Ein Satz der Enttäuschung, der Ute aus dem Mund rutschte, brachte Mutter, Vater und Onkel zum Schweigen. Ein schrecklicher, nicht enden wollender Moment der Peinlichkeit. Als sie später den Weg zum Auto liefen, nahm ihr Vater sie und ihren Bruder bei der Hand und zog sie mit ein paar Hüpfschritten hinter sich her. Ute spürte die Verlegenheit in der Geste. Dann fuhr Familie Boller zurück nach Gießen mit dem fremden Vater an Bord. Auf dem Bild ist die Rückfront eines Wagens auf dunkler Landstraße zu sehen. Im Heckfenster rechts der Blondkopf des Bruders und links Utes Affenschaukeln. Dazwischen ein dünner blasser Hals, auf dem der kahle Schädel des Vaters sitzt.

Im »Adler« merket man ihn kaum,
im Leben nimmt er mächtig Raum.
Und allen ist es alsbald klar:
Ab da ist nichts mehr wie es war.

Bei seiner Heimkehr war Hermann Boller mit 37 Jahren ein kranker Mann. Aus der Gefangenschaft brachte er eine chronische Nierenentzündung mit. Auf seinem Entlassungsschein aus dem Lager Bad Hersfeld sind Körper- und Gesichtsödeme sowie die Fraktur eines Brustwirbels verzeichnet. »Dystrophie«, multiple Krankheit aufgrund von Mangelernährung, diagnostizierten die Gießener Ärzte. Aber Boller wollte sich weder von seinem Körper noch von den Ärzten unterkriegen lassen. Den Dauerkopfschmerz bekämpfte er mit Unmengen von Spalt-Tabletten, deren blauweiße Schraubverschlussdosen über die Wohnung verteilt lagen. Er verhöhnte die Winterkälte bei Minusgraden mit kurzen Söckchen und ohne Unterhemd. Er ignorierte seine Ärzte, die ihn wegen Bluthochdruck ins Krankenhaus überweisen wollten.

Sein Rezept war es, den Zumutungen des Lebens mit Härte zu begegnen. *Der Mensch, der alles aushält. Memmen überstehen Kriege nicht.* Wie er selbst den Krieg und die Gefangenschaft erlebt hatte, davon erfuhr seine Familie allerdings nichts. Es war, als hätten diese zehn Jahre in seinem Leben gar nicht stattgefunden. Aber in seinem Verhalten, seinen Werten und Maßstäben konnte er dieses Erlebnis nie verleugnen. Die Härte, die er sich selbst auferlegte, galt auch allen anderen.

Anstelle des Ehemanns voller Einfühlungskraft, den Lisel Boller zehn Jahre zuvor geheiratet hatte, war ein ganz anderer zu ihr zurückgekommen. Die Gründe dafür erfuhr sie nicht, aber sie fragte auch nicht danach. In einer der ersten Nächte nach der Rückkehr hörte Ute in ihrem Bett durch die Wände der engen Wohnung, wie nebenan ihre Mutter dem Vater Zahlen diktierte. Zahlen und nochmals Zahlen, dass es gar kein Ende nehmen wollte. Bis nach Mitternacht drang das Gemurmel in Utes Dämmerschlaf. Am nächsten Morgen war die Mutter wie verwandelt. Was sie da aufzuarbeiten hatten, wollte sie Ute nicht verraten. Die aber merkte, dass sich etwas zwischen sie geschoben hatte, was nicht mehr wegzuwischen war. Eine Trauer und Bedrücktheit, die sie vorher an ihrer Mutter nicht gekannt hatte. *Irgend etwas Komisches war da, das wusste ich. Natürlich habe ich mich dann so verhalten, dass ich meine Mutter glücklich mache. Bis an ihr Lebensende sah ich es als meine Aufgabe, diese Frau wieder glücklich zu machen.*

Im zweiten Abschnitt ihrer Kindheit, der mit der Heimkehr des Vaters angebrochen war, war alles anders als zuvor. Er übernahm das Kommando im Haus. Obwohl Lisel konsequent darauf geachtet hatte, den Kindern Manieren beizubringen, fand Hermann sie verweichlicht. Er wollte sie hart machen, damit sie fähig seien zum Widerstand. Zähne aufeinanderbeißen, Arschbacken zusammen und durch, nicht triefen, nicht jammern. Memmen überstehen Kriege nicht! Dazu waren die Sprüche aus seiner Soldatenzeit gut, um die Kinder wie Soldaten zu erziehen. Deshalb nannte er sie fortan seine »Burschen«. Gehorsam war das oberste Gebot. Gehorsam hatten die Burschen zu sein, wenn es darum ging, die Hunderterdosen mit Spalt-Tabletten von der Apotheke zu holen oder den Lottoschein abzugeben. Sie sollten nichts hinterfragen, denn das Denken, so lernte es der Landser in der Ausbildung, überließ er besser den Pferden, die hatten den größeren Kopf. Andernfalls: in die Fresse, dass die Zähne im Arsch Klavier spielen. In der Familie Boller herrschte die Sprache des Exerzierplatzes.

Angst zu haben war verboten. Auf Angst stand Strafe. Angst vor der bösen Fee, Angst vor der Dunkelheit, Angst vor der Tiefe. Bei einem Urlaub am Bodensee 1954 ruderten sie auf den See hinaus, um dort zu baden. Lisel konnte zwar schwimmen, aber mitten auf dem See, das machte ihr Angst, das wollte sie nicht. Hermann kletterte zurück ins Boot und warf seine Frau ins Wasser.

Irgendwann begann Ute zu ahnen, dass hinter all dem die eigene Angst des Vaters stecken musste, nämlich seine tiefe Angst vor dem Krieg. Immer stand ihm der dritte Weltkrieg vor Augen, in dem Amerikaner und Russen aufeinander losgehen würden, womit das ganze Grauen von vorn begänne. Damit sie dem begegnen konnten, wollte er sie abhärten, furcht- und gefühllos machen. Ute Boller wünschte sich oft, dass dieser dritte Weltkrieg endlich ausbrechen möge. Dann wäre es vorbei mit der Angst vor dem Vater, mit seinem Geschrei und seinen Schlägen.

Es gibt ein Bild in Utes Bildergeschichte, auf dem ein dunkler Mann mit lichtem Haarkranz und riesengroßen Händen um einen Tisch herum einem Mädchen hinterherjagt. Ihre Zöpfe stehen fast waagerecht in der Luft. Ihre Augen sind aufgerissen, der Mund steht weit offen zu einem rot ausgemalten Schrei. Die Farben Schwarz, Braun, Violett, Rot sowie die Linienführung vermitteln den Eindruck, dass Vater und Tochter in einer Welt aus Schrecken umeinanderkreisen, aus der es kein Entkommen gibt. Der Vers dazu beschreibt eine Begebenheit aus der Mitte der Fünfzigerjahre.

Lottoschein,
vergessen abzugeben.
Vaters Lottokönigstraum zerstört.
Verfolgungsjagd um den Tisch.
Schläge.

Während der Vater im Bild seiner Tochter für ewig auf den Fersen bleibt, bekam er sie in der Wirklichkeit zu packen. Sie hatte den Lottoschein nicht weggebracht. Allerdings hatte er ihr diesen Auftrag zuvor nicht erteilt. Ute war es ja verboten, selbständig zu handeln, aber das Protestgeschrei nutzte ihr nichts. Jahre später ging ihr auf, warum dieser Lottoschein für ihn einen solchen Wert darstellte, dass er alles um sich herum vergaß. Es war dieses traurige Leben, von dem er kaum etwas gehabt hatte. So viele Jahre waren ihm zerronnen, und als er mit Ende dreißig nach Hause kam, war er ein geschlagener Mann. Niemals bekam er einen Ersatz für das, was er verloren hatte. So klammerte er sich an den Strohhalm Lottoschein, um endlich auf der Gewinnerseite zu sein. Dieser Schein aber lag seit dem Morgen unberührt auf dem Küchenschrank.

Ich habe geheult und geschrien, weil ich nichts dafür konnte. Aber das war egal. Ich wurde vertrimmt nach Strich und Faden, weil ich den Schein nicht abgegeben hatte. Das war für ihn, als wenn er sonst gewonnen hätte. Aber hat gar nicht gewusst, ob er gewonnen hätte. Das war diese ganze Enttäuschung über sein Leben. Er wurde niemals Lottokönig.

Lange Jahre musste Familie Boller mit wenig Geld auskommen. Anfangs gab es für den Vater nur Hilfsarbeiten, dann war er als Vertreter für eine Heizungsfirma unterwegs. Erst im Jahr 1959 fand er eine staatliche Anstellung als Heizungsinstallateur für Militärkasernen im Odenwald. Hermann Boller war wieder bei der Armee angekommen, aus der er sich selbst niemals entlassen hatte.

Die Rituale der Familie Boller glichen denen der meisten anderen deutschen Familien. An Heiligabend hatte es feierlich zu sein, was Ute als Peinlichkeit empfand, da sie sonst niemals Gefühle zeigen durften, weder Angst noch Rührung noch Freude. An Weihnachten aber mussten die Lichter am Baum brennen. Sie mussten singen und sich gegenseitig die Weihnachtsgeschichte vorlesen. Bei der Stelle mit der schwangeren Maria wollte Ute jedes Mal in den Boden versinken vor Scham. Einmal im Jahr, am 1. Mai, marschierte die Familie morgens um sieben Uhr los zum Schiffenberg, dem Gießener Hausberg am Südostrand des Stadtwaldes. Unterwegs sangen sie ein paar Wanderlieder, bis sie gegen neun Uhr ihr Ziel erreichten. Nach ein paar Stullen und einer Flasche Limonade wanderten sie denselben Weg zurück. Der Feiertag war abgehakt.

Immer sonntags beim Mittagessen spürte Ute die Leere, die im Haus Boller hinter all den Verhaltensregeln gähnte. Sie sollten essen wie im Offizierskasino, so wollte es der Vater. Erst wenn alle still saßen, das Tischgebet heruntergeleiert war, »Kommherrjesusseiunsergast«, wenn er seinen Löffel erhoben hatte, durften sie ihre Suppe essen. Das Essen war zum Mund zu führen, nicht der Mund zum Essen, sonst gab es auf die Finger. Löffelklappern auf Tellerböden, Sägen und Schneiden, Kauen und Schlucken, stumm geneigte Gesichter. Vier Menschen und ihre Tischvorgänge, hörbar gemacht durch das Fehlen von Gesprächen. Ute fürchtete sich vor diesen Momenten, die sich wöchentlich wiederholten. Es waren Momente der Einsamkeit.

> Wenn wir am Tisch saßen, habe ich manchmal das Gefühl gehabt, dass die anderen für mich nicht erreichbar sind. Dass ich ganz alleine bin, obwohl sie alle da saßen. Es war so ein eigenartiges Gefühl von Ungeborgensein. Ich wollte spüren, da ist noch

jemand! Dann habe ich Gespräche angefangen, damit ich wieder in Kontakt mit ihnen komme. Wenn einer geantwortet hat, habe ich nochmal etwas gesagt, nur damit wir in Kontakt bleiben. Dafür bekam ich Redeverbot. Das war ganz schlimm, weil ich dann gar nichts mehr gespürt habe. Als ob niemand mehr da wäre.

Zu diesem Vater konnten Ute und ihr Bruder keine Nähe entwickeln. Niemals war es ihnen möglich, seine Reaktionen einzuschätzen. Er blieb ein Pulverfass. Was er gestern mit Gleichmut aufgenommen hatte, konnte ihn am nächsten Tag vor Wut an die Decke treiben. Sie befanden sich ständig auf der Lauer vor seinen Schlägen.

Abend für Abend vollzog sich im Wohnzimmer der Bollers ein Schauspiel der Verlogenheit, wenn die Kinder zum Gutenachtkuss aufmarschieren mussten. Es ist eine der letzten Szenen im Bilderbuch vom »Spätheimkehrer«, der da beim Schein einer Stehlampe im Sessel sitzt, ohne die Augen von seiner Lektüre zu heben. Hinter ihm sind die Kinder im Schlafanzug angetreten, rosa und blau, die Arme am Körper angelegt. Das Mädchen beugt sich steif hinunter, ihr Mund berührt den kahlen Kopf des Vaters. *Kuss auf Vaters Dünnhautglatze. Schmallippig.* Die Gesichtszüge des Mädchens auf dem Bild sind voller Abscheu.

Als Monika Jetters Vater 1946 heim zur Familie nach Berlin kam, lagen dreißig Jahre auf der Suche nach einem besseren Leben hinter ihm. Als uneheliches Kind war ihm von Anfang an die Schande auf die Stirn gestempelt. Ohne Vater wuchs er auf, die Mutter schob ihn ab zur Großmutter. Kälte und Verzicht bestimmten seine Jugend. Nach seiner Lehre zum Zimmermann, die er anstelle des ersehnten Studiums absolvierte, stand er auf der Straße. Ohne Vater, ohne Familienrückhalt, ohne Perspektiven schien er der geborene Verlierer zu sein, bis er seine Chance im Nationalsozialismus kommen sah. Noch vor Hitlers Machtübernahme war er in die Partei eingetreten. Er wollte raus aus dem Abseits und war bereit, die Eintrittskarte zum Aufstieg um den Preis zu lösen, den sie von ihm forderten.

Dann aber gibt es einen Sprung in der Erzählung. Der Vater, der zur Familie zurückkehrte, als Monika Jetter gerade fünf Jahre alt war, schien früher nur Kind oder Soldat gewesen zu sein. Die Jahre dazwischen blieben lange Zeit eine Leerstelle, nach der niemand fragte. Nur einen Hinweis gab es. *Entweder der Führer oder ich*, vor diese Wahl sollte ihn die Mutter eines Tages gegen Ende der Dreißigerjahre gestellt haben. Was es damit auf sich hatte, behielten beide für sich.

Ein Foto gab es, das ihn 1941 als Soldat in einem Unterstand in Smolensk zeigte. Um seinen Kopf war ein Schal gewickelt. Sonst wusste Monika wenig von ihm. Einmal war er im Heimaturlaub da gewesen, hatte sie und ihre Schwester Erika mit seiner Strenge verwirrt und anschließend wieder der Wärme der Mutter überlassen. Dabei war es geblieben, bis er im Frühsommer 1946 aus der amerikanischen Kriegsgefangenschaft heimkehrte. Sein Traum vom besseren Leben und dem Aufstieg in die höhere Gesellschaft war zerstoben. Die Kameraden waren tot oder in alle Winde zerstreut. Wenigstens seine Familie war noch da.

> Offenbar waren wir das Einzige, was ihm geblieben war. Er hoffte, von uns Anerkennung zu bekommen für das, was er im Krieg geleistet hatte. Wandte er sich an mich, weil sonst niemand, schon gar nicht meine Mutter, zuhörte? Erzählte er mir deshalb vom Krieg, weil er es irgendwie loswerden musste und sich entlasten wollte?

Monika Jetter war noch nicht in der Schule, als ihr Vater ihr zum ersten Mal von seinem Einsatz beim Luftlandeunternehmen »Merkur« erzählte. Er gehörte zu den deutschen Fallschirmjägern, die 1941 über Kreta aus den Maschinen gesprungen waren, um die Insel den Briten, Neuseeländern und Australiern zu entreißen. Während sie zur Erde niederschwebten, wurden viele von ihnen noch in der Luft vom Sperrfeuer abgeschossen. Andere verwickelten sich mit ihren Fallschirmen in Kakteen und Bäumen, bis die Bajonette der Gegner sie zerfleischten. Der Einsatz wurde für die hoch angesehene Elitetruppe zum Desaster. Die Erinnerungen daran ließen Monikas Vater nicht wieder los.

Kurz vor dem Zubettgehen erfuhr sie auf diese Weise von Kakteen und Bajonetten, von Kameraden, die nach dem Sanitäter oder nach der Mama schrien und dabei verbluteten. Mittendrin lag der Vater, in der Gluthitze Kretas umgeben von Sterbenden und Toten. Er erwähnte die Partisanen, die er Leichenfledderer nannte, weil sie den Gefallenen die Eheringe abzogen oder gleich mitsamt dem Finger abhackten. Monika hörte den Hass in seiner Stimme. Sie war fünf Jahre alt, als er sie mit seinen Geschichten überfiel, die sie nicht verstehen konnte und die sie daher umso mehr in Angst und Schrecken versetzten. *Aber nun schnell ins Bett und sag Mutti nichts davon.*

Wie so viele Soldatenväter war auch ihrer als Fremder nach Hause gekommen. Sie brauchte einen Vater, keinen ewigen Kriegshelden. Seine Geschichten vom Sterben wollte sie nicht hören. Wie sollte sie ihn lieben für etwas, das ihr Angst machte. *Ich wollte überhaupt nichts damit zu tun haben, nichts mit diesem Krieg und vor allem mit ihm nicht.* Der Vater aber forderte von seiner Familie Anerkennung für das, was er für seine Sache, für die Heimat und für sie geleistet hatte. Besonders von ihr, seiner Lieblingstochter Monika.

Gewann er so schon nicht ihre Bewunderung, verlangte er zumindest ihren Gehorsam. Der Geist der »Zehn Gebote des Fallschirmjägers«, die er als Soldat hatte lernen müssen, war seine Richtschnur. Den Kampf suchen, jede Prüfung ertragen, keinem Einspruch nachgeben, die Oberhand behalten. Monika bekam diesen Geist zu spüren, mit der er sich sogar in ihrem Poesiealbum verewigte. Zwischen die Blümchen, Herzchen und Erbauungsverse hatte ihr Vater mit Tinte geschrieben: *Mein liebes Kind. Der Himmel bewahr dich vor Wetter und Wind und vor Kameraden, die keine sind.* Eine Botschaft aus einer anderen Welt. Er versuchte nicht, ihr Vertrauen zu gewinnen. Er wollte über sie herrschen.

Der Vater forderte von ihr Mutproben. Bei einem Ausflug am Teufelssee bei Berlin sollte sie von Sandhügeln springen, was sie sich nicht traute. Die Heimfahrt in der S-Bahn verlief schweigend. Eine Woche lang blickte er durch sie hindurch, als wäre sie nicht vorhanden. Er versuchte sie mit Drill in seine Spur zu zwingen, die der Logik des Frontsoldaten folgte. Antreten zum Appell, Ranzen auf, Ranzen ab, Treppen runter und Treppen wieder rauf. Strafarbeiten, Mülleimer scheuern, bis man daraus trinken kann.

Die Rollschuhe, die sie geschenkt bekam, sollte sie nach jedem Lauf auseinandernehmen, so wie der Soldat es mit seinem Gewehr tut, wenn es nach dem Gebot des Fallschirmjägers ging. Wenn Monika beim Zusammenbauen ein paar Schrauben übrig blieben, ließ sie diese verschwinden. Nie wäre sie damit bei ihm durchgekommen. In seiner Welt entschied der korrekte Sitz jedes Schräubchens über Leben und Tod.

> Er schien immer zu »funktionieren«. Sicher wollte er mir damit ein Vorbild sein. Tatsächlich aber wurde er mir dadurch immer fremder, und statt in ihm ein Vorbild zu sehen, schaute ich immer öfter an ihm vorbei. Ich wollte eben nicht sein kleiner, mutiger Kamerad sein. Sein harscher Ton erreichte mich nicht.

Sich fügen oder aufbegehren waren die zwei Wege, auf denen sie seinem Erziehungsapparat begegnen konnte. Doch wenn sie sich zurückzog, setzte er nach mit sinnlosen Exerzierübungen. So entschied sie sich für die Rebellion. Sie gewöhnte sich an sein Geschrei, die Flüche und selbst an seine Schläge. Sogar an die Angst vor ihm gewöhnte sie sich. Seiner Gewalt setzte sie ihren Widerstand entgegen. Zwischen Vater und Tochter wuchs eine Mauer unüberwindlich in die Höhe. Ihre Mutter war am Verzweifeln, jedes Mal, wenn sie dem Vater nicht gehorchte. Warum konnte sie nicht sein wie die ältere Schwester Erika, blass, leise, zart und wachsam, denn wo kein Aufbegehren war, gab es auch nichts zu brechen. Fügsamkeit bedeutete Ruhe, und nichts wünschte sich die Mutter mehr, deren Leben selbst ein Kampf gewesen war. Monika aber hatte sich anders entschieden. Sie hatte den Kampf aufgenommen.

Die Tür zwischen ihr und dem Vater schlug endgültig zu, als Monika neun oder zehn Jahre alt war. Sie hatte zwei Stück Schokolade stibitzt und weigerte sich, es zuzugeben, auch als er ihr ins Gesicht schlug. Selbst dann noch, als er einen Holzgriff mit sieben Lederriemen in der Faust hielt. Sie leugnete, dann schloss sie die Augen, so fest sie konnte. Sie zählte nicht mit, wie oft das Ding auf sie niederging. Ihre Mutter, die abends von der Arbeit aus dem Krankenhaus zurückkam, fand sie in ihrem Bett vergraben. Monika ließ sich fallen in ihre Arme und den sauberen Geruch ihrer Krankenschwesterntracht.

Ich erinnere mich, dass sie sagte: »Ich komme gleich wieder, Moni.« Ich glaubte ihr, sagte aber noch leise: »Lass die Tür offen.« So konnte ich hören, wie sie den Vater in einem Ton anschrie, den ich nie vorher von ihr gehört hatte. Wie unter Schluchzen schrie sie: »Wie konntest du dem Kind das antun? Was ist nur aus dir geworden? Was hat man dort nur mit dir gemacht, dass du so etwas tun kannst?«

Für einen Augenblick war der Nebelschleier aufgerissen, auch wenn Monika nicht recht verstand, welcher Ort mit jenem »dort«

gemeint war. Mutter und Vater schienen es beide zu wissen. Keine Fragen, kein Widerspruch. Nie wieder redete einer von ihnen über den Vorfall.

Als kleines Mädchen saß Monika Jetter oft stundenlang im dunklen Zimmer. Wenn ihre Mutter sie fragte, was sie dort tat, konnte sie keine Antwort geben. Sie vermochte nicht auszudrücken, weshalb sie das Dunkel wie einen Schutz empfand, einen Raum, der nur ihr gehörte. Ein Ort des Rückzugs, an dem sie sicher war vor der Wut des Vaters.

Eine Wand aus Schweigen

Es gehört zum Wesen des Geheimnisses, dass es sich nicht oder nur nach langem Widerstreben offenbart. Über das Kriegsende hinaus hielten viele Menschen eine Wahrheit in sich verschlossen, die sie mit niemandem teilen wollten. Den Untergang der eigenen Welt erlebt zu haben, empfanden sie als Strafe genug. Nun wollten sie nicht auch noch vor ihren Kindern die Schuld dafür tragen. Sie entschieden sich zu schweigen. Gelegentlich stiegen aus dem Ozean der Verdrängung kleine Spitzen des Eisbergs.

Sie teilten sich den Kindern in Andeutungen mit, die jenseits der gesprochenen Worte lagen. Die Familiengeheimnisse prägten das Verhalten der Erwachsenen, ihren Umgang untereinander und gegenüber den Kindern. Da gab es Tabuzonen und verbotene Namen, Orte, Geschehnisse oder Zeitabschnitte, deren Erwähnung heftige Abwehr hervorrief. Andere bedienten sich strategischer Manöver, um sich den Schrecken vom Leib zu halten. In vielen Familien kursierten ein paar ewig gleiche Geschichten, in denen zur Entlastung alle Widerhaken glatt geschliffen waren. Der beunruhigende Kern verschwand in der Watte der Anekdote immer weiter in der Ferne.

In diesem Schweigen unterschieden sich die Opfer nicht von den Tätern und Mitläufern. Viele Überlebende des Holocaust sprachen zu Hause jahrzehntelang nicht über ihre Erfahrungen. Das konnte so weit gehen, dass manche Kinder nie genau erfuhren, wie viele Onkel und Tanten sie ursprünglich einmal gehabt hatten. Ähnliches berichten Nachkommen von Widerstandskämpfern, die in den ersten Nachkriegsjahren mehrheitlich noch im Ruf von Vaterlandsverrätern standen. Auch in diesen Familien waren die Erinnerungen zu schmerzhaft, um sie ohne Weiteres weiterzugeben.

Die Kinder dieser gesamten Schweigegeneration beschlich das unterschwellig wahrgenommene Gefühl, dass etwas nicht stimmte. Verwischte Schemen hinter einer Glastür, die sie nicht öffnen durften. Über Jahrzehnte wucherten diese Tarnversionen, in denen sich die Jungen ebenso verliefen wie die Alten. So wurden aus großen Erwartungen nicht selten große Enttäuschungen, die sich über Generationen fortpflanzten. Erst als der erwachsene Blick der Kinder von einst auf den Alltag in ihren Familien fiel, formten sich in ihnen die Fragen, die sie als Fünf- oder Zehn- oder Fünfzehnjährige nicht zu stellen vermocht hatten.

Im äußeren Erscheinungsbild des Landes spiegelte sich Ende der Fünfzigerjahre immer weniger der Eindruck, als gäbe es da eine Vergangenheit, die nicht vergeht. Die Menschen hatten sich neue Wahrzeichen errichtet, moderne Städte mit geometrischen Grundrissen, die frei waren vom Trümmerstaub. Es gab nicht mehr allzu viele Mahnmale des Vergangenen.

Im Kriegsverbrechergefängnis Berlin-Spandau war die Zeit stehen geblieben. Bis 1945 saßen dort 600 Menschen in Haft. Von 1946 an waren es nur noch jene sieben, die ihre Haftstrafen aus den Nürnberger Prozessen verbüßten. Hinter den Backsteinmauern aus preußischer Zeit bewachten im Wechsel je sechzig Soldaten der vier Siegermächte die Hauptkriegsverbrecher des Dritten Reiches. Deren Tagesablauf war auf die Minute genau geregelt, über vierzig Jahre lang. In der Öffentlichkeit galt Spandau als Kuriosum, das niemand mehr brauchte.

Ende der Fünfzigerjahre waren noch drei Häftlinge übrig. Die anderen waren in den Lebensabend entlassen und wie verkannte Helden empfangen worden. Bundespräsident Heuss und Kanzler Adenauer gratulierten 1954 dem ehemaligen Außenminister von Neurath dafür, dass sein Martyrium ein Ende gefunden habe. Den Kieler Bürgermeister musste die Bundesregierung 1956 davon abhalten, Ex-Großadmiral Raeder nach seiner Entlassung zum Ehrenbürger zu erklären. Auf Karl Dönitz, für 23 Tage Hitlers Nachfolger und letztes Staatsoberhaupt des Nazi-Reichs, warteten am 30. September 1956 vor dem Gefängnistor Hunderte Fotografen und Veteranen, ehe er um Mitternacht über einen Seitenausgang in die Freiheit verschwand.

Häftling »Nummer eins«, nach der Reihenfolge der Zellenbelegung, hatte seine zwanzig Jahre noch nicht abgesessen. Baldur von Schirach war der frühere Reichsjugendführer und NS-Statthalter von Wien. Im Sommer 1958 bekam er Besuch von seinem 16-jährigen Sohn Richard, der ihm zum ersten Mal allein gegenübertrat. Mit polierten Schuhen, Krawatte und gestärktem Hemd schritt er auf das Gefängnistor zu. Er war ängstlich wie vor einer Prüfung. *Abgestorbene, tote Stätten dieser Art betritt man nicht oft im Leben. Ich fühlte mich unwohl und unsicher und auch irgendwie mitverurteilt.* Das Besuchszimmer füllte sich mit Beobachtern, Protokollanten und hohen Vertretern der Vier Mächte. Am Ende warteten zusammen mit dem Jungen zehn unbekannte Personen auf Spandaus »Nummer eins«.

Richard von Schirach unterhielt zu seinem Vater ein Familienverhältnis der besonderen Art. *Es war eine Vaterbeziehung, die nur auf Briefen und den spärlichen Besuchen beruhte, die, wenn es hoch kam, sechzig Minuten in einem Jahr ausmachten.* Drei Jahre war Richard alt gewesen, als sich sein Vater im Sommer 1945 den Alliierten gestellt hatte. Im Kreis der Familie verehrte das Kind ihn zunächst lange als entrückten Heiligen, der wie einst Barbarossa im Spandauer Kyffhäuser auf seine Befreiung wartete. Die Briefe, die Woche für Woche zwischen Richard, seinen Geschwistern und dem Vater hin- und hergingen, unterlagen zwar den Regeln einer strengen Zensur, keinerlei Austausch über Vaters Vergangenheit oder politische Angelegenheiten. Dennoch war da genug Platz für Geständnisse, Gefühle, Zweifel, Siege und Niederlagen. Das Leben der Kinder draußen sickerte auf diese Weise in die Abgeschiedenheit der Spandauer Zelle. Mehr war dem Weltentrückten nicht geblieben.

> Meine Briefe waren an einen geheimnisumwitterten Unbekannten gerichtet, der fast vierzig Jahre älter war als ich und dem ich noch nie in meinem Leben die Hand geschüttelt hatte. Wie und wo er lebte, blieb hinter dicken Mauern verborgen, und kein Bild zeigte, wie er jetzt aussah, denn mein Vater durfte unter keinen Umständen fotografiert werden.

Auf jedes seiner Schreiben bekam Richard postwendend Antwort, im stets gleichbleibenden Ton der Gelassenheit. Von diesen Vaterzeilen, in denen er Lob, Tadel und Trost fand, fühlte er sich abhängig, seit er acht oder neun Jahre alt war. Die Briefe waren das Band, das die Familie über zwanzig Jahre zusammenhielt. Am Ende zählte Richard von Schirach mehr als tausend Stück.

Als sein Vater im Sommer 1958 den kargen Besucherraum betrat, war Richard beeindruckt von der Würde, die er sich bewahrt hatte, auch wenn sein Haar ausgedünnt ins Silbergrau geschlagen war. Doch etwas irritierte ihn, während sie dreißig Minuten lang unter Beobachtung vieler Augen über Familiäres plauderten. Wie beiläufig spürte er die Herablassung der einstigen Führerfigur gegenüber seinem Sohn, der sich in der glanzlosen Nachkriegsgegenwart abstrampeln musste. Richard wagte nicht, sich dagegen zu empören, bis die Besuchszeit zu Ende war. Er stolperte zurück in die reale Welt, wo seine Klassenkameraden in der Schule auf ihn warteten. *Das Leben hatte mich wieder. Von meinem Ausflug hatte kaum jemand Notiz genommen, mit Nachfragen wurde ich verschont. Spandau spielte keine Rolle zwischen mir und meinen Freunden. Das war mir nur recht.*

Ein paar Jahre später holte er seinen Vater aus dem Gefängnis ab. Der Spandauer Festungsapparat kreiselte von da ab nur noch um den letzten Häftling, den Hitler-Stellvertreter Rudolf Heß. Richard von Schirach hatte sich oft gefragt, wie es wohl werden würde zu Hause mit dem berühmten Vater. Was für ein Mensch er eigentlich war, der so lange allein gewesen war, nur mit sich, den Mitgefangenen und Erinnerungen an damals. War er ein Einsichtiger oder ein Hochmütiger? Ob er noch Träume hatte und was er zu der neuen Zeit sagen würde, die nach ihm gekommen war? In Richards Erwartungen mischte sich Furcht.

Was er in den folgenden Jahren mit ihm erlebte, war eine deutsche Spätheimkehrergeschichte wie viele Millionen zuvor. Sein Vater enttäuschte ihn in allem, was sich der Sohn an Selbsterkenntnis erwartet hatte. Er zeigte sich mehr interessiert an geregelten Essenszeiten als an Gesprächen über seine Rolle als deutscher Jugendführer und Wiener Gauleiter. Vor der 25-bändigen Quellensammlung über den Zusammenbruch 1945, die sie als Diskussionsgrundlage angeschafft hatten, wich er mit mildem Desinteresse zurück. Der trostreiche Briefvater von einst war ein weißhaariger Greis geworden, der keine Nähe aufkommen ließ. *Ein Fremder, den eine dunkle Hoheit wie ein unaussprechliches Geheimnis umgab.* In Richard von Schirachs Enttäuschung mischte sich die Reue über seine eigene Unfähigkeit zu fragen. Wie bei seinem Gefängnisbesuch blieb er, ein Kind der Nachkriegszeit, stumm, anstatt dem Alten endlich seine brennenden Fragen aufzuzwingen.

Niemand wollte mehr etwas hören von »dieser Sache«. Auch Monika Jetters Vater wollte nicht darüber sprechen. Wenn der Name Hitler fiel, verließ er das Zimmer. Andererseits wollte er Anerkennung für das, was er aufs Spiel gesetzt hatte. Allein vier Verwundungen in »vollem Einsatz!« Dafür sollten sie zu ihm aufschauen. Über »diese Sache« aber, um die es dabei eigentlich ging, schwiegen alle und taten, als hätte es sie nicht gegeben. Das Mädchen

Monika spürte, dass es besser war, nicht danach zu fragen. Wer fragte, erfuhr nichts oder nur Schlimmes.

Nie wieder wolle sie etwas von Politik hören, diesen Satz hörte Monika Jetter aus dem Mund ihrer Mutter. Schon gar nichts von dem, was in Deutschland geschehen war. Niemand erzählte ihr vom Ersten Weltkrieg, von der Not danach, von der Hoffnung auf Hitler und von den vielen Irrtümern. Kein Versuch, ihr begreiflich zu machen, mit welchen Gründen ein Mann wie ihr Vater bei »dieser Sache« mitgemacht hatte. Der Krieg blieb ein unfassliches Phänomen. *Wie ein stummer Gast schien er damals immer noch da zu sein, nicht eingeladen, aber doch anwesend.*

Monika verstand nichts von den Geschehnissen, deren Folgen sie in den Straßen von Berlin täglich zu sehen bekam, wenn sie den Männern ohne Beine, ohne Arme, ohne Hände begegnete. Manche schwangen sich wie an den Achseln aufgehängt auf Holzkrücken voran. Auf Kisten mit angeschraubten Rollen saßen Rümpfe ohne Beine, die sich mit den Händen vom Boden abstießen. Sie sah leere Jackenärmel und mit Sicherheitsnadeln hochgesteckte Hosenbeine. Narben, die mit den Jahren zu Kratern wurden. Halbierte Menschen, die sich vor der Angst der Kinder abwandten, während die sich mit Schaudern fragten, wohin solche Menschen überhaupt noch unterwegs sein mochten.

> Oft hatten sie blaue Flecken im Gesicht. »Das kommt von den Granatsplittern«, hatte man uns gesagt, »und auch vom Phosphor – das hat alles dieser Krieg gemacht«. Einige Männer waren auch blind. »Ihr Augenlicht gaben sie fürs Vaterland«, hieß es. Wie es dazu gekommen war, warum sie in diesen furchtbaren Krieg gezogen waren, erfuhren wir nicht. Offenbar sollte auch ich in meiner Familie nichts erfahren.

Hin und wieder sah sie ein Mädchen in ihrer Straße, das von seiner Mutter an der Hand geführt wurde. Sein viel zu großer Kopf saß auf einem viel zu dünnen Hals. Er kippte bedenklich von einer Seite zur anderen. Mit Entsetzen hörte Monika, was ihre Mutter ihr dazu erklärte. Ein Wasserkopf wegen der Syphilis, die von den Soldaten aus dem Krieg in den Heimaturlaub mitgebracht worden war. Gottlob, so die Mutter, lebten solche Kinder nicht lange. So war der Krieg allgegenwärtig, ohne jemals fassbar zu werden. *Er war wie ein Gespenst.*

Als sie älter wurde, begann Monika Jetter zu erkennen, wie sehr ihre Eltern von genau jener Zeit geprägt waren, über die sie nicht sprechen wollten. Es war offenbar, dass sie keinen Weg herausgefunden hatten. Sie waren sich darüber sogar gegenseitig abhandengekommen. Die Mutter freute sich mit ihren Töchtern, wenn der Vater als Vertreter für Produkte für vier Wochen in Westdeutschland unterwegs war. Es blieb Monika nicht verborgen, wie sehr sie sich von ihm zurückzog, wenn er seine Tochter maßregelte. Immer öfter hörte sie beide schreien und weinen.

Kurz vor Silvester 1950 bekam Monika Jetter, die als unruhiges, vorlautes Kind galt, in der Schule ihre einzige Medaille für gutes Betragen. Ein paar Tage später eröffneten die Eltern ihren Töchtern, dass sie sich scheiden lassen würden. Sie sollten erklären, bei wem von ihnen sie bleiben wollten. Als beide sich für die Mutter entschieden, spürte Monika mit einem Mal Bedauern für ihren Vater. Der ewig Wütende schien verletzlich. Ihr wurde elend bei der Vorstellung, dass er allein bleiben würde, und so legte sie ihm die kleine Medaille für das gute Betragen auf den Wäschestapel, mit dem er am nächsten Tag ausziehen sollte. Sie tat es aus der Ahnung einer geteilten Einsamkeit heraus, ihrer beider Alleinsein, in dem sie sich seit Jahren verkapselt hatten.

Am nächsten Morgen, dem Neujahrstag, war der Wäschestapel verschwunden und der Vater noch da. Über Nacht hatten sich die Eltern wieder vertragen. Die Kinder hatten zuvor nicht erfahren, weshalb sie sich trennen wollten. Ebenso wenig erfuhren sie nun, wie sie wieder Frieden geschlossen hatten.

Nichts wurde uns erklärt. Wir Kinder schwammen mit den Eltern wie in einem großen Teich, in dem niemand ertrinken wollte, alle umherruderten und sich niemand mitteilte, warum einem das Wasser eigentlich bis zum Hals stand.

Monika Jetter verließ ihr Elternhaus in Berlin im Mai 1958, als sie noch nicht 18 Jahre alt war. Sie hatte einen Vertrag beim Theater von Malmö unterschrieben. Für sie war es eine Flucht. Sie kehrte nur zu den üblichen Festen nach Berlin zurück, zu Ostern und Weihnachten, wenn das Heimweh nach ihrer Mutter besonders stark war. Dem Vater kam sie aber auch dann nicht näher. Ihre Familie rückte nicht mehr zusammen.

Die Schultoilette in ihrem Münchener Gymnasium war das beste Versteck, um in der Pause die *Revue* zu verschlingen. Fünf Minuten für diesen einen Artikel, von dem ihr ihre Freundin erzählt hatte und über den sie sich dann so fürchterlich zerstritten hatten. Jetzt musste sie wissen, ob es stimmte, was Sylvia behauptet hatte über einen Bericht, der von einer Nazi-Einrichtung namens »Lebensborn« gehandelt habe. Dass sie selbst in einem »Lebensborn«-Heim auf die Welt gekommen war, wusste Gisela Edelmann schon wer weiß wie lange. Bisher hatte sie dem keine Bedeutung beigemessen. Niemand hatte es ihr je erläutert.

»Lebensborn« war für sie ein Allerweltswort wie Waisenhaus oder Altenheim. Tags zuvor aber war Sylvia angekommen mit ihrem schlauen Lächeln und der schlauen Brille und hatte ihr diese Dinge ins Gesicht gesagt von den Nazi-Heimen, in denen Mädels wie Gisela gezüchtet wurden und von Müttern, die sich dafür wie Huren hergaben. Am Ende hatten sie beide geheult. Sylvia musste ihr versprechen, die Zeitschrift in die Schule zu schmuggeln.

Nach der Pause, als sie den Artikel zu Ende gelesen hatte, konnte Gisela nicht wieder am Unterricht teilnehmen, weil ihr schlecht geworden war. Diese Ungeheuerlichkeiten betrafen ihre eigene Herkunft, von der sie so wenig wusste. Nun wollte sie alles erfahren. Sie überredete ihre Großmutter, die bei ihnen in München wohnte, den Lesezirkel mit der *Revue* zu abonnieren. So bekam sie Gelegenheit, die ganze zehnteilige Reihe über den »Lebensborn« zu lesen. Der Autor Will Berthold, der in den Fünfzigerjahren mit populären »Tatsachenromanen« über den Nationalsozialismus und den Zweiten Weltkrieg einen Beststeller nach dem anderen landete, verkündete in seiner Reportage, ein Geheimnis für Millionen aufzudecken, wofür ihm kein Superlativ zu bemüht war.

Kaum fassbar sei die Wahrheit, dass SS-Chef Himmler arische Zuchtkinder zu zeugen befohlen hatte, deren Mütter in »Lebensborn«-Heimen unterzutauchen hatten, um den Nachwuchs geheim zur Welt zu bringen und sich dem nächsten arischen Deckhengst hinzugeben. So seien Kinder entstanden wie Zuchtgeflügel auf der Hühnerfarm. Die Zeitschriftenreihe diente später als Grundlage eines Spielfilms, für den Will Berthold selbst das Drehbuch schrieb. In seinem Illustriertenjargon erfuhr Gisela Edelmann zum ersten Mal Näheres über jene Organisation, in deren Heim sie geboren war und für die ihre Mutter fünfzehn Jahre zuvor gearbeitet hatte. Von ihr hatte sie nie mehr als den Namen eines fernen Orts irgendwo in Norwegen erfahren.

> Das Schlimmste war, dass weder meine Mutter noch meine Großmutter auch nur ein Wort darüber verloren. Sie haben die Serie natürlich auch gelesen, die Mappe lag offen im Wohnzimmer, und sie haben gesehen, dass ich auch darin las. Warum hat keine der beiden Frauen gesagt: »Das ist eine Schweinerei, was der da schreibt, das brauchst du nicht ernst zu nehmen, es ist alles erstunken und erlogen!«

Gisela war fünfzehn und kein kleines Kind mehr. Jetzt war die Reihe an ihr, dem Schweigen zu verfallen. Zu Hause hatte sie niemanden, um über die Dinge zu sprechen, die sie bewegten, daher beschränkte sie sich dort auf die notwendigsten Äußerungen. Ihre Mutter, selbst immer mürrischer geworden, schien davon kaum Notiz zu nehmen. Ein einziges Mal sah Gisela sie über einem Brief weinen, der aus Spanien gekommen war. Danach kamen keine Umschläge mit spanischen Briefmarken mehr.

Ablenkung gab es in dieser Zeit genügend. Das Rock-'n'-Roll-Fieber erfasste ihr Münchener Gymnasium. Sie tanzten in der Pause zur Musik aus dem tragbaren Plattenspieler. Als der Direktor es verbot, machten sie mit der Turnlehrerin im Sportunterricht weiter. Sie ging auf Bergwanderungen mit der Alpenvereinsjugend. So oft sie konnte, verließ Gisela das Haus. Wenn sie nicht wegbleiben konnte, zog sie sich in ihr Zimmer zurück. Für eine Weile schoben sich die alterstypischen Fragen nach Gott, der Welt und ihrem eigenen Ich vor das Rätsel ihrer Herkunft. Aber der Geschichtsunterricht brachte sie wieder darauf zurück.

Ihre Lehrerin sprach viel über das Dritte Reich. Gisela begriff, dass die Bad Tölzer Junkerschule, wo ihre Eltern sich kennengelernt hatten, eine SS-Einrichtung gewesen war und ihr Vater einer von denen gewesen sein musste. Er hatte die Mütze mit dem Totenkopfzeichen getragen, von der im Unterricht die Rede war. Was hatte ihr Vater mit den Mördern zu tun gehabt? Und ihre Mutter? Aber von der konnte sie keine Antwort erwarten. Bald würde sie Abitur machen. Danach wollte sie ein paar Monate weg von allem, zu Verwandten nach Amerika.

Sie war in den Abiturvorbereitungen, als ihr ein Brief von der Mutter ihres vermissten Vaters in die Hände fiel. Er lag oben auf dem Stapel in der Postschublade ihrer Mutter. 1957 war die »Weimarer Großmutter« aus der DDR in den Westen ausgereist, in die Nähe von Frankfurt. Emilie Edelmann hatte nie zugestimmt, dass sie sie dort besuchten. Irgendwann ging Gisela selbst die

Lust verloren, der Weimarer Oma weiterhin Enkelbriefe zu schreiben. Umso erstaunter war sie, als sie deren Krakelschrift erkannte auf einem Brief, der erst ein paar Tage alt war. Ihre Mutter hatte ihr nichts davon erzählt. Sie spürte die Kälte in ihrem Magen, als sie zu lesen begann.

Die Großmutter schrieb über ihren Sohn und dessen Familie mit den vier Kindern in Frankfurt. Über seine Schwierigkeiten, weil er wieder mal die Stelle verloren hatte, von irgendjemand hingehängt als früherer SS-Mann, der seine Vergangenheit unterschlagen hatte. Mit fast sechzig könne er seine Aussichten ja wohl begraben. Die Jüngste sei noch in der Schule. Emilies Tochter Gisela könne von Glück reden, dass sie nicht mit ihnen aufgewachsen sei. Ein Gruß aus Frankfurt, der Brief war zu Ende. Sie las ihn noch ein paar Mal, um sicherzugehen, dass sie ihn richtig verstanden hatte.

> Ich habe ihn sorgfältig wieder gefaltet, in den Umschlag mit der schönen Marke zurückgesteckt, ihn ordentlich in die Schublade zurückgelegt. Mir war schwindlig geworden. Ich setzte mich auf einen Stuhl und blickte mich um, es war alles wie immer, das ordentlich aufgeräumte Wohnzimmer, das nur sonntags benutzt wurde oder wenn – selten genug – Besuch kam. Die Kissen auf dem Sofa waren aufgeschüttelt und mit Handkantenschlag versehen.

Nein. Es war nicht mehr alles wie immer. Dieser Sohn, von dem die Großmutter sprach, war Giselas Vater Ernst Kemper, der als in Russland vermisst galt. Er lebte, war verheiratet und wohnte mit seinen vier Kindern in Frankfurt am Main. Ihre Mutter Emilie wusste davon, die Großmutter auch, alle wussten es. Alle hatten sie vor achtzehn Jahren angefangen sie zu belügen, vielleicht, um sie zu schonen, um Ernst Kemper zu schonen, um sich selbst zu schonen. Irgendwann war es zu spät geworden, um auszupacken.

Sie kamen aus der Falle nicht mehr heraus. *Eine Lüge hat eine andere notwendig gemacht und die nächste die übernächste bedingt.* Die größte Lügnerin von allen war Giselas Mutter Emilie.

Sie überlegte, was sie tun sollte. Sie mit der Wahrheit konfrontieren, sie ihr ins Gesicht schreien? Sie würde sich wieder herauswinden. Von der Schule gehen? Davonlaufen? Zunächst ermittelte sie beim Einwohnermeldeamt die Anschrift des Vaters. Damit hielt sie den Beweis in der Hand. Ein wenig wollte sie noch stillhalten. Danach, sobald sie ihre Abiturprüfung abgelegt hätte, würde sie es allen zeigen. Im nächsten Sommer, so nahm sie sich vor. Jetzt war auch sie hart geworden.

Davor lag aber noch eine Weihnachtszeit mit Adventssonntagen, Christbaum, Stollen, Kerzen, Punsch und allem anderen. *Die Tage zogen sich hin. Die Stimmung zu Hause war nun absolut auf den Nullpunkt gesunken. Ich schwieg, meine Mutter schwieg, und meine Großmutter weinte nur noch, weil sie nicht verstand, was los war.* Der Heiligabend verstrich wie eine Strafklausur. Sie nickten sich zu über ihren Geschenken, sangen in der Mitternachtsmette, und in das Schweigen auf dem Heimweg rieselte der Schnee. Keiner hatte nachgegeben, aber einen Sieger gab es nicht in ihrem Schweigeduell. Bevor Gisela ins Bett sank, schrieb sie in ihr Tagebuch:

> In meiner ganzen Kindheit hat mich das Leuchten der Christbaumkerzen glücklich gemacht, auch wenn es mir gerade nicht so gut ging. Heute schnürt es mir die Kehle zu. Das Ende der Kindheit? Unter einem anderen Christbaum sitzt mein Vater mit seinen Kindern.

Das Schuljahr ging dem Ende zu. Im Herkulessaal der Münchener Residenz bekam Gisela Edelmann kurz vor Ferienbeginn ihr Abiturzeugnis überreicht. Noch schob sie den letzten Schritt, das Geheimnis ihres Vaters zu lösen, vor sich her. Am ersten Feriensamstag klingelte es an der Haustür in München. Ein unbekanntes Mädchen im Sommerkleid mit blonden Haaren stand auf der Schwelle. Ihre Züge wirkten vertraut, sodass Giselas Herz zu rasen begann. Sie sah in das Gesicht ihrer Halbschwester Gudrun, der Tochter von Ernst Kemper. Die hatte kurze Zeit vor Weihnachten ihrerseits erfahren, dass ihr Vater eine uneheliche Tochter in ihrem Alter hatte, die in München wohnte. Zusammen mit ihren Geschwistern hatte sie beschlossen, mit dem Familiengeheimnis aufzuräumen. Sie war Gisela zuvorgekommen.

Als ein paar Wochen später der Zug im Frankfurter Bahnhof einrollte, konnte sie vor Aufregung nicht sprechen. Sieben Jahre zuvor hatte sie an einem anderen Bahnhof gestanden und allein auf den letzten Heimkehrertransport aus Russland gewartet, umgeben von Menschen, die Pappschilder mit Steckbriefen und Soldatenporträts in die Luft hielten. Nichts als den Namen hatte sie damals von ihrem Vater gehabt. Das Foto von dem jungen Mann mit den hochrasierten Haaren und dem Blondscheitel, das sie später von der Weimarer Oma bekommen hatte, war ihr verloren gegangen. Heute würde er selbst kommen. Keine Sekunde hatte ihr Vater gezögert, als seine Tochter Gudrun ihm von der Begegnung in München erzählt hatte. Er brannte darauf, sein verlorenes Kind endlich kennenzulernen.

Am Bahnsteig sah Gisela einen älteren Herrn im Trenchcoat auf sich zukommen, der statt Wehrmachtsmütze einen Hut über dem Kopf schwenkte. Seine grauen Haare waren über die Ohren hochrasiert, darüber saß ein akkurater Seitenscheitel. Ernst Kemper strahlte sie aus blauen Augen an und schloss sie in die Arme. Nichts kam auf von dem, was sie sich ausgemalt hatte – keine Beklemmung, Reue oder Ablehnung.

> Es passierte etwas völlig Unerwartetes: Meine alten Gefühle von Hass, Wut und Rache waren wie weggeblasen, ich schloss diesen herzlichen Fremden ohne Bitterkeit sofort in mein Herz. Ich

konnte nicht anders, als verstohlen meine Tränen wegzuwischen und mitzulachen.

Gisela Edelmann hatte ihren Vater gefunden. Über ihre Mutter sprachen sie wenig an diesem Tag in Frankfurt. Ernst Kempers Bild von der strahlenden, lebensfrohen Emilie stimmte nicht überein mit der Mutter, wie Gisela sie kannte: verschlossen, kühl, unerreichbar. Die Halbwahrheiten, mit denen sie sich umgab, hatten den Zugang zu ihr versperrt. In immer neuen Wendungen musste ihre Tochter erfahren, was sie aus ihrem früheren Leben ausgeblendet hatte.

Ernst Kemper, der Totgeglaubte, war ihr immer näher gewesen, als sie geahnt hatte. Beim Kriegsende war er nicht in Russland, sondern in Lothringen als Stadtkommandant von Metz stationiert gewesen. Danach hatte er Emilie Edelmann mehrmals in Bayern aufgesucht. Sie hatte ihm nie gestattet, seine Tochter kennenzulernen, da sie es für leichter hielt, an einen in Russland vermissten Vater zu glauben, als um einen lebenden Vater in Deutschland zu wissen, der sich um seine eigene Familie kümmern musste und niemals für sie da sein würde. Bei ihren Treffen hatte er sich immer wieder nach seiner Tochter erkundigt. Als er wenig später zum ersten Mal zu Besuch nach München kam, begrüßten sich Vater und Mutter vertraut wie alte Freunde.

Als ob sie sich gestern erst gesehen hätten. Sie lachten und scherzten, und ich saß ziemlich stumm dazwischen, schaute von ihm, der seinen ganzen Charme aufwandte, zu ihr, die angeregt plauderte und lachte, wie ich sie nicht kannte. Ich bekam eine Ahnung von der Frau, die er mir beschrieben hatte.

Ernst Kemper nahm Gisela Edelmann wie ein fünftes Kind auf. Nie stellte sie ihm Fragen nach dem anderen Ernst Kemper, dem SS-Standartenführer. Sie wollte es ihm zu gern glauben, wenn er sagte, dass er in der Waffen-SS nichts mit den Gräueltaten der Mörder-SS zu tun gehabt habe. Er habe nur seine Soldatenpflicht getan und in der Junkerschule von Bad Tölz von einem vereinten Europa unter deutscher Führung geträumt. Sie begleitete ihn zu Kameradschaftstreffen, wo ihm alte Männer mit Tränen in den Augen um den Hals fielen. Erst als er mit 80 Jahren auf dem Sterbebett lag, gestand sie ihm ihren Zwiespalt zwischen der Tochterliebe und ihrem Abscheu vor dem SS-Offizier. Seine Antwort war, dass er sich damals alles ganz anders vorgestellt hatte. Er wollte die Welt zum Guten und nicht zum Schlechten verändern.

Ein Foto: Anfang der Fünfzigerjahre im Hamburger Stadtteil Horn. Zwei Kinderwagen und zwei junge Frauen, die vor Eisenbahnschienen stehen. Die Schienen gehören zu der Trümmerbahn, die durch die östlichen Viertel zur Steinmühle am Stadtrand rattert. In einem der Kinderwagen liegt Michael Brenner, dessen Familie gleich nebenan wohnt. Im zweiten oder dritten Schuljahr unternehmen sie einen Klassenausflug zu jener Trümmermühle, an einem kalten, graublauen Tag. Für seine Kinderaugen ist die Mühle ein beklemmender Anblick, wie sie in der Ferne am Horizont aufragt. Sie erinnert ihn an ein Rieseninsekt, das auf Beute wartet. Ein Sinnbild für die Vergangenheit, die sie trotz des großen Schweigens begleitete.

> Jeden Morgen blickte sie uns an und saß am Familientisch. Die Erwachsenen steckten voller dunkler Ecken, hatten Sprünge in der Seele und kämpften mit dem Irrsinn des Erlebten. Täglich konnten wir es sehen und spüren.

Michael Brenner spürte es, wenn er zum Beispiel an das Geschrei seine Tante Grete bei einer Familienfeier seiner Großeltern dachte. Vier Jahre war er da alt gewesen. Irgendetwas hatte an diesem Abend Gretes Erinnerung an die Stunden im Bunker während des Hamburger Feuersturms geweckt. Sie schrie ihren Hass auf die Engländer in die Runde. Die anderen versuchten die Tante zu beruhigen, aber sie war nicht aufzuhalten. Michael sah sie toben, bis er ins Bett gebracht wurde. Das sollte er nicht weiter mitverfolgen. Obwohl er ihr Rasen nicht verstehen konnte, schien ihm ihr Verhalten nicht außergewöhnlich. Wenn es um den Krieg ging, benahmen sich viele Große merkwürdig. Auffällig war die Mühe, mit der sie es vor ihm zu verbergen suchten.

Familie Brenner lebte zu viert in einer Eineinhalb-Zimmer-Dachwohnung. In ihrem Rotklinkerbau gab es kein fließendes Warmwasser. Das Geld war immer knapp, obwohl beide Eltern arbeiten gingen. Sie nahmen jede Anstrengung auf sich, die Kinder die Armut nicht spüren zu lassen, und sparten an sich selbst, damit es ihnen einmal besser erginge. *Ich war die Hoffnung meiner Eltern und Großeltern auf die Zukunft.* Hunger lernte Michael Brenner nie kennen. Angesichts der schlechten Zeiten hatte er einen guten Start.

Dennoch blieb die Kindheit in seinen Erinnerungen eine Zeit der Einsamkeit. Hinter der Fürsorge seiner Eltern spürte er kein Vertrauen. Jahrelang wälzte er Fluchtpläne in seinem Kopf für den Tag, wo er es zu Hause nicht mehr aushalten würde. In seiner Fantasiewelt träumte er sich in ein anderes Land. Er redete sich ein, seine wahren Eltern würden ihn eines Tages abholen kommen. *Nie wäre ich auf den Gedanken gekommen, bei Sorgen und Problemen mit meinen Eltern zu reden, nie hätte ich mir vorstellen können, ihnen meine Gefühle oder Gedanken mitzuteilen oder sie gar um Hilfe zu bitten.*

Sein Vater Karl Brenner war ein unzufriedener Mann. Er verachtete nicht nur das neue Deutschland, mit all dem Getue um Wahlen und Demokratie. Ihm war dieses ganze Leben verleidet, in dem er nach dem Krieg als kleiner Angestellter im Meer der Verlierer untergegangen war. Es musste ein Sturz aus großer Höhe gewesen sein. Michael überraschte ihn gelegentlich, wie er in seinem Zimmer über Erinnerungsstücken vor sich hin brütete, die er mit niemandem teilen wollte, unzugänglich und versunken. Aber nicht Wehmut prägte das Wesen des Vaters, sondern eine niemals nachlassende Wut. Niemand war sicher vor ihr. Ohne Anlass und Warnung brach sie aus ihm heraus, um wie Stichflammen alles im Umkreis zu verbrennen. Er überschüttete seine Familie mit allen Schmähungen, die sein Soldatenjargon hergab, im Dreiklang von Kacke, Arsch und Scheiße.

Magda Brenner ergab sich in ihr Los. Wie in Beton verpanzert ertrug sie den Zorn ihres Mannes, ohne sich viel zu wehren. Sie hatte als Kind gelernt, ihre Gefühle zu vereisen. Momente der Nähe oder Wärme erlebte Michael mit seiner Mutter kaum. Einmal nach einem Streit lief sie davon und blieb verschwunden. Tagelang lag der Junge wie gelähmt in seinem Bett. Dann kam sie zurück und tat, als wäre nichts geschehen. Alles blieb so, wie es war.

> Wie alle Kinder fing ich an, mich für Streit und Unglück meiner Eltern schuldig zu fühlen. Wenn Karl schrie und meine Eltern miteinander kämpften, stand ich zwischen ihnen. Mit mir musste etwas nicht stimmen. Immer war ich auf der Hut und versuchte, mich zu schützen. Wenn es begann, bin ich tief in mich hineingekrochen und habe mich versteckt.

Eines wusste Michael mit Bestimmtheit: So wie seine Eltern wollte er niemals werden. Sie waren wie das triste, graue Land, in dem sie lebten, ein Land der Verlierer. Es hatte sie zu dem gemacht, was sie waren, so sehr sie das verleugnen mochten.

Gerade ihr Schweigen weckte seine Neugier. Michael hätte gern gewusst, was sein Vater als Soldat erlebt hatte. Wie gern hätte er den Schrank geöffnet, in dem der seine Fotos und Orden verstaut hatte, aber den durfte keiner anrühren. Wenn er danach fragte, blieben die Antworten knapp. Fallschirmjäger, Einsatz in

Belgien, Schluss damit. Mit anderen Männern sprach er mehr darüber, in den Kneipen mit den dunklen Vorhängen, in denen der Bierdunst hing. Michael verstand nicht, warum er ihn dorthin begleiten sollte. In diesen Runden wirkte sein Vater anders als zu Hause. Aufgedreht vom Alkohol, leutselig unter Gleichgesinnten. Hin und wieder befahl er seinem Sohn, wegzuhören, aber mit dieser Sprache konnte Michael ohnehin nichts anfangen. Diese Geschichten von Krieg und Weibern waren nicht das, was ihn interessiert hätte.

Er hätte wissen wollen, wie es zu all den Trümmern gekommen war, die täglich in den Trümmerloren aufgehäuft an ihnen vorbeirumpelten. Warum manche über Hitler schimpften, andere aber nicht. Weshalb die Erwachsenen ihre Stimme dämpften, wenn sie über ihr eigenes Leben sprachen, ohne den anderen dabei offen ins Gesicht zu sehen. Warum sie als Kinder nichts fragen durften. Michael Brenner hätte interessiert, was los war mit ihrem Hausarzt, zu dem er mit seinen Kinderkrankheiten zu gehen hatte. Eine einsame Gestalt war der, unnahbar, mit Furchen im Gesicht. Irgendwann erwähnte der Vater den Namen Stalingrad, womit es sein Bewenden hatte. Dass mit dem etwas nicht mehr in Ordnung war, konnte er spüren. Wie im Rachegeschrei der Tante Grete, wenn plötzlich das Verdrängte überschwappte.

> Dann rasteten die Erwachsenen aus, brabbelten wirres Zeug oder schrien im Schlaf. Manche machten den Hitler-Gruß oder redeten mit komischen Gesichtern über ihre Kriegserlebnisse. Oder tuschelten miteinander. Andere erzählten wie aufgezogen immer die gleichen Geschichten von der Front, den getöteten Kameraden, vom Russen. Den übrigen Erwachsenen schien dies peinlich zu sein. Wir Kinder sollten doch nichts mitbekommen. So, als hätte das Leben erst 1945 begonnen.

Michael Brenner verbrachte die Tage in seiner eigenen Welt. Um den anderen zu entkommen, stieg er in die Straßenbahn und fuhr kreuz und quer durch Hamburg. Neugierde, mit Furcht versetzt, trieb ihn durch unbekannte Stadtteile. Nachmittags stand er lange vor den Schaufensterscheiben der Innenstadtgeschäfte. Noch ehe die Pubertät einsetzte, galt er als schwieriger Junge, der mit der Außenwelt fremdelte. Er aber hatte sich entschieden, seiner Familie so bald er konnte den Rücken zu kehren. *Nichts stand so unverrückbar fest wie dieser eine Satz. »Ich will nicht so werden wie ihr.«*

Wir haben keine Lehrmeister mehr

Der deutsche Jugendliche des Jahres 1957 war kein Mensch ohne Eigenschaften. Er beherrschte die Werkzeuge der modernen Technik. Die neuen Konsumangebote empfand er als Bereicherung, nicht als Zumutung. Die Aufgaben, die sich ihm stellten, erledigte er ohne Störgeräusche. Der Konformismus, der ihm auf diese Weise anhaftete, erschien ihm nicht etwa als Makel, denn Anpassung machte das Leben leichter. Praktisch veranlagt war dieser junge Mensch, nüchtern und erfolgszugewandt. Er schaltete schnell und sicher. Zupackend statt zögernd, solange sich das Risiko überblicken ließ.

Revolution, flammende Leidenschaft war dagegen von ihm nicht zu erwarten. Dem Rausch des Kollektivs verschloss er sich ebenso wie dem Heilsversprechen der Eiferer. Dass Deutschland von der großen Bühne abgetreten war, war eher zu verschmerzen als das Erreichte, den Wohlstand und das gute Gewissen wieder in Gefahr zu sehen. Keine Abenteuer, »Keine Experimente« – Adenauers Wahlkampfslogan von 1957 traf den Nagel auf den Kopf bei diesen jungen Leuten, die weder Schwärmer noch Spinner waren, sondern Zweifler von Natur aus. Tief in ihnen wirkte die Katastrophe ihres Heimatlands nach.

> Mir scheint, daß ihre Grunderfahrung die der sozialen Unsicherheit ist, einer permanenten Gefährdung des Menschen von außen und innen, das Erleben des Zufälligen und Versehrbaren jeglicher sozialen und menschlichen Sicherheit und Stabilität. Sturz und Ruin der sozialen Systeme und Ordnung wurden

dieser Generation ebenso selbstverständliche Möglichkeiten wie Irrtum, Schwäche und Versagen der Erwachsenen.

Zwölf Jahre war es her, dass der in Flensburg gestrandete Wehrmachtsoffizier Helmut Schelsky den Suchdienst des Roten Kreuzes auf die Beine gestellt hatte. Seitdem hatte er sich den Ruf eines Gründervaters der deutschen Familiensoziologie erarbeitet. Seine Charakterisierung der Jugend in dem Buch *Die skeptische Generation* von 1957 avancierte zum Klassiker und sein Titel zur Metapher für ein Generationenbild. Darin verschmolz er seine eigenen Forschungen mit einer Vielzahl von Studien und Umfragen über Familien- und Jugendprobleme der Nachkriegszeit zu einer großen Synthese. Skeptiker waren die jungen Menschen laut seiner Analyse nicht nur im Blick auf politische Organisationen, sondern auch gegenüber den Werten der älteren Generation, die sich ihnen als Vorbild disqualifiziert hatte.

Wir haben keine Lehrmeister mehr. Es war weniger ein Aufschrei als eine nüchterne Feststellung, die Schelsky der skeptischen Generation in den Mund legte. Auf sie wirkte der autoritäre Stil ihrer Eltern und Lehrer nicht mehr zeitgemäß. Es gehört zu den stillen Phänomenen der Zeit, dass viele junge Menschen sich früh von der Welt ihrer Eltern lösten, um ihren Weg selbständig zu finden.

Wenn er nachmittags keine Schule hatte, fuhr Jürgen Lodemann mit auf Vertreterreise durchs Ruhrgebiet, bis ins Münsterland oder an den Niederrhein. Vorn saß der Vater am Steuer, auf dem Beifahrersitz die Mutter und er hinten auf der Rückbank des grünen Volkswagens. Dort hatten sie ihn eingeklemmt zwischen schwarzen Musterkoffern, in denen Lampen und Lampenschirme steckten, die sein Vater in den Elektrogeschäften von Bottrop bis Oberhausen anzupreisen hatte.

Jürgen war vierzehn und fühlte sich unwohl dort hinten drin.

Es war nicht nur wegen der Koffer. Die Luft schmeckte verbraucht, Sorgen und Vorwürfe fuhren mit. Das Klima zwischen den Eltern war angespannt, seit der Vater seine Stelle bei der AEG verloren hatte. Aus Mutwillen, meinte die Mutter; aus Idealismus, behauptete der Vater. Manchmal schwadronierte er, so wie die Lehrer in der Schule. Das ganze Gerede von Größe und Siegen, aus Kriegszeiten bekannt, hatte Jürgen immer gehasst. Er kam sich deplatziert vor. *Groß und stark sein. Ich dagegen bin unbrauchbar, ein Letzter. Exakt so fühle ich mich, so war sie, diese Beklemmung dort hinten im VW, im Wagen des Volks, von dem ich mich mitnehmen lasse.*

Das mochte passen zu seiner Rolle als »Nesthäkchen«, der acht und zehn Jahre jünger war als seine erwachsenen Brüder. Aber es passte nicht zu jenem Kraftspruch im Tagebuch, das Friedrich Lodemann im April 1936 zur Geburt seines dritten Sohnes angelegt hatte: *Werde einst ein ganzer Mann!* Lange deutete Jürgen am Geist dieses Menetekels herum. Als er später seine Lebenserinnerungen schrieb, machte er daraus ein negatives Leitmotiv für seine Geschichte der Verweigerung.

Nachdem 1945 das Reich des Vaters untergegangen war, machte sich im Dorf bei Celle, wo die Lodemanns untergekommen waren, niemand die Mühe, den Kindern etwas zu erklären. Die Schreckensaufnahmen aus dem KZ Bergen-Belsen, die von der Dorfpolizei in Flugschriften verteilt worden waren, lagen offen auf dem Tisch, blieben jedoch ohne Kommentar. Der Vater saß mit ernstem Gesicht in der Stube und schwieg. Der Krieg hatte die Verteilung der Rollen in der Familie auf den Kopf gestellt. Seine Mutter Elfriede, rau aber herzlich, hatte mit ihrem praktischen Sinn das Kommando übernommen. Sein Vater, Verlierer aus Idealismus, vergrub sich in seiner Papierhöhle. Dann wieder brauste er gegen seine Umwelt auf. Oft hörte Jürgen sie miteinander kämpfen, Vaters Verunsicherung gegen Mutters Vorwürfe wegen all der verpassten Chancen. *So sieht es aus, das Grundgerüst ihrer Vorhaltungen, selten schrill, meist »gebrochen«, unter Tränen. Die Eltern haben mich beim Streiten vergessen, soll der Kleine ruhig sehen, wie es um uns steht.* Ein Kampf wie Kopf gegen Hand.

Jürgen schlug sich auf die Seite seiner Mutter, deren Sicht auf den Vater er teilen wollte. Dessen Irrtümer waren ja offenkundig. Sein sinnloser Einsatz, seine selbst verschuldeten Niederlagen, seine Versuche, sich schreibend alles zurechtzurücken. Wenn der Vater nach einer solchen Gewitterszene aufstampfend in seinen Schreibkeller abgerauscht war, versuchte Jürgen seiner Mutter zu zeigen, dass er hinter ihr stand. Sie widersprach jedoch, wenn er den Vater schlechtmachte, der weder dumm noch böse sei, sondern eher zu gut und harmlos. Ein Träumer eben, ein Nutzloser leider.

Unbehagen befiel Jürgen, wenn er das hörte, denn er fühlte sich selbst angesprochen. Träumer, Leser, Stubenhocker mit zwei linken Händen, so nannte die Mutter auch ihn, bis hin zum gefürchteten Ganz-wie-der-Vater. Da war wieder die Beklemmung wie auf der Rückbank des Volkswagens. *Nein, um Mutters willen, nie darf ich so sein wie dieser nutzlose, dieser weltfremde Vater, ich kämpfe, strampele, will Anerkennung bei Mutter.*

Den Vater dagegen wies er ab, als dieser versuchte, ihm Antworten über seine Vergangenheit zu geben, nach denen Jürgen gar nicht gefragt hatte. Er wehrte sich dagegen, wenn der Alte von seinem Engagement in der NSDAP erzählte, von seinen Sorgen um das Wohlergehen des kleinen Mannes. Jürgen war es unangenehm, wie der Vater seine Parteimitgliedschaft zu rechtfertigen versuchte. Am liebsten wollte er gar nichts hören von ihrer aller Hoffnung auf die Braunen nach der Wirtschaftskrise. Der Vater beschwerte sich über sein Entnazifizierungsverfahren, er schimpfte über Gesinnungslumpen. Seinem Sohn war das alles peinlich. *Warum ertrug ich das nicht, diese Reden eines alten Mannes, der – wie so viele – aus seinem Lebensmeer nur Skelette gefischt hatte?*

Jürgen Lodemann griff nach jedem Vorwand, um sich dem Gespräch zu entziehen. Der Alte spürte den Widerwillen, doch er wollte diesen Kampf um seinen jüngsten Sohn nicht verlieren, nachdem er schon Beruf, Glauben und Ehe verloren hatte.

Ich spürte, daß er mich im Alter umwarb, ich war die letzte Bastion seines Selbstwertgefühls. Warum sperrte ich mich? Aus politischen Gründen? Eher aus dem Schrecken über die Erkenntnis, wie ähnlich ich ihm zu sein schien.

Jürgen Lodemann war keiner, der sich offen auflehnte, weder gegen das Familiensystem noch gegen den Leerlauf seiner Schuljahre. Seine Reaktion erschöpfte sich in achselzuckender Apathie. Geräuschlos erledigte er seine Pflichten, bis die letzte hinter ihm lag. Dann erst trat er an zur Flucht aus der Beklemmung der Rücksitz-Perspektive.

Mit dem Finger auf der Landkarte suchte er die größtmögliche Distanz zu seinem Elternhaus. Er landete im Schwarzwald. Im Jahr 1956 begann Lodemann sein Studium in Freiburg im Breisgau. Mit im Gepäck hatte er einen Schwur: *Nie mehr sich abstempeln, einkasteln, zudeckeln lassen, in Stickluft, in Hörigkeit, in Sollen.* Weiterhin verfolgten ihn die auf zwei Fingern getippten Denkschriften seines Vaters, der ihm in immer neuen Anläufen zu erklären versuchte, dass er unter den damaligen Umständen doch gar nicht anders handeln *konnte.*

Nicht auffallen. Leise auftreten, mitschwimmen, unterlassen, was Aufregung erzeugt. Diese Lektion beherzigte Bruno Riedel, wenn er sein Haus in Ebersberg verließ. Schon im Kindergarten bei den Nonnen, die ihn an schwarze Dohlen erinnerten, war es darum gegangen, nicht in deren Blickfeld zu stolpern. Im großen Saal hingen an den Wänden eiserne Gitterbetten, die zur Schlafenszeit heruntergeklappt wurden. *Von damals ist die Vorstellung geblieben, dass diese Nonnen wie Krähen hackend dort herumgingen, während wir schlafen sollten.* Still liegen und so tun als ob. Gib ihnen keinen Anlass, dich zu erziehen, denn sonst wird es schlimm. Nach diesem Muster bestritt Bruno Riedel seine Kindheit. So wenig wie möglich wollte er die Aufmerksamkeit der Erwachsenen, der Nonnen, Lehrer oder sonstwie Herrschenden auf sich richten.

> Denn wenn dieser Aufmerksamkeitskegel bei einem gelandet war, dann kriegte man Prügel. Wir waren zwischen 40 und 50 Kinder in der Klasse. Wenn man da ständig im Vordergrund stand, war man lästig. Andererseits durfte man auch nicht zu den Doofen gehören. Das lief nach dem Motto: Man wartet erst mal ab und sah, wie sich was entwickelte, was sozial erwünscht war. Das haben wir damals kapiert.

Es war ein Überlebensmodell, das ihm unterhalb der Aufmerksamkeitsschwelle viele Freiräume eröffnete. Niemals ließ er sich von anderen Kindern verprügeln, sondern er war der Erste, der bei Kraftproben zuschlug. Mit seiner Steinschleuder schoss er nicht nur auf Spatzen, sondern auf andere Kinder. Eltern sahen kaum das Blut, das aus einer Kopfwunde lief, wenn man damit nicht zu ihnen lief. Kinder spielten keine Rolle, solange sie unauffällig blieben. In diesem toten Winkel konnte man Hühner mit zusammengepressten Flügeln in einem Bach unter Wasser drücken und zusehen, was passierte. Bruno Riedel und die anderen Kinder wussten, wie weit sie gehen konnten, ohne die Grenzen der Großen zu verletzen.

Viele Jahre hatte seine Mutter daran festgehalten, dass ihr Mann eines Tages wieder auftauchen könnte. So lange hatte sie sich jeder neuen Verbindung verschlossen, obwohl sie sich danach sehnte. Einmal, als ihr die Vergeblichkeit des Wartens klar geworden war, lernte sie einen kennen, der im passenden Alter gewesen wäre. Aber ehe Bruno und seine Brüder es mit dem Ersatzvater hätten aufnehmen können, war alles wieder vorbei und damit die letzte Hoffnung der Mutter, noch einmal einen Mann zu finden. *Sie hatte sich irgendwann auch damit arrangiert, dass sie alleine lebte. Das war ein gängiges Lebensmodell für Frauen der Generation meiner Mutter.*

Zwanzig Jahre lang, bis in die Sechzigerjahre hinein, kämpften Mutter und Söhne mit der Armut. Es kam vor, dass sie kurz vor Monatsende in deren Spardosen greifen musste. Es war der Notgroschen für die letzten Tage, auf den sich alle verließen. Bruno sparte freiwillig für die Sicherheit, am Ende des Monats etwas zu essen zu haben. Niemals vergaß die Mutter, ihnen ihr Geld zurückzuerstatten. Die Armut war Gewöhnung, und Geld war dazu da, es beisammenzuhalten für die noch schlechteren Tage. Lange Zeit wusste Bruno Riedel nicht, wozu man es sonst brauchen konnte. Welche Bedeutung es in der Aufbaugesellschaft inzwischen gewonnen hatte, musste er erst lernen, sobald er sein Heimatstädtchen verließ. Es war ein schmerzhafter Prozess.

Auf dem Münchener Gymnasium, in das er nach den Ebersberger Grundschuljahren kam, herrschte ein anderer Stil. Niemand hatte ihn darauf vorbereitet, dass die Art, sich zu kleiden, sich zu bewegen und zu sprechen, einmal wichtig sein würde. Von seiner Mutter hatte er lediglich gelernt, zu sparen. Nun musste er lernen, den Wert der Dinge und die Signale der anderen zu verstehen.

> Ich bin in Lederhosen in die Oberstufe des Gymnasiums nach München gefahren und wusste nicht, warum ich als Depp galt. Ich habe eine Zeitlang gebraucht, bis ich kapiert habe, dass die Partykeller hatten und Jeans trugen. Ich dagegen wusste, wie man sich ein Bier in einer bayerischen Wirtschaft kauft und wie man in der Kleinstadt beim Fasching tanzt. Aber diesen anderen Stil hatte ich nicht drauf.

Wieder stand er vor einer Grenze, anstatt dazuzugehören. Bis dahin war er der Flüchtling aus dem Osten gewesen, jetzt war er der Außenseiter vom Land. Der Weg aus dem Bauerndorf heraus hatte ihn in ein neues Gefängnis geführt. Es dauerte, bis er begriffen hatte, dass er nur mit den richtigen Hosen Zutritt zu den Partys der Oberstufe bekam. Der Konsum war eines seiner schwierigsten Lernfächer.

Damit wuchs zugleich ein Traum, den er schon als Kind geträumt hatte. Einmal waren sie nach Kiefersfelden gefahren, an die Grenze zwischen Bayern und Österreich. Rüber nach Kufstein durften sie nicht, dafür hätten sie ein Visum gebraucht. Aber sie konnten sich an den Schlagbaum stellen und ihre Kinderfüße auf die österreichische Seite strecken. Eine Erfahrung von Freiheit. *Einfach raus aus diesem Land, raus aus dieser Enge.*

Um daraus zu fliehen, war Bruno auf sich selbst angewiesen. Es war nicht einfach, ins Ausland zu gelangen. Mit vierzehn trampte er zum ersten Mal nach Italien, ein Jahr später fand er Arbeit in einer Ferienkolonie in der Bretagne. Überall begegnete er Menschen, die ihm gegenübertraten, ohne sich an seiner Herkunft zu stören. Sie waren aufgeschlossen, gaben ihm zu essen, sahen über seine Tischmanieren hinweg und erzählten ihm Anekdoten aus der deutschen Besatzungszeit, ohne ihn zu brüskieren. Bruno war überwältigt, denn er musste an seine Begegnungen mit den bayerischen Bauern denken und ihren Hass auf die Flüchtlinge. Sie hatten sich damals vor seinen Augen das letzte Stück Käse in den Mund geschoben, ohne auch nur zu ihm aufzuschauen.

Das Reisen wurde zum Schlüssel seines Lebens, um das Gefängnis seiner Jugend hinter sich zu lassen, das ihm als moralisch verwahrloste Zeit im Gedächtnis blieb. *Dieses deutsche Grau muss man zivilisieren. Man darf es nicht ausgrenzen – das habe ich durch langes Nachdenken kapiert, das ist einfach ein Teil von uns, aber man muss es zivilisieren.* Wenn er wieder zurück nach Deutschland kam, war er jedes Mal ein Stück gewachsen. Irgendwann konnte er sein Überlebensmodell, leisezutreten und immer nur mitzuschwimmen, außer Betrieb setzen.

Noch so ein Vers wie aus dem Struwwelpeter:

> Im Leben, da hat höchst' Gewicht:
> Das was man fühlt, das sagt man nicht.

So sehr die Mutter ihre Gefühle unterdrückte, so wenig konnte sie vor ihren Kindern verbergen, wie unglücklich sie war, seit ihr Mann im Winter 1949 zur Familie zurückgekehrt war. Lisel Boller lebte in Angst vor dessen zerrender Wut, die sich immer wieder gegen seine Kinder richtete. Sie fand kein Mittel, seiner Gewalt entgegenzutreten. Stattdessen stand sie daneben und musste zusehen, wie er zuschlug.

Als kleines Kind hatte Ute gemerkt, wie in ihrer Mutter eine Veränderung vorgegangen war. Ein Schatten hatte sich über sie gelegt. Sie empfand es als ihre Aufgabe, diesen Schatten zu vertreiben, denn sie liebte ihre Mutter. Sie war brav, brachte stets die besten Noten nach Hause und suchte ihr abzunehmen, was immer sie konnte. *Das Gefühl, für ihr Glück verantwortlich zu sein, begleitete mich fast bis zu ihrem Tod.* Falls die Mutter jemals begriff, wie sehr sie sich um sie bemühte, ließ sie es sich nicht anmerken. Lisel Boller war eine Frau, die ihre Gefühle verleugnete. »Gededs« sagte sie zu allem, was Empfindsamkeit verriet. Unnützes Getue. Sich über Geschenke zu freuen am Heiligabend, Glück zu zeigen oder Trauer, sich in den Arm zu nehmen, das war alles »Gededs«.

Traurig war diese Mutter, doch sie verbot sich ihre Trauer. Nie sahen ihre Kinder sie weinen. Nur wenn sie nach einem Verwandtenbesuch zum Abschied beisammenstanden, bemerkte Ute die nicht geweinten Tränen in ihren Augen. Was man fühlt, das zeigt man nicht. Lisel Bollers Lieblingslied war der beliebte Schlager »Alle Tage ist kein Sonntag«. Gleich zwei deutsche Schmachtfilme wurden nach diesem Titel benannt. Soldaten wählten es häufig als Motivspruch für ihre Feldpostkarten. Startenöre wie Richard Tauber, Fritz Wunderlich und Rudolf Schock übertrumpften sich mit Einspielungen auf Schallplatte. Die endgültige Melancholie brachte dann aber Marlene Dietrich in ihre Fassung von 1954. In einfachen Strophen spricht dieses Lied von der Liebe, vom Warten, Blühen und Vergehen, von der Treue über den Tod hinaus. Es endet mit den Worten: »Aber weinen darfst Du nicht.«

> Weinen darfst Du nicht – meine Mutter wäre sicher froh gewesen, wenn sie ihre Gefühle hätte zeigen können. Das hätte ihr sicher gut getan, aber sie konnte es eben nicht. Das war ihr Grundprinzip. Irgendwann war es dann zu spät, und das finde ich sehr traurig. Mich hat das sehr beschäftigt.

Auch ihrem Mann verbot sie zu zeigen, was er fühlte. Hermann Boller war ein impulsiver Mensch, nicht nur in seinem Zorn. Er liebte Witze und konnte sich laut über Dinge freuen. Auch das war nicht gestattet. Wenn er am Tisch losprustete, gab seine Frau ihm einen Fußtritt unter dem Tisch. *Er durfte das Lustige nicht leben, sie durfte das Traurige nicht leben. Und wir durften beides nicht.*

Die Rückkehr des Vaters aus der Kriegsgefangenschaft im Winter 1949 hatte Ute als einschneidende Zäsur erlebt. Etwa ab dem Jahr 1957 kam ein drittes Familienzeitalter hinzu, in dem sich im Haus Boller noch einmal alles änderte. Es war der Tag, an dem Ute es wagte, ihrem Vater beim Mittagessen zu widersprechen. Hermann Boller ließ den Löffel sinken. Von klein auf galt sie als freches Mädchen. Sie sagte ihre Meinung, auch wenn sie damit Schläge riskierte. Ihre Aufmüpfigkeit war stärker als die Angst. *Ich hätte mich tothauen lassen. Ich habe mich nicht brechen lassen.* Wenn sie sich im Recht wusste, konnte sie nichts davon abbringen. Nichts und niemand.

Hermann spürte die Herausforderung in Utes Widerspruch. Er war der Vater. Er musste recht behalten. Was er sagte, sei richtig, selbst wenn es hundert oder tausend Mal falsch sei. So war seine Antwort. Ute aber widersprach erneut. Was für ein Unsinn, nichts konnte gleichzeitig richtig und falsch sein! Er schlug zu, zum ersten Mal. Sie blieb dabei, falsch ist niemals richtig. Wieder ein Schlag mitten ins Gesicht, was er sagte, war richtig, auch wenn es falsch war. Sie hielt dagegen. So ging es weiter zwischen Suppentellern, Salatschüsseln und Wassergläsern. Fünfmal knallte es, fünf fürs Rechthaben und Herrschen. Fünfmal dagegen der Widerspruch aus brennendem Kindergesicht, fünfmal Stehenbleiben gegen sein hilfloses Anrennen. Die Mutter stumm daneben, alles wie immer, es schien ohne Ausweg.

> Ich weiß, dass ich fünf Ohrfeigen gekriegt habe. Es wurde immer schlimmer. Ich habe gesagt, es ist trotzdem falsch. Und dann hat er aufgehört zu schlagen. Da war ich zwölf, und es war das letzte mal, dass ich von ihm eine runter gehauen bekam. Das war der Abschluss. Irgendwie hab ich gewonnen.

Es geschah nie wieder. Hermann Boller war Mitte vierzig, als mit diesem Tag im Jahr 1957 eine Verwandlung in seinem Verhalten gegenüber den Kindern einsetzte. Er schlug nicht mehr, und sie konnten von da an ihre Meinung sagen. Nie mehr war die Rede von seinen »Burschen«, die ihm wie Stalljungen zu Diensten zu sein hatten. Zwar wollte er immer noch bestimmen, aber die explosive Gewalt war verschwunden. Er war ein anderer geworden.

Die gemeinsamen Essen verloren ihren Schrecken. Nun sprachen sie miteinander, über sich und ihre Pläne. Der Vater hörte zu und fragte nach. Niemand bekam mehr Redeverbot. Vater und Tochter fuhren zusammen zum Schwimmen. Er half ihr bei ihren Aufgaben. Hermann Boller behandelte seine Tochter endlich, wie ein Vater seine Kinder behandelt. Sie begann zu spüren, welches Zusammenleben all die Jahre über möglich gewesen wäre. Als Ute Boller mit 18 Jahren ihr Elternhaus verließ, um für das Lehramt zu studieren, litt sie an Heimweh.

Nur ein paar gemeinsame Jahre blieben ihnen noch. Ute Bollers Vater starb mit 54 Jahren infolge einer chronischen Nierenentzündung. Den Ratschlag seines Arztes, wegen seines Zustands ins Krankenhaus zu gehen, hatte er abgeschüttelt. Das war noch einmal der alte Soldat Boller. Nur Memmen gehen in Krankenhäuser. Memmen überstehen Kriege nicht. Als er tot war, sprachen sie in der Familie nicht mehr über ihn.

Seine Tochter aber stellte sich später die Frage, mit welchem Vater sie gelebt hätte, wenn er nicht in Krieg und Gefangenschaft zu jenem Mann geworden wäre, von dem sie in der ersten Hälfte ihrer Kindheit nur Härte erfahren hatte; wenn er von Anfang an dieses andere Gesicht von sich gezeigt hätte. Der wüste Vater und der gute Vater. Hermann der Wilde, Hermann der Milde. *Es fällt mir heute noch schwer, diese verschiedenen Vaterbilder in mir zur Deckung zu bringen.* Niemals gelang es ihr, den einen über dem anderen zu vergessen. Und deswegen ist auch das Bilderbuch, das sie mit Ende fünfzig über den »Spätheimkehrer« malte, nicht zu einem Dokument der Versöhnung geworden.

Ihre Mutter lebte noch viele Jahrzehnte. Wenige Wochen vor ihrem Tod, als sie gemeinsam mit dem Rollstuhl spazieren waren, sagte sie ihrer Tochter, dass ihr Leben nur aus Angst bestanden habe. Beim Wunschkonzert des Altenheimchors wünschte sich Lisel Boller immer das eine Lied:

Und wenn ich einst tot bin,
Sollst Du denken an mich,
Auch am Abend eh Du einschläfst,
Aber weinen darfst Du nicht.

8. EIN GESPENST NAMENS JUGEND

Eine seltsame Mengung der Widersprüche

Als die Aufbaugesellschaft glaubte, sich in ihrer Behaglichkeit einrichten zu können, musste sie feststellen, dass ihr eine neue Gefahr zu erwachsen drohte. Die kam nicht, wie in früheren Zeiten üblich, von vermeintlichen Feinden von außen, sondern aus den eigenen Reihen, nämlich den Kinderzimmern der deutschen Familien. Der Schrecken war groß, wo doch zehn Jahre nach der Katastrophe endlich alles überwunden zu sein schien. Da waren die letzten Spätheimkehrer gerade hinter den Türen ihrer Heime verschwunden. Das Warten auf die Väter war zu Ende. Keine wattierten Jacken an Bahnsteigen mehr, stattdessen Männer, die wenig zu Hause waren, weil sie so tief in der Arbeit steckten. Die Frauen mussten nicht mehr ums Überleben kämpfen, sondern nur noch um das Funktionieren des Haushalts. Für die Notfälle gab es den Lastenausgleich.

Bundespräsident Heuss sprach in seiner Neujahrsansprache 1955 nicht mehr von der seltsamen Mengung der Gefühle aus Hoffnung und Verzweiflung wie noch vor fünf Jahren. Diesmal ermahnte er seine Bürger, sich nicht vom Aufwärtsdrang der Statistiken täuschen und vom Gefühl des wachsenden Wohlstands allein tragen zu lassen. Es missfiel ihm, dass die Gedanken der Menschen, wie die Umfragen zeigten, mehrheitlich um materielle Dinge kreisten wie Fahrrad, Motorfahrzeug, Garderobe, Schmuck und vor allem Geld. Er war selbst rundlicher geworden, womit er noch mehr jenen gemütlichen »Papa Heuss« verkörperte, als der er sich selbst gar nicht sehen wollte. Er hasste den Zug der Deutschen zur Verkitschung seiner Person. In seiner Rede warnte er vor zu viel Gesetzes- und Regelgläubigkeit im Umgang der Menschen miteinander. Menschliche Wärme könnten diese niemals ersetzen.

Damit deutete Heuss zwei Seiten eines Lebensgefühls an, das sich von der Untergangsstimmung des Kriegsendes weit entfernt hatte. Nichts charakterisiert die ganze Epoche besser als der Widerspruch zwischen dem Aufbruch in eine aufregende Welt und ihrer gleichzeitigen Rückwendung in den Fragen von Moral und Erziehung. Die Regelhaftigkeit des Lebens bedeutete nicht nur Enge, sondern diente dem Sicherheitsbedürfnis der Deutschen, dass die Gegenwart beherrschbar und die Zukunft erstrebenswert sein möge. Damit konnten sie sich wieder lange vermisste Gefühle von Glück und Genuss erlauben sowie dem Reiz des Unbekannten nachgeben.

»Die Welt wird heiter«, dieser Botschaft widmete 1955, im Jahr von Heuss' Ansprache, die Herausgeber der Kulturzeitschrift *Magnum* ein ganzes Heft. Wer in den Fünfzigern gelebt hat, für den sind der Muff und die Biederkeit selten die alles beherrschenden Empfindungen, denn diese Jahre waren darüber hinaus vieles mehr: konfliktreich, spannungsvoll und dramatisch. Das innere Erleben hatte nicht immer viel mit dem äußeren Anschein zu tun, der den Blick auf die Zeit später verstellte.

> Mein Leben war armselig, beengt, weitgehend abgeschnitten von der Welt, aber nach innen ausschweifend und ungebunden. Einerseits war ich hochgradig belastet, andererseits angefüllt mit hochgetriebenen Wünschen und Sehnsüchten nach einem anderen Leben. Ich war begeisterungsfähig und zukunftssüchtig, hatte kaum Vorbilder, vieles war selbst gefunden und selbst gemacht. Wenig Außenbeziehungen und viel Innenleben: Das war für mich das Wesentliche jener Zeit.

Das galt besonders für jene jungen Menschen, die in den Werten der Älteren keine Orientierung und in deren Lebensläufen keine Vorbilder fanden. Sie suchten sich ihre eigenen Freiräume, sei es in den Abenteuerspielplätzen der Trümmergrundstücke, zwischen denen sie aufwuchsen, sei es in ihren eigenen Traumwelten. So nagte unter der Oberfläche des emsigen Einerlei ein Hunger nach Selbstbestimmung und ein wütendes Bedürfnis, sich vom Vorgelebtem zu distanzieren. Notfalls mit Gewalt.

Die Rache der Lederjacken

Erwachsene Menschen, die auf die Straße gehen, um gegen die Jungen zu demonstrieren – dieses verkehrte Protestphänomen konnten im September 1954 die Bewohner der Hebbelstraße in Berlin-Charlottenburg beobachten. Die Bürger äußerten lautstark ihr Missvergnügen an den Auswüchsen jugendlichen Fehlverhaltens der zurückliegenden Monate. Es kam nämlich nicht nur vor, dass Jugendliche auf der Straße Passanten anrempelten. Sie warfen auch Fensterscheiben ein. Sie schraubten Schaukästen ab und rissen Lichtschalter in Treppenhäusern aus der Verankerung. Es hieß, dass Erwachsene von Jugendlichen mit Schulbüchern ins Gesicht geschlagen worden seien. Eine Berliner Tageszeitung berichtete über die Hintergründe der seltsamen Kundgebung. Als Brennpunkt der Missstände machte sie eine Spielhalle aus, die zum Anziehungspunkt sogenannter Halbstarker verkommen sei.

Viele teilten den Argwohn gegen die jungen Leute. Ein Bericht von 1955 über die »Gesichter der deutschen Nachkriegsjugend« hielt fest, dass sich vielerorts Jugendliche zusammenrotteten, um gegen die Langeweile des bürgerlichen Daseins zu demonstrieren. Man sähe Burschen in Gruppen um Motorräder herumstehen, um das Technikwunder zu bestaunen. Sie gefielen sich darin, ohne Ziel um die Häuserblöcke zu rasen, allein um der Geschwindigkeit willen. Durch die Westberliner Polizeiberichte geisterte das Bandenunwesen, die »Totenkopfbande«, die »Jahnparkbande« und die »Naunyn-Clique«. Man setzte dagegen mit polizeilichen Machtdemonstrationen, Razzien, Verfolgungsjagden. Diensthunde kamen auf der Suche nach den »sog. Halbstarken« zum Einsatz.

Ende Juni 1955 unternahm die Berliner Motorradgang »Die Wilden« eine Ausfahrt an die Havel. Sie badeten nackt, machten viel Krach, bespritzten den Wirt des Restaurantschiffs »Großes Fenster« mit Wasser, setzten sich ohne Kleider an einen Tisch im Vorgartenlokal und verlangten nach Bier.

> Als sie nicht bedient wurden, warfen sie einen Gartenschirm um und entfernten sich mit großem Lärm. Die herbeigerufene Funkwagenstreife stellte einige der Halbwüchsigen und zeigte sie wegen Verstoßes gegen die Polizeiordnung zur Regelung des Badewesens, wegen verbotswidrigen Parkens und groben Unfugs an. Die Halbwüchsigen benahmen sich aufsässig und äußerten sich abfällig über die Polizeibeamten und den Wirt.

Die Szene wiederholte sich Woche für Woche. Immer wieder kamen »Die Wilden« angefahren, schwammen nackt und grölend in der Havel vor den Augen schockierter Sommerfrischler, besetzten das Ausflugslokal, nahmen Blumentöpfe auseinander und legten sich mit den Gästen, dem Wirt und der Polizei an. Einmal kaperten sie ein Auto, rissen einen Winker ab, schlugen Löcher ins Verdeck und eine Scheibe zu Bruch. Als ihnen in Zehlendorf der Sprit ausging, ließen sie es einfach stehen. Brav nahmen sie den Bus nach Hause.

Solche Vorfälle, die in ihren absurden Merkmalen den Happeningcharakter der aufkommenden Aktionskunst anzudeuten schienen, gingen in den Augen der Beobachter über das Wesen von Jugendstreichen hinaus. Zeitungsartikel und Polizeiakten dokumentierten sie ohne jedes Augenzwinkern. Darin ist vorweggenommen, was in den folgenden Jahren als »Halbstarkenkrawalle« in allen größeren und vielen kleineren Städten in West- und Ostdeutschland zum Ausbruch kam. Spontane, zufällig wirkende Massenereignisse, die so schnell eskalierten, wie sie in sich zusammenfielen, ohne bleibende Spuren zu hinterlassen.

Die Konfrontation mit der Polizei war charakteristisch, ebenso das Fehlen von »Rädelsführern«, »Hintermännern«, Motiven und Zielen. Lärm um des Lärms, Ärger um des Ärgers willen. Keine Wortführer, aber Vorbilder, die aus Amerika kamen. »Die Wilden« von der Havel hatten ihre Bande nach dem Film »The Wild One« benannt, in dem eine jugendliche Rockergang um den Anführer Marlon Brando eine Kleinstadt mit ihrem Terror in Geiselhaft nimmt. Brandos schwarze Perfecto-Lederjacke wurde zum Symbol dieser Rebellion ohne Agenda.

Die Deutschen waren also gewarnt, aber nicht vorbereitet auf die Flutwelle von Aufruhr, die sich 1956 binnen weniger Wochen auftürmen sollte. Am 13. August 1956 verabredeten sich zwei Dutzend Jugendliche am Bonifatiusplatz in Hannover mit dem vagen Plan, sich an diesem Abend mit der Polizei anzulegen. Sie kannten sich untereinander meist nur flüchtig, spürten aber das gemeinsame Verlangen nach einer Aktion. Dazu hatten sie sich anregen lassen von Krawallmeldungen aus München und Berlin, die seit Monaten für Aufsehen sorgten. Zudem wollten sie auf diese Weise ein paar Rechnungen begleichen, wie das Lokalverbot in einer Tanzbar, die Rangeleien um Mädchen mit Bundesgrenzschutzbeamten und die Verkehrsstrafmandate der Polizei.

Eine Stunde später war die Menge der Jugendlichen, die aus allen Stadtteilen Hannovers mit Mopeds, Fahrrädern und zu Fuß zum Bonifatiusplatz geströmt waren, auf das mehr als Zehnfache angewachsen. Ein paar von ihnen trugen Schlagringe und Gummischläuche bei sich. Sie pöbelten ein paar Passanten an, behinderten den Straßenverkehr, umzingelten Autos und schlugen mit Fäusten gegen das Blech. Dann brachten sie durch ihre schiere Menge einen Omnibus zum Stehen. Die ersten Steine flogen durch die Luft. Sie trafen Polizisten und Vorbeigehende. Auf dem Lister Schützenfest stürmten sie die Autoskooterbahn und legten den Betrieb lahm. Dann entdeckten sie einen uniformierten Beamten des Bundesgrenzschutzes.

> Sie umringten ihn, schoben ihm von allen Seiten immer wieder die Mütze ins Gesicht, stießen, schubsten und schlugen ihn. Schließlich schlugen sie grundlos einen Schützen nieder und zerschnitten die Zeltplane des Festzeltes. In der Nähe der Kreuzung Wöhlerstraße/Lister Kirchweg bewarfen sie einen Volkswagen mit Steinen, stellten sich auf die Trittbretter und stießen mit Fäusten und Füßen gegen die Karosserie. Einer der eingesetzten Funkstreifenwagen wurde von den Halbwüchsigen mit einem Steinhagel überschüttet.

Erst ein Mannschaftswagen der Polizei konnte die jungen Leute auseinandertreiben. Sie verschwanden so schnell, wie sie gekommen waren, allein oder in kleinen Gruppen. Nach zwei Stunden war der Krawall, an dem sich 300 Jugendliche beteiligt hatten, beendet. Kurz darauf sahen sich die Pessimisten bestätigt, die darin die ersten Ausläufer einer Lawine befürchteten. Drei Tage später randalierten Jugendliche in München, fünf Tage später wieder in Hannover. So ging es nacheinander weiter, den ganzen August über. Die Schauplätze hießen Nürnberg, Braunschweig, Hildesheim und Düsseldorf. Im darauffolgenden Herbst und Winter kam es noch schlimmer.

In den Monaten zwischen April 1956 und Dezember 1958 registrierten die Behörden mehr als hundert Großkrawalle mit jeweils mindestens fünfzig Beteiligten in dreißig deutschen Städten in Ost und West. Neben sämtlichen Großstädten (Berlin-Ost, Berlin-West, Hamburg, Köln, Stuttgart, Düsseldorf, Bremen, Dortmund, Frankfurt) geschah Vergleichbares in Saarbrücken und Augsburg, in Duisburg und Oberhausen, in Mannheim und Bielefeld, in Lübeck und Osnabrück, in Rostock und Potsdam, Leipzig und Halle. Mit dem Anlaufen des Bill-Haley-Films »Außer Rand und Band« (»Rock Around the Clock«) erreichte die Krawallwelle im Herbst 1956 ihren Höhepunkt.

Fast eine Woche lang, zwischen dem 9. und 15. November,

fühlten sich die Bürger von Gelsenkirchen im Ruhrgebiet wie im Ausnahmezustand. In diesen Tagen arteten die Zusammenstöße der Jugendlichen mit den Ordnungskräften Abend für Abend zu Straßenschlachten aus. Schon während der Kinovorstellungen sprangen die Zuschauer auf die Sitze. Nach Ende des Films zogen sie lärmend durch die Straßen, schrien wilde Parolen ohne Sinn, provozierten Passanten, legten den Straßenverkehr lahm und sich mit den Beamten an. An einem dieser Abende blockierten 1500 Jugendliche den Gelsenkirchener Bahnhofsvorplatz und die Husemannstraße. Bei der Räumung lieferten sie sich heftige Prügeleien mit der Polizei.

Die Hauptstadt der Halbstarkenkrawalle aber war vom Anfang bis zum Ende Berlin. Von Kreuzberg und Neukölln über Charlottenburg, Wilmersdorf, Steglitz, Moabit, Wedding und Lichterfelde bis Prenzlauer Berg und Mitte hatte fast jedes Stadtviertel seine eigenen Krawalltage oder -wochen. In einer Phase um Mitte September 1956 wiederholten sich die gleichen Szenen wie in einem Wanderzirkus des Aufruhrs jeden Abend in einem anderen Berliner Kiez. Noch Anfang 1958, als die Erregung in Deutschland allmählich abflaute, kam es in Berlin innerhalb weniger Wochen noch einmal zu acht größeren Ausschreitungen.

Im Rahmen der Deutschland-Tournee des Rockmusikers Bill Haley erlebte Berlin am 25. Oktober 1958 ein Chaos, das in seiner Wirkung alles Dagewesene übertraf. Tagelang berichteten die Berliner Zeitungen über die blutigen Tumulte im Sportpalast. Sie hatten eine Stunde vor Beginn der Veranstaltung begonnen. Hunderte Jugendliche ohne Eintrittskarte stürmten die Eingänge, zerschlugen Scheiben und drängten in den Saal. Das Orchester von Kurt Edelhagen, das zum Vorprogramm angetreten war, prügelten sie von der Bühne. Haley selbst konnte mit seinem Auftritt die Menge nicht beruhigen. Er brach sein Konzert nach 40 Minuten ab. Einige Wochen später schrieb der *Spiegel* in einer ausführlichen Reportage:

> In hinteren Reihen wurden Raketen und Schreckschußpistolen abgefeuert – ein Signal, das die vorderen Reihen als Aufforderung zum Sturmangriff verstanden. Jünglinge in malerischen Brando- und Presley-Kostümen schulterten ihre Bräute und drangen gliederschlenkernd, grimassenschneidend und blökend gegen den »Saat der Gewalt«-Musikanten vor. Zu jenem Zeitpunkt ging das Fußvolk auf den Rängen bereits dazu über, Stuhlreihen und Bänke zu zertrümmern. Der beginnenden Kanonade entzogen sich Haley und seine Solisten durch die Flucht.

Eine aufgepeitschte Menge, die mit Knüppeln, Brettern und Stuhlbeinen dreinschlug, dazwischen blutüberströmte Menschen, die durch die Gänge krochen. Eine überforderte Polizei, die am Ende mit Gummiknüppeln den Sportpalast räumte. Zurück blieb ein Trümmerfeld. Fassungslos stand die Öffentlichkeit vor der Zerstörungswut ihrer eigenen Jugend.

Die Saalschlacht im Berliner Sportpalast war der Höhepunkt einer weltweiten Serie von Jugendkrawallen, die den stets gleichen Verlauf nahmen. So wie in Deutschland hatten junge Rock-'n'-Roll-Fans in Washington, London und Dublin Schaufenster eingeworfen, Zapfsäulen umgelegt und sich mit Staatsvertretern geprügelt. In Stockholm, das an Silvester 1956/57 die mit 3000 Personen größte Krawallnacht überhaupt vermeldete, flogen Molotowcocktails mit brennendem Benzin. Es gab Ausschreitungen in Oslo, Kopenhagen, Wien, Barcelona. Die Welle schwappte jenseits des Eisernen Vorhangs über Ost-Berlin hinaus bis nach Warschau, Prag und Sofia. Der Schauplatz von größter Exotik war Tokio.

All diese Aufsässigkeiten geschahen ohne übergeordneten Zusammenhang, weder über Länder noch über Städte hinweg. Nirgendwo standen die Gruppen miteinander in Verbindung. Der einende Faktor war ein Lebensgefühl, das sich in jedem Land in einer anderen Bezeichnung spiegelte. In Frankreich hießen sie nach ihrer Kleidung *blousons noirs* (»Schwarzjacken«), in England die *Teddy Boys* (nach einem zweifarbigen Sakko), in Dänemark *Laederjackker.*

In Deutschland hatte eine Ostberliner Zeitung nach dem Aufstand des 17. Juni 1953 den alten Kampfbegriff der »Texashemden« aus der Kiste geholt, um damit die »pseudopolitischen« Jugendlichen zu diffamieren. Der »Halbstarke« dagegen war schon in der Kaiserzeit als Zuschreibung für verwahrloste Jugendliche aufgekommen, die sich gegen die etablierte Ordnung stellten. Von Berlin aus verbreitete sich der Ausdruck in ganz Deutschland, über die Zeitungsredaktionen, Magazine, akademischen Zirkel, politischen Debatten hinaus bis in die Alltagssprache der besorgten Bürger. Der Halbstarke wurde zum Schrecken der Fünfzigerjahre.

Zurück an der Front

Das »Halbstarkenproblem« brachte ein Genre der Berichterstattung zurück in die deutschen Haushalte, das die Zeitungsleser seit Mai 1945 nicht mehr gewohnt waren. Wie die alten Kriegsberichterstatter stürzten sich die Journalisten auf die Zusammenstöße, die sich auf der Bühne der Innenstädte abspielten. Auf die Empörung ihrer Leser konnten die Reporter bauen, dafür schien der Tonfall der *Landser*-Hefte gerade angemessen. Als sich in Dortmund mitten im Weihnachtsgeschäft 1956 mehr als tausend Jugendliche Kämpfe mit der Polizei lieferten, schrieb die *Westdeutsche Allgemeine Zeitung* dazu:

> Letzter Lagebericht von der »Rock-and-Roll-Front« zwischen Hansastraße und Brückstraße: das Capitol, in dem die Saat der Gewalt dreimal täglich (14.30, 17.15 und 20 Uhr) ekstatisch aufgeht, steht noch – vier Schaufensterscheiben zu Bruch – sechs Autos umgeworfen – zwölf Verkehrsschilder demoliert – ein Dutzend Mülltonnen vernichtet. Eine regelrechte Schlacht zwischen Polizei und »Rock-and-Rollern« wurde am Samstagabend geschlagen: mit einem Wasserwerfer und Gummiknüppeln ging eine Hundertschaft Tschako-Polizei gegen die »außer Rand und Verstand« tobenden Jahrgänge 1938 bis 1944 vor und schlug sie in die Flucht.

Die »blinde Zerstörungswut« war ein spektakuläres Motiv für die Presse, die sich ansonsten an der heilen Welt des Wiederaufbaus in der ereignisarmen Adenauer-Dämmerung abarbeiten musste.

Den Halbstarken gegenüber sahen sie eine Polizei in »Kriegsbereitschaft«. Die Herausforderung, den auf Normalität gepolten Nachkriegsalltag zu skandalisieren, nahmen nicht nur die Journalisten der Lokalmedien dankbar an.

Als der *Spiegel* im November 1958 über den Berliner Sportpalast-Krawall berichtete, sparte er nicht mit einschlägiger Wortwahl über die »Radau-Tournee des amerikanischen Massenaufpeitschers Bill Haley«, höhnte über den »Weitblick eines in Halbstarken-Exzessen gestählten Mannes«, der »muskelunruhigen Lederjackenträgern« beim »Sturmangriff« auf die Bühne zusehen musste. Die *Zeit* hatte zwei Wochen zuvor ein Halbstarkentreffen an einem Stadtrand wie einen düsteren Thriller ausgemalt. Darin war die Rede von der »Herrschaft der Lederjacken«, von der Gefahr, die von den Horden jugendlicher Banditen ausging, von ihrem schrecklichen Irrglauben an die Technik und dem Laster des Jahrhunderts: der Geschwindigkeit.

> Ein kleines Kofferradio streut Schlager in die Nacht. Man tanzt im Mondlicht. Da sickert aus dem Radio ein wildes Lied. Das Fremde, Abenteuerliche bemächtigt sich der Gemüter. Man möchte etwas »erleben«. Gewiß, da sind die Mädchen. Aber was ist das schon. Mit knatternden Motoren (an den schallmindernden Auspufftöpfen haben sie herumgebastelt) brausen sie fort.

Die Welle der Krawalle war noch im Gange, als bereits die ersten wissenschaftlichen Studien erschienen. Pädagogen, Familienforscher, Kriminologen und Ärzte suchten hinter dem Phänomen neben einer fachspezifischen auch die gesamtgesellschaftliche Bedeutung. Als Grundlage dienten ihnen Berichte der Kriminalpolizei, Akten von Gerichtsprozessen, Staatsanwaltschaften und Jugendämtern sowie die Aussagen aus Strafprozessen. Sie dokumentierten, wie stark das Phänomen der Halbstarken in der Gesellschaft im Bereich kriminellen Verhaltens verortet war.

Sie demolieren Kinderspielplätze, beschädigen Straßenlaternen und öffentliche Fernsprechzellen, schlagen die Glasscheiben von Feuermeldern ein, stürzen Parkuhren um. Um das Wesen des Jugendaufstands in sozialwissenschaftliche Kategorien fassen zu können, bemühten die Wissenschaftler ihr ganzes Repertoire von Umfragen, Phänomenologien und Typologien bis hin zu statistischen Erhebungen.

Demoskopen befragten die Bevölkerung. Polizei, Gerichte und Jugendämter bildeten Arbeitskreise. In Berlin machte sich beim Senator für Inneres 1955 eine »Kommission zur Bekämpfung des Rowdytums« an die Arbeit. Die Ermittler konzentrierten sich auf die Überwachung von Straßen und einschlägigen Bars. Der Bundestag debattierte 1956 über eine Strafverschärfung für jugendliche Täter, während um die gleiche Zeit die Abgeordneten im West-Berliner Senat über die Ursachen jener Tumulte beratschlagten, die sich in der Stadt seit anderthalb Jahren entluden. Auf der anderen Seite der Grenze sahen sich die DDR-Behörden in einem Abwehrkampf gegen die Vertreter einer US-indoktrinierten Jugendideologie. Die Kriminalisierung der Halbstarken führte dort ein paar Jahre später zur Einführung des berüchtigten »Rowdyparagrafen« 215 im DDR-Strafgesetzbuch.

Die meisten dieser Reaktionen standen in keinem Verhältnis zur Gefahr, die von diesen Jugendlichen tatsächlich ausging. Die Schadensbilanz war trotz fliegender Steine und Stuhlbeine gering. Die Fälle von Körperverletzung erinnerten an Kneipenschlägereien. Im Zusammenhang mit mehr als hundert Halbstarkenkrawallen wurde nicht ein einziger Toter vermeldet. Angesichts dessen, was die Deutschen zehn Jahre zuvor an Gewaltexzessen erlebt hatten, wirkte die Schärfe der Verdammung in weiten Teilen der Bevölkerung wie grotesk überzogene Hysterie. Dahinter steckte mehr als der Zorn über ein paar verbeulte Kotflügel. Der scheinbar unerklärliche Protest einer Gruppe von Jugendlichen war wie ein Spiegel, in den niemand gern blicken wollte. Darin offenbarte sich die Zwanghaftigkeit einer Gesellschaft, die die seelischen Kriegsfolgen in den Familien beiseitegeschoben hatte und deren Erziehungswerte erstarrt waren. Das Auftreten der verhassten »Halbstarken« war ein Angriff auf den Autoritätsreflex der älteren Generation.

Halbstark wider Willen

Die neue Musik war nicht verboten, aber sie wurde nirgendwo gespielt außer im US-Sender AFN oder auf dem Rummelplatz. Am Autoskooter liefen die amerikanischen Songs so laut, dass sie über den Lärm der Maschinen hinwegdröhnten. Diese Musik zu hören war ein Glückserlebnis. Werner Krabbe verbrachte viel Zeit auf dem Rummel.

Sieben Jahre war er alt gewesen, als er 1949 mit seiner Mutter aus der Evakuierung in Bayern zurück nach Berlin-Wedding gekommen war. Ihre Wohnung war ausgebrannt, dennoch mussten sie sich provisorisch darin einrichten. Nachdem sein Vater aus der Gefangenschaft nach Hause gekommen war, ging die Ehe seiner Eltern in die Brüche. Mit seinen zwei Geschwistern blieb Werner bei der Mutter. Ein vaterloser Junge, der früh auf sich allein gestellt war.

Nach der Schule begann er eine Lehre als Schrift- und Dekorationsmaler. Mit seinen Freunden traf er sich, wenn nicht auf dem Rummel, dann in den »Preßluftschuppen«, den Baracken mit Musikbox. Kein ordentlicher Berliner Wirt hätte die jungen Leute in seine Kneipe gelassen. Zeitweise musste ein Hausflur, eine Hofeinfahrt oder eine Straßenecke als Treffpunkt ausreichen. Orte, an denen überall Verbotsschilder gegen Jugendliche angeschraubt waren.

Der Hauswart gehörte neben dem Lehrer und dem Polizisten zu ihren drei Feindbildern. Die anderen Jungs und wenigen Mädels waren Arbeiterkinder wie er. Rau im Ton, weit entfernt von Kühlschrank oder Volkswagen. Dank seiner Lehre war immerhin etwas Geld da für Kleidung, später mal ein Moped. Wer sich aber für was Besseres hielt, wer nur damit kokettieren wollte, durfte nicht mitziehen. Sie kamen von unten, und das wussten sie.

> Die Halbstarken waren richtig normale Lehrlinge, die ihr Haar sorgsam nach hinten kämmten und sich relativ normal gaben und die nach Feierabend sich mit ihren Mopeds etc. zu ihren Treffs begaben – und die eigentlich nur in der Gruppe Aufmerksamkeit erregten. Der einzelne war gar nicht mal so 'ne ungeheure Sache, die Gefährlichkeit kam nur mit der Gruppe, und von den Medien wurde der Halbstarke auch bloß als Gruppe zur Kenntnis genommen.

Keiner von ihnen wäre darauf gekommen, sich selbst als »halbstark« zu bezeichnen. Was sie zusammenhielt, waren ihre Herkunft, ihr Stil und ihre Vorbilder. Sie kannten die Filme mit Marlon Brando und James Dean – »The Wild One« (»Der Wilde«) kam 1955 in die deutschen Kinos, ein Jahr später »Rebel Without a Cause« (»… denn sie wissen nicht, was sie tun«). Eine Jacke wie Brando, Jeans und Stiefel wie James Dean. Entscheidend war, dass es nicht die deutsche Art war, sich zu kleiden. Dazu gehörte die richtige Frisur. Kein deutscher Seitenscheitel, keine hochgeschorenen Seiten, sondern Fett in die Haare und damit eine »Ente« ziehen: Kopfhaar nach hinten zusammengekämmt, in der Mitte mit einem Kammstrich heruntergezogen. *Das konnte ein Erwachsener nicht mit ruhigen Augen beobachten.*

Lässig sein, elastisch, sich bewegen wie die Vorbilder aus Amerika. Anders als die stocksteifen Erwachsenen, das lernte Werner Krabbe bei seinen Jungs auf der Straße. Dazu musste er nicht viel begreifen, schon gar keine Parolen herunterbeten, sondern er musste es fühlen. Ihre Musik war nur über den Körper zu verstehen, nicht über den Verstand. Die englischen Texte im Rock 'n' Roll verstanden die wenigsten unter ihnen.

> Die Leute haben das wirklich nur phonetisch genossen. Aber irgendwo im Unterbewußtsein haben sie die Auflehnung gespürt, daß was Neues angesagt war: wahrscheinlich 'ne Befreiung auch vom Verstandesmäßigen, daß auch körperlich sich noch was anderes abspielen konnte – was von den Erwachsenen ja immer sorgfältig vertuscht wurde, was nie zur Sprache kam, von dem man als Heranwachsender aber doch wußte.

Die halbstarke Bewegung war eine Rebellion gegen die Verbotskultur, mit der die Erwachsenen die Körper- und Gefühlswelt überzogen hatten. Später erinnerte sich Werner Krabbe daran als ein befreiendes Lebensgefühl, auch wenn sie nicht mehr taten, als in Hausfluren miteinander herumzuhängen und Musik vom tragbaren Plattenspieler zu hören. Eine Zeit, in der mit den verbotenen Emotionen auch Aggressionen freigesetzt wurden. Ohne ihre Wut formulieren zu können, spürten sie, wie das Diktat der Großen sie einengte, das ihnen Fleiß, Disziplin und das Leugnen von Schwächen auferlegte. Die Ordnung der Generationen war so überholt wie ihre Kleiderordnung. Sie musste eines Tages kippen. Die Erfindung der Lässigkeit war ein Aufstand gegen das gusseiserne Soldatenerbe ihrer Väter.

> Von den Halbstarken selber ist, wie gesagt, nie richtig formuliert worden, was sie eigentlich wollten, was sie ausdrücken wollten und wohin sie wollten. Der Rock 'n' Roll hat das irgendwie formuliert, aber auch bloß im Unterbewußten. Da stand überhaupt kein politischer Anspruch dahinter, den hatten die einfach nicht. Ich kann mich an nicht eine politische Diskussion erinnern!

Sie wollten widersprechen, dazu brauchten sie keine Botschaft. Sie wollten auffallen, wussten aber das Licht der Aufmerksamkeit nicht zu gebrauchen. Es trug wesentlich zur Verstörung der Elterngeneration bei, dass sie sich von einem Aufbegehren ohne Ziel provoziert sah. Keiner trug bei den Krawallen Transparente. Die Halbstarken wollten niemanden stürzen und nichts erobern außer ihren eigenen Freiraum. Die Biografien ihrer Eltern verstanden sie als Warnung, sich niemals für einen politischen Kampf einfangen zu lassen.

Im Jahr 1958, als Werner Krabbe 16 Jahre alt war, ließ ihn ein Vertreter der Berliner Jugendfürsorge nach einem Hausbesuch in die Erziehungsanstalt »Jugendhof Schlachtensee« einweisen. Nach dem gültigen Jugendstrafverständnis, das sich im Dreieck von »Verwahrlosung«, »Gefährdung« und »Schädigung« bewegte, hatte ihn der Fürsorger als verstockt und verwahrlost taxiert. Bis zu seinem neunzehnten Lebensjahr musste er im Erziehungsheim den Kasernenhofdrill der Erzieher über sich ergehen lassen, vor dem er als Halbstarker geflohen war.

Eine enge Holzstiege führte ins erste Stockwerk des hellgrün gestrichenen Hauses, das in einer steil abfallenden Straße am Fuß des Aussichtshügels Gaisberg in Heidelberg gelegen war. Rechts neben der Etagentoilette ging es in die Küche, von dort weiter durch eine Tür in die Speisekammer. Da drin wohnte er, in einem Loch ohne Fenster, das Bett eingeklemmt zwischen drei Wänden. Dazu ein Tisch mit Stuhl, ein schmaler Schrank und ein Plattenspieler. Jürgen ging voran.

> Trotz geöffneter Tür war nicht genügend Helligkeit im Raum und er drehte an einem Drehschalter die Deckenbeleuchtung an. Alle Wände und sogar die Kammerdecke waren so dicht beklebt mit Abbildungen von Stars aus der Musik- und Filmwelt, dass kein Stückchen Tapete oder Verputz mehr zu sehen war.

Dort klebten alle ihre Helden: Bill Haley, James Dean, Louis Armstrong, Gene Vincent, Karin Baal, Horst Buchholz. Dass Jürgen sich mit Musik auskannte, war Marion längst klar. Er besaß Schallplatten mit den Hits des US-Militärsenders AFN und hatte ihr im Wohnzimmer von Freunden gezeigt, wie man Rock 'n' Roll tanzt: über seinen Rücken und seine Hüften rüber, unter seinen Beinen hindurch. Das machte ihn verdächtig bei Mutter und Großmutter. Sie schimpften über die »Negermusik«. Es gefiel ihnen gar nicht, wie sie den Jürgen da draußen rumlungern sahen. Was konnte der schon wollen? Sie ließen keine Gelegenheit aus, über ihn herzuziehen, ohne je ein Wort mit ihm geredet zu haben. Monate vergingen, ehe Marion sich breitschlagen ließ, sein Zuhause anzusehen, im Sommer 1956.

In seiner Schlafkammer war ihr fast schwindelig geworden, so sehr hatten sie diese Bilder beeindruckt. Zu jedem Fetzen konnte er ihr eine Geschichte erzählen. Danach saßen sie am Küchentisch und aßen Brote mit Mettwurst, ohne Teller und Serviette. Die Krümel wischte Jürgen mit dem Unterarm vom Tisch. Dann kam seine Mutter nach Hause, da war es gelaufen. Jürgen stellte ihr Marion vor, die Mutter aber grüßte kaum. Blass war sie, mit dunklen Ringen unter den Augen, die Mundwinkel wie beleidigt nach unten gezogen. Sie begann, mit einer Eisenstange im Herd herumzustochern. Jürgen brachte Marion nach Hause. Sie hatten viel gemeinsam – sie liebten die gleiche Musik, waren gern auf der Straße, wuchsen beide ohne Vater auf und schlugen sich mit den Erwachsenen herum.

Marion lebte in einem vierstöckigen Wohnhaus im Westen von Heidelberg. Nebenan war das Capitol-Kino. Ihre Eltern Evelyn und Karl-Hans hatten sich kurz nach dem Krieg getrennt, als sie zwei Jahre alt war. Außer ihrer Mutter und Großmutter wohnten, in einem engen Raum am Ende des Korridors, noch ihre beiden Onkel bei ihnen. Marion schlief mit Oma in einer Kammer. Im Haus war es laut, in den Familien wurde viel gestritten, Türen knallten. Auch bei ihr zu Hause ging es streng zu, oft gab es Schläge, wenn sie sich nicht an die Regeln hielt. Seltsam waren die Hausbesitzer Herr und Frau Lomani. Sie brüllten aus den Doppelfenstern über der Hofeinfahrt, wenn ihnen der Lärm zu viel wurde. Beide hatten steile Falten zwischen den Augen. *Sonst sah man sie nie. Man flüsterte, sie seien Juden, man hätte sie wohl übersehen.* Marion verstand vieles nicht von dem, was die Großen redeten und wie sie sich verhielten.

Ihre Mutter wirkte nie zufrieden. Die Arbeit als Übersetzerin bei den Amerikanern langweilte sie. Manchmal fuhr sie allein in den Urlaub nach Italien und kam danach strahlend und mit Bildern gut aussehender Männer zurück. Aber das hielt immer nur ein paar Wochen, dann verfiel sie wieder in ihren Missmut. *Was fehlte meiner Mutter? Womit konnte man sie zufrieden stellen?* Sie wurde Marion immer fremder. Sie hörte auf, sich nach ihren Umarmungen zu sehnen.

Ihren Vater sah sie kaum noch. Die Mutter verweigerte ihr den Umgang mit ihrem früheren Mann, der nichts geregelt bekam und nichts bezahlte. Es war nicht so, dass er Marion fehlte. Leider war auch Onkel Rüdiger, der mit seiner guten Laune alle unterhalten konnte, eines Tages verschwunden, als die Polizei nach ihm fragte. Er ließ sich nie wieder blicken. Angeblich hatte er sich ins Ausland abgesetzt.

Marions Schule befand sich in einem bedrohlich wirkenden Sandsteingebäude. Der Lehrer regierte die Klasse mit dem Rohrstock. Einmal ließ er einen Jungen so lange mit dem Gesicht zur Wand stehen, bis dieser umkippte und mit blutender Kopfwunde ins Krankenhaus musste.

Solange Marion ihr eigenes Leben leben konnte, war sie gern zu Hause. Der Hausmeister vom Capitol ließ sie die Heimatfilme ansehen. Mit den Spielkameraden im Hof war immer etwas los. Einmal entdeckten sie auf einem alten Gleisgelände unter einer Abdeckplatte ein Loch, einen Schacht ohne Licht und ohne Grund. Als sie hinunterstiegen, fanden sie eine unterirdische Stadt, mit Räumen und Gängen in kahlem Beton. In einer Ecke lagen ein paar Knochen. Eines Tages war der alte Nazi-Bunker auf dem Bahngelände, den alle vergessen hatten, für immer verriegelt.

> Das Spielen mit Jungen hatte mich hart gemacht. Ich war gefürchtet. Meine Soldaten waren tapfere Kerle, auch zu Hause. Auf unserem Hof hatte sich unsere Capitol-Bande geschworen, jeden Eindringling in unserem Gebiet zu bekämpfen.

Jürgen, der ein paar Straßenzüge weiter am Gaisberg wohnte, nannten alle in ihrer Familie den »Halbstarken«. Sie störten sich an seinem Aussehen, seinen Haaren und seiner Ami-Kleidung: olivgrüne Gabardine-Hose, die Ärmel seines großkarierten Flanellhemds hochgekrempelt, um seinen Hals baumelte eine silberne Kette mit Anker. An den Füßen trug er Mokassins ohne Schnürsenkel. Sportlich sah er aus, wild und lässig. Er erinnerte sie an James Dean. Marion war glücklich, wenn er sie besuchen kam. Seine Lehre zum kaufmännischen Angestellten hatte er abgebrochen. Dieser Kommandoton, dieses Kleinkrämertum, das passte einfach nicht mehr zu ihm. Jürgens Vater war Architekt gewesen, bevor er im Krieg gefallen war, ein Jahr nach seiner Geburt. Seine Mutter war Tänzerin, früher einmal. Jetzt kämpfte sie nur noch von morgens bis abends, so wie Marions Mutter. Auch Jürgen war bereit zu kämpfen. Er hatte sich vorbereitet.

In der Zeitung konnte man viel lesen über die Randale in der Altstadt und der Bahnhofsstraße. Oft waren Soldaten aus den amerikanischen Kasernen darin verwickelt. Wenn es dunkel wurde, traf er sich mit seinen Jungs, den anderen Halbstarken, am Wilhelmsplatz. Meist hatte jemand ein Transistor-Radio dabei. Sie gingen nachts zum Baden in den Neckar, verboten natürlich, aber umso mehr Abenteuer. Am Wochenende fielen sie mit der Horde in der Eisdiele Venezia ein, fläzten sich auf die Stühle, die Füße von sich gestreckt. Jeder von ihnen besaß eine Waffe, Totschläger, Gaspistole, Schmetterlingsmesser. Jürgen hatte Marion einmal seinen Schlagring gezeigt. Von Schlägereien war viel die Rede in dieser Zeit.

In Mannheim, keine 20 Kilometer weiter, kam es im Dezember 1956 zu einem Rock-'n'-Roll-Krawall, als die Besucher des Films »Außer Rand und Band« das Kino verließen. Eine Menge von mehreren Hundert Jugendlichen drängte durch die Innenstadt. Sie stürmten Tanzlokale und zertrümmerten Eingangstüren, Tische, Gläser. Draußen auf den Straßen gingen Reklameschilder, Fensterscheiben, Telefonzellen zu Bruch. Sie flüchteten, als die Polizei anrückte. Acht von ihnen erhielten Jugendstrafen.

Zu Hause bei Marion Schwarz tagte das Familiengericht. Ihre Großmutter hatte in ihrem Tagebuch gelesen, dass Jürgen sie geküsst hatte. Ein Proletarier, welche Schande! *Ein weiterer Umgang mit ihm wurde mir verboten. Von da an musste ich jeden Tag lügen. Ins Tagebuch schrieb ich nie wieder. Meine Kindheit war zu Ende. 1958 zogen wir um.*

Auch Frankie kannte die Wut auf die Großen, die ihm ihre zerstörte Welt aufzwangen. Frank Arkady Bartelt hatten sie ihn genannt, nach seinem Vater Arkady. Der war Deutschrusse gewesen und im Krieg gegen seine eigenen Landsleute gefallen. Eine Granate hatte ihn in den letzten Kriegswochen am Stettiner Brückenkopf zerrissen. Obwohl Franks Mutter die offizielle Todesnachricht zugeschickt bekommen hatte, lief sie mit ihrem Sohn jedes Mal zum Bremer Bahnhof, wenn ein Zug mit Heimkehrern angekündigt war. Dann stand sie da und weinte, um sich und um Arkady, der niemals aus dem Waggon gestiegen kam – stand da mit Frankie an der Hand, der sich unter all dem nichts vorstellen konnte.

Sie heiratete einen Seemann, der genug hatte vom Meer. Mit ihm eröffnete sie im Bremer Arbeiterviertel Walle eine Kneipe, als Frank zehn Jahre alt war. Im Krieg war um die Ausfallstraße nach Bremerhaven herum alles niedergebombt worden bis auf ein paar Hühnerställe. Die »Martinsklause« lag gegenüber vom

Friedhof, neben den Buden der Steinmetze. Dahinter reihten sich Flachbauten, so weit man blicken konnte. Morgens um halb acht kamen die Steinmetze zum Frühstück, zwei Stunden später die Trauergäste von den ersten Beerdigungen. So ging es weiter. Irgendwann kamen die Rentner, es gab den Skatklub und die Kriegsveteranen, als Letztes die Nutten, die sich Mut antranken, ehe sie runter zum Hafen gingen. *Die Kneipe war von morgens bis abends voll.*

Irgendwann kam Franks Stiefvater, der mit seinen Gästen mittrank, morgens nicht mehr aus dem Bett. Von da an musste Frankie aushelfen, am Tresen oder im Lager. Anfangs nur am Abend nach der Lehre, aber dann auch sonntagmorgens. Um neun Uhr ging es los mit dem Skatklub. Die Rentner hasste er besonders, wenn sie ihm schon beim Reinkommen schräg mit ihren Sprüchen kamen. Er schluckte das runter, so wie den Anblick der Kriegsinvaliden, die sich in die Martinsklause schleppten. Wenn er hinter dem Tresen stand, fühlte er sich wie der Aufseher in einem Versehrtenheim.

> Da kam einer rein, der hatte keine Beine mehr. Stefan Frank hieß der. Beide Beine waren über dem Knie einfach weg. Er hatte zwei Stöcke und zwei Holzbeine, die bei jedem Schritt auf den Boden krachten. Wenn er dann besoffen war, musste ihn links und rechts jemand stützen. Dann kam einer, dem waren an beiden Füßen die Zehen abgefroren. Er lief in seltsam gebogenen Schuhen wie auf Eiern. Und es gab noch einen ohne Arm.

Gestalten wie im Panoptikum am Bremer Freimarktrummel. Die wollten ihm aber alle erklären, wo es langgeht im Leben. Nur ihre Kriegsgeschichten behielten sie für sich.

Abends kamen die Jungs mit den Mopeds, die ihn beeindruckten. Die meisten waren Lehrlinge, Handwerker oder Maurer, wohnten in den Behelfsbauten, zwischen denen sie mit ihren

Maschinen von NSU oder Kreidler auf und ab rasten. Sie brachten ihre Elvis-Frisur mit Birkenöl in Form. Die einen gehörten zur Gang »Alter Winterweg«, die anderen zur »Lämmerweide«. Einfache Jungs, die erst fragten, nachdem sie zugeschlagen hatten. Sie wussten, dass es darum ging, der Erste zu sein. Für die Rentner in der Kneipe, die das Leben so gut kannten, für seine Mutter und seine Oma waren diese Jungs asoziales Pack, Halbstarke, von denen er sich fernhalten sollte. Aber sie selbst hätten sich niemals halbstark nennen lassen. *Und ich hab mir gedacht: Mensch, die lassen sich nichts bieten!*

Inmitten der Trümmergrundstücke von Walle war ihr Haus als einziges stehen geblieben. Vom vorderen Teil mit der Kneipe führte ein Gang nach hinten zu den früheren Schweineställen. In den kleinen Parzellen hatte sich die Familie Bartelt eingerichtet. Alles lag in einer Reihe, von der Waschküche über Omas Zimmer zum Wohn- und Schlafzimmer. Frank teilte sich mit der Großmutter das alte Ehebett und ein Kaltwasserwaschbecken. Wenn sein Stiefvater nicht mehr aufstehen konnte, kam der Skatklub am Wochenende morgens zu ihm ins Wohnzimmer. Die Bedienung lief dann mit dem Tablett voller Bier an Frankies Bett vorbei. Er hörte die Männer lärmen.

> Ich hatte kein Kinderzimmer und kein Privatleben. In unserem Haus war so ein schmaler Gang wie ein Trampelpfad, wo genau ein Mensch hindurch passte. In der Waschküche, wo alle durch liefen, war ausgerechnet ein Fenster zu meinem Bett, ohne Gardine. Da liefen sie alle vorbei und riefen: Frankie, aufstehen! Da kam dann auch diese Wut. Halbstark! Sie rasen, sie brettern durch die Straßen … das kam da raus.

Abends nach der Lehre, am Wochenende auch morgens am Tresen stehen, Schnaps abfüllen, Eis in die Holzfässer im Keller schaffen. Dort sah Frank den Mopedjungs zu, die sich in der »Martinsklause« trafen, um von dort aus zusammen weiterzubrettern zum Pastorensee, die Mädchen hinten drauf. Als sie zurückkamen, stand er da immer noch. Da wusste er, dass es noch etwas anderes geben musste als die »Martinsklause«. Schritt für Schritt kämpfte sich Frank in sein eigenes Leben. Er bekam seine erste Jeans. »Brisk« hieß die Pomade in der roten Tube, mit der er sich die Elvis-Tolle frisierte. Zwei Wochen musste das gehen ohne Haare waschen. Zum Schlafen lag ein Handtuch auf seinem Kopfkissen. Irgendwann hatte er eine Gitarre in der Hand und brachte sich die ersten Griffe bei. Mit zwei anderen Jungs gründete er eine Band, drei Gitarren ohne Schlagzeug im Freizeitheim. Sie spielten alles nach, was ihnen gefiel, und die englische Sprache imitierten sie »phonetisch«.

Halbstark sein! Das war eine Aggression, und eine Genugtuung. Das Wort ging Frankie nicht mehr aus dem Kopf. Irgendwann fielen ihm ein paar Sätze dazu ein. »Die Maschinen sind alles, was sie haben. Heiße Melodien, sie heulen durch die Nacht. Sie rasen durch die Straßen. Und die Gassen, sie sind menschenleer.« Um 1960 komponierte Frank Bartelt seinen Song »Halbstark«, den er mit den »Yankees« ein paar Jahre später im Bremer »Beat Club« ins Fernsehen brachte. Es wurde Frankies größter Hit.

Zu dieser Zeit war die Welle der Halbstarken-Krawalle schon lange abgeebbt. Sie hatte nichts weiter hinterlassen als die Erinnerung an einen rebellischen Lebensstil, den die Freizeitindustrie für sich vereinnahmt hatte. Jeans, Lederjacken und Motorräder waren nicht mehr die Symbole einer Auflehnung, sondern Accessoires der Teenagermode. Mit Songs von Peter Kraus (»Wenn Teenager träumen«) oder Ted Herold (»Carolin, darf ich nicht dein Boyfriend sein?«) ließen sich keine Straßenschlachten inszenieren. Angepasst war das Bild des Jugendlichen, das die erste deutsche Jugendzeitschrift *Bravo* seit 1956 verbreitete.

Eckensteher und »Gammler« gab es zwar weiterhin, aber sie

verbreiteten keine Angst mehr, sondern Überdruss. Aus der weltweiten Subkultur war ein Standard geworden. Die Revolte vor der Revolte, wie sie später genannt wurde, hatte weder Helden oder Märtyrer noch politische Manifeste hervorgebracht. Selbst die eindringliche Anklageschrift eines Jugendlichen an die Väter und Mütter blieb anonym. Sie erschien Anfang September 1956, verfasst »von einem unbekannten Halbstarken« nach den Augustkrawallen in München, Hannover, Braunschweig, Berlin, Hildesheim und Düsseldorf, in der *Bild am Sonntag*:

> An die Schwachen!
>
> Weil ihr schwach seid, habt ihr uns Halbstarke genannt, und damit verdammt ihr eine Generation, an der ihr gesündigt habt, weil ihr schwach seid. Wir gaben euch zwei Jahrzehnte Zeit, uns stark zu machen, stark in der Liebe und stark im guten Willen, aber ihr habt uns halb-stark gemacht, weil ihr schwach seid! Ihr habt uns keinen Weg gewiesen, der Sinn hat, weil ihr selber den Weg nicht kennt und versäumt habt, ihn zu suchen, weil ihr schwach seid. Euer brüchiges »Nein« stand windschief vor verbotenen Dingen …
>
> Wir sind halbstark, und unsere Seelen sind nur halb so alt wie wir, wir machen Radau, weil wir nicht weinen wollen nach all den Dingen, die Ihr uns nicht gelehrt habt.

Im Familiendrama der deutschen Nachkriegszeit besetzten die Halbstarken die Rolle des schwarzen Schafes, das sich quer gegen die Hierarchien der Herde stellt. Für ein paar Momente war der schwelende Konflikt der Generationen ins Schlaglicht der Straßenlaternen und Polizeischeinwerfer getaucht. Vor dem Verdämmern von Adenauers Kanzlerdemokratie wirkte dieses Aufleuchten umso greller. Als hätten alle auf ein Signal gewartet, pflanzte sich die Gewaltbereitschaft sowohl in den Reihen der Jugendlichen als auch der Polizei fort. Die Elterngeneration, Männer wie Frauen, wirkte in diesem Aufflackern alt und fern. Das tiefe Erschrecken in vielen Gesichtern, diese Ratlosigkeit der Älteren gegenüber den Jungen, sollte sich ein paar Jahre später wiederholen. Die Revolte nach der Revolte blieb jedoch nicht ohne Spuren.

9. DIE KISTEN DER PANDORA

Ende der Achtzigerjahre fand eine Frau um die vierzig zehn Postpakete vor ihrer Wohnungstür vor. Es waren Sachen ihres Vaters, die ihr die Stiefmutter ohne Vorwarnung zugeschickt hatte. Als sie nach Monaten des Zögerns die Pakete öffnete, kam ihr alles entgegen: Gegenstände, Bilder, Unterlagen, der Geist des toten Vaters. Auch ein paar Bücher in unlesbarer Sütterlinschrift waren darunter. Tagebücher ihrer Mutter, von deren Existenz sie nichts gewusst hatte. Eine Zigarrenkiste fiel ihr ins Auge. »Gerold-Zigarren Coronas II«. Sie stammte aus einer Ära, in der das Stück für 25 Pf. zu haben war, wie es der Aufkleber verhieß. Schmal und leicht war diese Kiste, solide gearbeitet. Kleine Nägel hielten die Wände aus hellbraun fleckigem Holz trotz ihres Alters zusammen.

Sie erkannte die Kiste wieder, nach mehr als dreißig Jahren, genauso wie die Fotos, die darin waren. Mehrere Dutzend Familienbilder, die meisten im Schwarzweiß der Dreißiger- und Vierzigerjahre. Die Schwarz- und Grautöne waren von beachtlicher Prägnanz, die meisten Abzüge hatten die Jahrzehnte ohne Schaden überstanden. Die Zigarrenkiste hatte sie nicht nur vor allen Blicken, sondern auch vor dem Zahn der Zeit verborgen gehalten. Die Bilder begannen sofort zu ihr zu sprechen, nach all der langen Zeit. Bis zu diesem Tag hatte die Frau ihre Familie vergessen, auf Befehl verdrängt. Alles hatte sie verloren in dem dunklen Loch ohne Erinnerung, in das sie mit neun Jahren gefallen war. An nichts hatte sie sich halten können, um dort herauszuklettern. Die Zigarrenkiste war der Schlüssel. Auch wenn das Licht der Wahrheit über ihre Familie sie blenden würde – sie wollte hinaus aus ihrem Loch.

Eines der Fotos, eine Studioaufnahme, zeigt zwei Kinder um acht oder neun Jahre vor einem Vorhang. Zöpfe und Scheitel in Blond, auf beiden Gesichtern spielt ein sanftes Lächeln. Für den Fotografentermin waren sie sorgfältig hergerichtet – ihre Schwester und ihr Bruder, etwa ein Jahr vor ihrem Tod. Sie hatte die beiden nie kennengelernt, da sie erst danach zur Welt gekommen war. Aber das Foto sah sie nicht zum ersten Mal. Als Kind hatte sie es oft betrachtet. Ein anderes Bild zeigte einen Mann und eine Frau in mittleren Jahren, im Freien vor einer Berglandschaft. Der Mann steht aufrecht, Blick und Miene geradlinig. Die Frau daneben wirkt in sich gekehrt. Das waren Mutter und Vater etwa 1944, im Riesengebirge nach der Evakuierung aus Berlin, wo sie ein paar Monate später geradewegs in die Katastrophe stolperten.

Dann waren da noch zwei oder drei Fotos in den Farben der Fünfziger, auf denen die Frau sich selbst als Kind erkannte. Auf dem einen hält das kleine Mädchen eine Puppe in der Hand, die sie nach ihrer Schwester benannt hat. Die Puppe hat einen Riss. Auf dem anderen Bild ist sie sieben Jahre alt, im Urlaub mit ihrer Mutter. Das Bild sticht ins Violett, das Grün von Gras und Bäumen ist verblasst, die Strickjacke des Mädchens leuchtet noch rot. Ihr Kopf ruht an der Schulter der Mutter, die den Arm um sie gelegt hat. Zwei kleine Figuren, allein in einem Waldstück, die sich aneinander festhalten. Eine große Nähe vermittelt sich darin. Das dritte Bild von 1956 zeigt dasselbe Mädchen mit zehn. Man sieht ihr nichts an, dabei ist ihre geliebte Mutter gerade ein halbes Jahr zuvor gestorben. Da hatte sie schon das Schweigegesetz verinnerlicht, das ihr Vater über die Geschichte dieser unglücklichen Familie verhängt hatte.

Schweigen, keine Bilder, keine Worte. Nach dem Tod der Mutter im Dezember 1955 gab es sie nicht mehr. Die Zigarrenkiste blieb vor ihren Blicken weggesperrt, für mehr als dreißig Jahre. Sie sprachen nicht mehr darüber: Halt den Mund, Kind! Das Mädchen wollte so sehr gehorchen, dass es alles vergaß, was mit der Mutter zu tun hatte, und alles, was es von seinen Geschwistern wusste. Das Familienleben, der Tod der Mutter, das Jahr danach, alles fiel ins Schwarz. Später, als sie erwachsen genug war, um Fragen zu stellen, waren die Antworten ihres Vaters und der Verwandten abweisend. Sie wusste nicht mehr, als dass etwas Fürchterliches geschehen war.

Mit der Paketsendung bekam das Rätsel endlich Konturen. Die Tagebuchzeilen ihrer Mutter waren schwer zu entziffern. In jedem Krakel musste sie die einzelnen Buchstaben finden, ehe sie sie zu Wort und Satz zusammensetzen konnte. Am Kriegsende, wo die Fäden dieser Geschichte zusammenlaufen, klaffte in den Tagebüchern eine Lücke. Die Angaben, die ihr an dieser Stelle fehlten, holte sich die Frau vom Standesamt Berlin-Charlottenburg. In der Formelsprache der Sterbeurkunden erschlossen sich ihr die Umstände des Familiendramas, dessen Erbin sie war, ob sie wollte oder nicht.

Im Frühjahr 1945 war ihre Mutter, deren Gesundheit seit Langem angeschlagen war, mit den beiden Kindern auf der Flucht vor der Roten Armee. Vier Wochen brauchten sie vom Riesengebirge bis nach Berlin, immer vor den Russen her. Auf dem Weg musste sie Fürchterliches erlebt haben. Sie war an Körper und Seele zerrüttet, als sie im März Berlin erreichten, kurz bevor die Sowjets zum Sturm auf die Hauptstadt ansetzten. Ihr Mann war wegen kriegswichtiger Aufgaben nicht an der Front und konnte sie noch besuchen. Aber er war abwesend, als seine Frau sich am 26. April mit den Kindern im Flakturm am Zoo aufhielt, während die feindlichen Soldaten draußen auf den Straßen von Berlin Häuserblock für Häuserblock eroberten.

Kurz vor Mittag nahm sie die Pistole, die sie bei sich hatte, und schoss dem Jungen und dem Mädchen in den Kopf. Sie scheiterte bei dem Versuch, sich selbst umzubringen. Der Junge, zehn Jahre alt, war gleich tot. Todesstunde 11.45 Uhr im Flakturmbunker, heißt es in der Sterbeurkunde. Das Mädchen, neun Jahre, starb nach diesen Angaben erst am folgenden Tag zu Hause in der Wohnung. Wie die Mutter mit dem sterbenden Kind dort hingekommen war, dafür war in dem amtlichen Formular kein Feld vorgesehen. Vier Wochen nach dem Geschehen, als der Krieg zu Ende war, ging die Mutter zum Standesamt, wo sie den Tod ihrer beiden Kinder selbst zur Anzeige brachte. »Aus eigener Wissenschaft unterrichtet«, bestätigt der amtliche Sprachgebrauch. Die Tochter fand ihre Unterschrift unter dem Dokument. Die Mutter unternahm noch mehrere Versuche, sich das Leben zu nehmen. Von der Polizei wurde sie in völliger Verwirrung im Grunewald aufgegriffen. Erst als sie im Winter 1946 ihr drittes Kind zur Welt brachte, fand sie die Stärke, es noch einmal mit dem Leben aufzunehmen, obwohl sie nie wieder gesund wurde. Diese Tochter sollte bekommen, was sie den anderen genommen hatte.

Die saß vierzig Jahre später über den Urkunden und rechnete. Ihre Schwester war neun Jahre und einen Monat alt, als sie erschossen wurde. Sie selbst war neun Jahre und drei Monate gewesen, als ihre Mutter an einem Schlaganfall starb. Aus den Akten erfuhr sie, dass die Eltern sie nach dieser toten Schwester benannt hatten. Deren zweiter Vorname war ihr Rufname gewesen, den sie mit Mitte zwanzig offiziell abgelegt hatte. Damals war es nur so ein Gefühl gewesen, dass sie für ihr Leben einen neuen Namen brauchte. Jetzt sah sie schwarz auf weiß, dass sie für die Eltern das Ersatzkind, eine Stellvertreterin für die Verlorenen gewesen war. Sie setzte zusammen, was ihr die anderen verschwiegen hatten.

Geblieben sind ihr die Fragen nach dem Vater. Was war seine Rolle bei der Tat ihrer Mutter? Warum hat er ihr die Wahrheit verboten? Bis zu seinem Tod hatte er nie etwas erzählen wollen.

Frag mich nicht, es war besser so, mehr kam da nicht. Von ihren Tanten hatte sie gehört, dass er der Mutter in Berlin die Pistole gegeben haben soll: Wenn die Russen kommen, weißt du, was zu tun ist. Für die Tochter war er ein liebender Vater gewesen, wenn auch streng und autoritär wie viele Nachkriegsväter. Aber er wollte das Beste für sein drittes Kind. Das Schweigegebot war in seinen Augen ein Teil davon. Dabei wäre für sie das Beste die Wahrheit gewesen. Sein Schweigen wurde zur Lüge, und die Tochter zur Betrogenen. Mit dieser Ambivalenz ihres Vaters zu leben wiegt für die Tochter schwerer als die Frage nach der Schuld. Also befindet sie sich weiter auf der Suche, nach Bildern und Papieren, in anderen Kisten und Regalen.

Nach dem griechischen Pandora-Mythos schickt Gottvater Zeus eine Frau zu den Menschen, um Rache zu nehmen daran, dass sie den Göttern das Feuer gestohlen haben. Mit einer Büchse als Gabe macht sich Pandora, die »Allbeschenkte«, auf den Weg zur Erde. In dem Gefäß wimmeln alle bis dahin auf der Welt unbekannten Übel, aber auch die Hoffnung. Pandora lässt sich von einem Erdenmenschen heiraten und öffnet den Deckel der Büchse, auf dass die Schrecken der Menschheit sich verbreiten. Alle Plagen sind nun in der Welt. Noch ehe die Hoffnung entweichen kann, schlägt sie den Deckel wieder zu.

Über die Deutung von Pandoras Geschichte haben sich viele Denker den Kopf zerbrochen. Besonders umstritten ist der Stellenwert der Hoffnung, die von den einen als tröstendes Gegengift, von den anderen als das schrecklichste aller Übel aufgefasst wird, da sie die Qualen der Menschen verlängert. Davon unberührt bleibt die Bildkraft der Geschichte von jenem Gefäß, dessen Inhalt zugleich Neugier und Unwohlsein weckt. Am Ende siegt die Macht der Verführung, der Deckel schnappt auf, und etwas ist unter uns, was sich nicht zurückholen lässt.

In den Kellern, Speichern und Dachböden in Deutschland

lagern viele solcher Büchsen, in denen die Gespenster unserer Familien verborgen sind. Sie stecken in Schränken, Regalen, Umzugskartons, Pappschachteln, Blechdosen, Plastikboxen, Briefumschlägen oder in einer Zigarrenkiste. Sie schlummern vor sich hin in alten Briefen, Tagebüchern, Schulheften und Urkunden, lauern in Schnappschüssen und Porträtaufnahmen, in Filmen und Tonbändern. Sie hängen an kleinen Andenken, Trophäen und Geschenken. Sie verraten sich in Randbemerkungen oder Widmungen in Büchern, kleinen Versen und großen Abhandlungen, in Zetteln und Zeichnungen, Skizzen und Schmierereien. Wer rechnen kann, entdeckt sie in Verträgen und Zahlenreihen. Ausschnitte aus Zeitungen und Illustrierten tragen ihre Spuren, sorgfältige Sammlungen genauso wie wilde Sammelsurien. Manche kleben mit aufdringlicher Klarheit an einer Waffe oder an einem verwitterten Stahlhelm mit Riss. Es gibt ganze Räume mit Möbeln, ja Häuser und Straßen, aus denen sie nie ausgezogen sind. Mitunter reicht ein flüchtiger Geruch oder ein Geräusch, um sich ihrer Existenz zu entsinnen. So hat sich auf tausendfältige Weise abgelagert, worüber unsere Eltern, unsere Großeltern und wir nicht miteinander sprechen konnten und deshalb geschwiegen haben.

Im Fall von Michael Brenner waren es eine Handvoll militärischer Orden und ein Umschlag, den er nach dem Tod seines Vaters 1981 unter dessen Habseligkeiten fand. Als Kind hatte er ihn dabei ertappt, wie er sich in seine Fotos vertieft hatte. Der Schrank mit den Erinnerungsstücken blieb verschlossen und die Geschichte seines Vaters die eines Fremden, die in der Familie keine Spuren hinterlassen hatte. *Keine Gespräche. Nur kleinere Hinweise. Als Kind habe ich manchmal gedacht, mein Vater wäre als Erwachsener zur Welt gekommen.* Jetzt hielt sein Sohn den verbotenen Umschlag in den Händen. Viel fand er nicht darin – einen Brief in französischer Sprache, ein paar Schwarz-Weiß-Fotos, handgeschriebene Notizen. Er wusste, dass der Vater als Soldat in Brüssel gewesen war. Die Fotos zeigten Karl Brenner mit irgendeiner Frau.

> Mich ließ das Ganze unberührt. Mit meinem Vater wollte ich mich nicht beschäftigen, nur seinen Tod schnell abhaken. Uns verband ohnehin nichts mehr. Mit meiner Mutter habe ich über diesen Fund nie gesprochen. Nach einigen Tagen habe ich alles wieder in den Umschlag gesteckt und ihn für Jahrzehnte aus meinem Gedächtnis verbannt.

Es blieb dabei, für mehr als zwei Jahrzehnte. Aber nicht für immer. Im Rahmen eines Interviewprojekts über die Jugendrevolte der Sechzigerjahre, an dem Michael Brenner teilnahm, kam die Frage nach seinem Vater auf. Er spürte, wie etwas ihn packte. Er begann das Wenige, was er hatte, zu sortieren. Da war der Umschlag mit den Fotos. Sie zeigten eine junge Frau, einen kleinen Jungen und einen Mann in Uniform. Ganz normale Familienbilder, nur dass dies sein Vater mit einer anderen Familie war, lange bevor es Michael, seine Schwester und seine Mutter gegeben hatte. Die Frau, so wird klar, trägt den Namen Yvonne, der Junge heißt Louis. Auf einem der Bilder schreitet der deutsche Offizier Brenner mit der schönen Yvonne im Arm über einen Brüsseler Boulevard. *Mich berührt dieses Foto. Oft habe ich es betrachtet und meine Gedanken wandern lassen. Nie habe ich Karl mit dieser Körperhaltung von Stolz und Glück erlebt.*

Das geheime Doppelleben des Karl Brenner. Jahrelang hatte er in Brüssel ein glückliches Familienleben gepflegt, doch die Niederlage von 1945 nahm ihm dieses Glück weg. Der Verlust seiner Frau und seines Jungen machten aus ihm einen anderen Menschen – jenen Wutvater, der seinen Kindern in Deutschland fremd geblieben war bis zum Tod. Der Sohn begann zu verstehen, weshalb er in seinem Zimmer über Erinnerungen gebrütet hatte. Daher rührte die maßlose Enttäuschung über sein Leben neben den Gleisen der Trümmerbahn von Hamburg-Horn. Nicht dem Deutschen Reich oder den Kameraden galt seine Trauer, sondern seiner verlorenen Liebe zu Louis und Yvonne.

Warm und anziehend wirkte die Geliebte auf den alten Fotos auf Michael Brenner. Er beschloss, so viel wie möglich über sie herauszufinden, denn hier stand er an der Schwelle zu seiner eigenen Kindheit und der gescheiterten Ehe seiner Eltern. Auf einem Zettel im Umschlag fand er auf vergilbtem Papier eine Adresse, unter der sein Vater mit seiner ersten Familie gelebt hatte. Michael Brenner flog nach Brüssel. Er stellte sich vor das Haus Nr. 114 am Boulevard Emile Jaqmain, ein älteres Gebäude in einem buntscheckigen Viertel. Lange starrte er auf die Fassade. Deren blassgelbe Farbe verriet ihm, dass es schon vor 1940 gestanden haben musste. Hinter diesen Mauern hatte der Vater also vor sechzig Jahren gelebt und geliebt, der hochdekorierte Wehrmachtsoffizier mit seiner belgischen Frau und seinem Sohn. Seltsam waren diese Momente, in denen auf einmal das Verdrängte hervorquoll und ihn, den über 50-jährigen Mann, wieder zum Kind werden ließ.

> Zunehmend beherrscht mich das Gefühl, ich tue etwas fürchterlich Verbotenes, als wäre ich wieder ein kleiner Junge und würde unerlaubterweise den Schrank meines Vaters durchwühlen. Was mache ich hier? Später kann ich mich von meinen Zweifeln befreien. Nie war ich Karl so nahe wie in diesen Stunden.

Eine Kindheitserinnerung an Brüssel kam Michael Brenner wieder in den Sinn. Sie schmeckte nach Zurückgestoßensein. Im Jahr 1961 empfing die belgische Hauptstadt den Hamburger SV im Fußball-Europapokal. Karl wollte seinen Sohn nicht wie sonst bei Fußballspielen dabei haben. Jetzt begriff dieser, dass sein Vater bei der Gelegenheit nach sechzehn Jahren zum ersten Mal wieder seine belgische Familie aufsuchte. Unter seinen Nachlasspapieren war ein Brief in französischer Sprache an Monsieur Karl von jenem ersten Sohn Louis, der damals gerade erwachsen war und den Michaels Vater vielleicht mehr geliebt hatte als ihn selbst. Weiter als diesen Schritt aber war der Vater nicht mehr auf seine erste Familie zugegangen. Er konnte seine Uhr nicht zurückdrehen auf die Lebensphase, die ihm mehr bedeutet hatte als alles andere.

Ein Mal fuhr Michael Brenner noch nach Brüssel. Wieder lief er durch die Straßen, aber die Schleier der Vergangenheit waren nicht mehr da. Karl und Yvonne, Karl und seine Mutter, die Familie im Schatten der Trümmerbahn, fortgeweht. *Was ich über Karls Vergangenheit wissen wollte, habe ich erfahren. Mehr kann ich nicht herausbekommen. Nach Brüssel werde ich nicht mehr fahren, nicht wegen meines Vaters.*

Seit Jahrzehnten hatte niemand diesen Keller aufgeräumt. So lange sie konnte, hatte ihre Mutter ihn mit Krempel zugestellt, bis irgendwann das Hängeschloss endgültig vor der Lattentür zuschnappte. Jetzt war Emilie Edelmann gestorben. Ihre Tochter Gisela, inzwischen verheiratete Heidenreich, hatte die Aufgabe, den Keller leer zu machen für die neuen Mieter. Sie fand ein Klapperfahrrad, einen verrosteten Heizkörper, eine Stehlampe, ein Gitterbett, ihre alten Holzskier, von denen der Lack in blauen Splittern blätterte. Viele schwere Kartons standen im Weg, Flaschen, Kaffeedosen. *Warum hat sie das alles aufgehoben, alle die Fragmente eines unglücklichen, eines nie wirklich gelebten Lebens?*

Aus der Tiefe einer Kommode aus Kinderjahren, verkeilt unter Bündeln voller Kleidung, barg sie einen Skischuhkarton, fest verschnürt und verknotet. Nur mit dem Messer ließ sich diese Korsage sprengen, unter der sich Gisela eine Welt aus Briefen eröffnete. Briefe in Umschlägen und als lose Blätter, gefaltet, gebündelt, geschrieben mit Tinte, Bleistift, Maschinentype. Vergilbtes Weiß, bräunliches Grau. Die meisten in einer Handschrift, die ihr nicht vertraut war. Es war nicht die ihres Vaters.

> Wenn Du sagst, dass ich der Mittelpunkt Deines Lebens bin, so muss ich Dir sagen, dass sich auch mein Leben um Dein ueber alles geliebtes Herz dreht. Alles in mir, auch mein wildes Blut, draengt nach Dir, meine Seele hat von Dir Besitz ergriffen …

Es waren Liebesbriefe an ihre Mutter, voller Hingabe, voller Schwulst. Geschrieben hatte sie jener mysteriöse Fremde, dem ihre Mutter während ihrer Internierung im Nürnberger Justizgefängnis 1947 mit Haut und Haar verfallen war. Von dieser Zeit hatte sie nie viel erzählt. Noch weniger von Dr. Horst Wagner. Ein einziges Mal hatte das Kind Gisela ihn in ihrer Bad Tölzer Wohnung zu sehen bekommen. Er war ein Schemen geblieben.

Zwischen diesem Schemen und ihrer Mutter waren Hunderte Liebesbotschaften hin- und hergegangen, die sie jetzt auf dem Kellerboden in Stapeln ausbreitete. Auch die Briefe der Mutter fand sie darunter, denn der Geliebte hatte sie ihr nach ihrer Trennung zurückgeschickt. Darin war sie ihm nichts schuldig geblieben an Beschwörungen von Liebe, Wundern und Ewigkeit, Glut und Blut. Zur gleichen Zeit hatte dieselbe Frau Mitteilungen an ihre Familie im Ton sachlicher Geschäftsmäßigkeit geschrieben. Ein Muttertagsgedicht steckte in dem Haufen. Gisela Heidenreich meinte ihre eigene Kinderschrift wiederzuerkennen. Dann rutschte eine Kladde aus dem Stapel, Büttenpapier in Leder, mit einem Gedicht aus der Hand von Johanna Wolf. »Wölfchen«, mit der Emilie Edelmann befreundet war, war Hitlers erste Sekretärin gewesen. Sie hatte für sie und Horst Wagner ein bayerisches Mundart-Gedicht verfasst.

Auf dem kalten, staubigen Kellerboden eröffnete sich Gisela Heidenreich das Drama der siebenjährigen Liebe einer Frau, von deren Innenleben sie kaum mehr mitbekommen hatte als von einer Fremden, die doch ihre Mutter war. Sie hatte das Geheimnis zu ihrer Natur gemacht.

> Ich habe registriert, dass auch die späteren innige, zärtliche, leidenschaftliche Liebesbriefe sind an eine begehrenswerte, schöne, kluge, wundervolle Frau, eine Frau, die nun tot ist – meine Mutter. Meine unglückliche Mutter. Meine wehleidige Mutter. Meine depressive Mutter, die meist nur das Negative im Leben sah – jedenfalls solange ich sie kannte. Meine Mutter, die es mir schwergemacht hat, an das Leben und die Liebe zu glauben.

Sieben Jahre lang hatte Emilie Edelmann in ihrer Liebe zu Horst Wagner gelebt, dem 1948 ins Ausland geflohenen früheren NS-Diplomaten. Mit ihm hatte sie Pläne geschmiedet und dabei alle Kontaktbemühungen von Giselas Vater ebenso wie ihre eigenen Fragen abgewehrt. Als ihr Traum zerstob, war ihre Kraft zur Wahrheit aufgebraucht. Stück für Stück setzte Gisela Heidenreich die fehlenden Bruchstücke ihrer Geschichte zusammen. Der Kellerfund, so glaubte sie, war kein Zufall, sondern Emilies Nachlass. Ihre Mutter hatte alles aufbewahrt bis zum letzten fettbefleckten Zettelchen, damit ihre Tochter es nach ihrem Tod finden würde. *Sie wollte, dass ich eines Tages auch diesen Teil ihrer Lebensgeschichte erfahren sollte, endlich die »Wahrheit« über ihr Glück und ihren Schmerz, ihre Leidenschaft und ihre Trauer – und über ihre Unfähigkeit, darüber zu sprechen.*

In einem Bierkrug mit der Aufschrift »Berchtesgaden« fand Monika Jetter die Kriegsorden ihres Vaters. Niemand hatte jemals etwas von ihnen wissen wollen, außer ihm selbst. Monikas Tochter packte sie in einen kleinen Karton, den sie mit Seidenpapier ausgeschlagen hatte. Sie sollten ihm die Orden bei der Urnenbeisetzung mitgeben, fand sie. Viel mehr hatten sie in seinen Sachen nicht gefunden. Ein mit Tinte ausgefüllter Ahnenpass. Dann war da die Bescheinigung über sein Entnazifizierungsverfahren und ein Arbeitsbuch, mit einer Lücke zwischen 1934 und 1947. Diese Lücke hatte sie als Kind in ihrer Familie gespürt, auch nachdem sie 1958 von zu Hause ausgezogen war. *Mir kam es immer vor, als gebe es etwas, das man besser nicht mehr ansprach, das wie in einer Truhe verschlossen war. Bloß nie mehr den Deckel heben, denn das hätte Fragen und Antworten bedeutet, die nicht erwünscht waren.* In den Fotoalben gab es ein paar Seiten mit leeren Klebeecken. Noch ein Hinweis darauf, dass etwas fehlte.

Ihr Vater war mit 85 Jahren gestorben. Als sie ihn als sterbenskranken Mann besuchte, erlebte Monika Jetter ihn zum ersten Mal weich. Nun war er der Ausgelieferte, umhüllt von den Gerüchen und Geräuschen des Krankenhauses, denen er nicht mehr entkommen würde. In seinem Pflegebett lag vor ihr ein alter Mann, den die Angst milde gemacht hatte. Letzte Worte wie aus einem Gebet der Hoffnung: *Es wird der Tag kommen, an dem der Mensch wieder zum Menschen findet.* Dabei hatte er sie angesehen wie der Vater, den sie sich immer gewünscht hatte, der er aber nicht sein konnte. In den Jahren von 1945 bis 1952 war die Tür zwischen ihnen zugeschlagen. Jetzt war er tot, und sie fühlte keine Trauer. Er aber wollte nicht so einfach gehen. Sie bekam Kopfschmerzen, Albträume und Angstzustände. Sie sah Bilder, die mit dem Krieg und ihrer gemeinsamen düsteren Zeit danach zu tun hatten. Sie musste herausfinden, was zwischen ihnen gestanden hatte.

Sie machte sich auf den Weg ins Haus ihrer Kindheit in Berlin. Im Hinterhof von damals stand sie, mit jetzt 57 Jahren, und spürte das Echo der früheren Gefühle des Ungenügens. Sie sah zum Fenster hoch, aus dem sie immer mit Sehnsucht den Tauben in ihrer Freiheit zugesehen hatte. Drei Jahre lang suchte sie die Orte ihrer Kindheit ab. Sie las alle Dokumente, die sie finden konnte. Darin stieß sie schließlich auf den Hinweis, um die Lücke im Leben ihres Vaters zu schließen.

Nach der Schule war er über die Handwerkslehre zur NS-Ordensburg Crössinsee gekommen. Für ihn, das uneheliche Kind, das von seinen Verwandten hin- und hergeschoben worden war, war dies das große Versprechen auf ein richtiges Leben. Die Ordensjunker waren die Elite des Führers. Der Vater trug die goldbraune Junker-Uniform mit dem Namen der Ordensburg auf dem linken Ärmel. In der »Burggemeinschaft« der Kameraden, in ihrem Gesetz des Stärkeren hatte er eine Heimat gefunden, die er in seiner Kindheit vermisst hatte. Noch vor Ende der Ausbildung verließ er jedoch 1937 die Ordensburg, um Monikas Mutter zu heiraten. Schwanger geworden hatte sie ihn vor die Wahl gestellt: entweder sie oder der Führer. Er gab nach und bekam dafür eine echte Familie, für die er aber nicht leben konnte, weil er in den Krieg ziehen musste.

Als er zurückkehrte, war ihm nichts geblieben als die Härte, die er auf der Ordensburg gelernt und im Krieg als Fallschirmjäger-Elitesoldat zu seiner Natur gemacht hatte. In dieser Welt herrschte das Gesetz des bedingungslosen Gehorsams, auf das er sich selbst in seinen seltenen Momenten der Schwäche berufen hatte: *Entschuldige, ich bin unterworfen.* So war er für Monika wie die Ruinen von Berlin, von denen sie Jahre später vielfach träumte. Die schwarzen, verkohlten, ausgebrannten Häuserreste, bedrohlich und nicht erklärbar. Ein Vater wie eine Ruine. *Das hatte zu der Fremdheit zwischen uns geführt, die über fünfzig Jahre andauerte. Nun, da ich so viel über ihn und seine Zeit wusste, hätte ich ihn gern in seiner kleinen Wohnung besucht, um über »all das«, wie es früher immer hieß, mit ihm zu reden.*

Er konnte ihr seine Antwort auf ihre Fragen nicht mehr geben. Sie aber konnte sich endlich verabschieden von ihm und »all dem«.

In vielen Fällen können erst die Enkel die Fragen stellen, die die anderen ihnen hinterlassen haben. Nahe genug dran, um noch das Bedürfnis zu haben, die Wahrheit über ihre Eltern und Großeltern zu erfahren; weit genug entfernt, um nicht mehr mitschweigen zu müssen. Mit einer Generation Verspätung machen sie sich auf den Weg, um zu erfahren, was ihre Vorfahren über sich selbst nicht herausfinden konnten. Alexandra Senffts Großmutter Erla Ludin war der Fixstern in ihrer Großfamilie gewesen. Um deren Ehemann, ihren Großvater Hanns Ludin, der ein hochrangiger NS-Diplomat gewesen war, rankten sich in ihrer Kindheit die Legenden. Über ihrer Mutter Erika schwebte hingegen das Unglück wie ein lebenslängliches Urteil. Ihre Ehe war gescheitert so wie ihr ganzes Leben. Als sie in den letzten Jahren allein in ihrer Wohnung lebte, war ihre Tochter in ständiger Angst um sie. Der Tod wirkte niemals fern, wenn sich die Mutter im Schlafzimmer verkroch, weil sie getrunken hatte oder die Schwermut sie unter die Decke trieb. Im Alter von 64 Jahren stürzte sie in eine Badewanne mit kochend heißem Wasser. Sie erlag den schweren Verbrühungen wenig später.

Sie hatte nie Ordnung bei sich gemacht. Daher bliebt es an ihren Kindern, aufzuräumen, was sie hinterlassen hatte. Den Koffer vom letzten Weihnachtsbesuch bei der Familie hatte sie gar nicht mehr ausgepackt. Alexandra Senfft erinnert sich in ihrem Buch:

> Als mein Bruder und ich nach ihrem Tod in ihre Wohnung fuhren, brach die Vergangenheit über uns herein. Es war peinlich genug, in ihren eleganten Dessous und teuren Designerkleidern wühlen zu müssen, aber noch unangenehmer war es, die Berge ihrer ungeordneten Briefe und Fotos zu sichten. Es war wie ein Tabubruch.

Fotos von Männern in Nazi-Uniformen und vor Staatskarossen, lachende Kinder, Urlaubsstimmungen, Frauen in Posen, überall Großfamilie, Vaterbriefe, Geschwisterbriefe, Liebesbriefe, Anwaltsbriefe, die lebenslange Korrespondenz zwischen Erika und Erla Ludin, alles blieb sieben Jahre lang in Kisten weggepackt. Als sich Alexandra Senfft entschloss, sich damit zu befassen, entwickelten die Dinge ein Eigenleben, das ihr Bild von der Familie veränderte. Zum ersten Mal gelang es ihr, die Stränge dieses verworrenen Geflechts auseinanderzufädeln, um die Zusammenhänge sehen zu können. Ihr wurde klar, dass die Geschichte ihrer Mutter nicht zu verstehen war ohne den Blick auf ihre Großeltern Hanns und Erla Ludin. Der schleichende Selbstmord ihrer Mutter war weder genetisch angelegt noch einer kindlichen Hormonstörung geschuldet, wie es im Verwandtenkreis geheißen hatte. Daran hatte selbst sie irgendwie geglaubt, bis sie die Kisten öffnete.

Nun vollzog sie seinen Weg nach, vom Elternhaus über die Karriere im Dritten Reich bis zu seiner Mission als Hitlers Gesandter in der Slowakei, mit der Verantwortung für die Deportation von 70 000 Juden. Am Ende stand sein Tod als verurteilter Kriegsverbrecher. Mit dieser Schuld hatte sich ihre Mutter nie offen auseinandersetzen können, aber stets daran gelitten. Erla Ludin hatte das Heldenandenken ihres Ehemanns in der Großfamilie bis zu ihrem Tod 1997 verteidigt. Diese Ikone wirkte in ihren Kindern und Verwandten weiter. Sie stand unvereinbar neben den Tatsachen, die Hanns Ludin als Überzeugten und Schreibtischtäter auswiesen. Das hatte zuvor schon Alexandras Onkel Malte Ludin erfahren, als er in einem Dokumentarfilm seine Geschwister zur Einschätzung des verehrten Vaters befragte.

> Ich will aber nicht mehr zurück. Einmal angefangen, in der Kiste zu graben, kann ich die Dokumente nicht wieder schließen und sagen, ich habe nichts gesehen. Es würde mich weiter verfolgen und mir keine Ruhe lassen. Der Zweifel würde mich zermürben, so wie er meine Mutter zwischen widerstreitenden Gedanken, Gefühlen, Mutmaßungen und unerträglichen Tatsachen zerrieben hat.

Die Kiste im Keller, so empfand es Alexandra Senfft, wurde leichter, je tiefer sie hineingriff. Die Legenden, mit denen Menschen wie ihr Großvater und ihre Großmutter verhängt waren, fielen ab und gaben die Sicht frei auf Menschen mit Fehlern, Irrtümern und Verdiensten. Darüber musste die Liebe für sie nicht sterben.

Aus grünem Glas war die Lieblingsvase ihrer Kindheit, die Ute Scheub aus ihrem schwäbischen Elternhaus retten wollte. Dafür musste sie auf den Dachboden steigen. Wie jeder Speicher war es ein Reich aus Staub und Muff. Es hatte sie immer gegruselt vor dem stickigen Halbdunkel, das jedes Geräusch verschluckte. Jetzt war es die Tür zu ihrer Kindheit, die beim Öffnen kreischte wie ein Gespenst. Sie musste sich durch Familiengerümpel hindurchtasten, an Tisch, Lampenschirm, Haufen von Geschirr und Büchern vorbei. Der Weg zur Vase war versperrt von einer Pappkiste.

> Die Pappe ist alt und brüchig, sie quillt auseinander, die Kiste hat längst jede ordentliche Kistenform verloren, und als ich sie zur Seite ziehe, reißt die Seitenwand, Briefe fallen heraus, halb zerfressene Briefumschläge, Blätter mit handgeschriebenen Notizen, Blätter mit Maschinenschrift, verstaubtes, vergilbtes, sich brüchig auflösendes Papier.

Sie erkannte die Handschrift ihres Vaters auf einem Briefumschlag, der auf beiden Seiten vollgekritzelt war. Was sie darauf las, konnte sie nicht glauben. Es war ein Abschiedsbrief an die Familie, geschrieben vor 35 Jahren. Ute Scheub war die Tochter von Manfred Augst, der sich 1969 das Leben genommen hatte, vor einem Publikum von 2000 Menschen. In der juliheißen Halle 1 auf dem Stuttgarter Kirchentag war er im Mittelgang ans Saalmikrofon getreten, hatte dort gestanden und Wirres von einem Zettel gestammelt, über Partnerschaft, Kameradschaft, Zeichen und Opfer. Gerade als sein Vortrag im anschwellenden Gemurmel des Publikums unterzugehen drohte, schloss er seine Rede mit einem Gruß an seine Kameraden von der SS. Er kippte den Inhalt eines Glasfläschchens in sich hinein und brach zusammen. Manfred

Augst hatte sich mit Zyankali vergiftet, mitten auf dem Kirchentag. Die Zeitungen stürzten sich darauf.

Auf dem Podium in Halle 1 hatte der Schriftsteller Günter Grass gesessen, der zum Vorlesen eingeladen war, hatte zugesehen und sich Notizen gemacht. Er gab sich nicht überrascht über diese Tat und machte jenen Mann, dem er den Namen Manfred Augst gab, zur wiederkehrenden Figur in seinem halb fiktiven Deutschlandreise-Bericht *Aus dem Tagebuch einer Schnecke*. Grass sah in ihm den Typus des seelisch versehrten deutschen Veteranen-Mannes, der sich nach Gemeinschaft sehnte, dabei süchtig wurde nach Untergang oder nach der Erlösung im Absoluten.

> Ich kannte die Aufgeregtheit fünfzigjähriger Männer, die alles, aber auch alles in einem einzigen, randvollen Bekenntnis loswerden, quitt machen wollen. Ich kannte ihre leeren, Werte beschwörenden Gesten, ihren Kriegsbilderbuchtraum, als Einzelkämpfer (wie damals bei Monte Cassino oder am Kuban-Brückenkopf) auf verlorenem Posten zu stehen, ihren haltsuchenden Griff in die Luft, ihre flatternde »Ein einziges ewiges Deutschland!« suchende Stimme und jene aufsteigende Hitze, die ihre Gesichter fleckig werden lässt.

Dieser deutschen Gestalt wollte der Autor ein geschriebenes Denkmal setzen. Ute Scheub erinnerte sich, wie Grass ihre Familie im Tübinger Einfamilienhaus aufsuchte, um bei Tee, Butterbrot und Fleischsalat mehr zu erfahren über den Ehemann, Vater, Apotheker, Pilzbestimmer und Giftmischer. Von ihnen erfuhr er, dass der Vater die Musik gehasst, nach höchstem Sinn gestrebt und mit den Worten gerungen hatte.

> Jetzt könnt Ihr wahrscheinlich im Haus bleiben
> wenigstens noch länger
> Der Bausparvertrag ist auch gesichert

So kann ich diesen Schritt verantworten.
Was ich Euch darüber hinaus hätte sein können, bin ich auch so. Meine Hoffnung ist sogar, auf diese Weise Besinnung zu sein für Euch alle.

Beim Lesen dieser gestotterten Zeilen auf dem Dachboden des Einfamilienhauses spürte Ute Scheub die Gefühle gegen ihren Vater wieder hochkommen, der es trotz Sprechunterricht und Schreibübungen nie gelernt hatte, sich anderen Menschen mitzuteilen. Eine Mischung aus Ekel, Scham, Schuld und Hass war das. Sie war dreizehn gewesen, als sich mit der Nachricht von seinem Tod in Stuttgart ihr Wunsch erfüllte, dass der Vater nicht mehr als Schweiger durch ihre Kindheit geisterte. Im Staub der Pappkiste stellte sie fest, dass er ihnen seinerzeit nicht einmal einen anständigen Abschiedsbrief hinterlassen hatte.

Den schreibt man mit Pathos, mit Herzblut, mit Anklagen gegen Gott und die Welt! Und auf blütenweißem Papier, nicht auf einem gebrauchten Briefumschlag! Und man hinterlegt ihn so, dass die ganze Familie darüber stolpert! Stattdessen muss ich ihn nach so vielen Jahren als Fetzen auf einem Dachboden finden.

Als Jugendliche wollte sie in allem das Gegenteil ihres Vaters sein. Sie hatte ihre Kraft daran gesetzt, sich so weit wie möglich von ihm zu entfernen. Dennoch hatte sie oft geträumt, dass er zurückkäme von den Toten. Dann stand der dunkle, hagere Mann mit der Hornbrille vor ihr, um seinen Platz in ihrer Mitte einzufordern. Mit den Papieren vom Dachboden war er jetzt tatsächlich in ihr Leben zurückgekehrt. Sie beschloss gegen ihr inneres Sträuben, dem verhassten Menschen auf den Grund zu gehen.

Sie besuchte das Elternhaus ihres Vaters mit den Verwandten, die sie 35 Jahre lang gemieden hatte. Sie fuhr auf den Stuttgarter Killesberg zu den Messehallen, wo er im Sommer 1969 als

Grass' »Manfred Augst« seinen letzten Weg gegangen war. Ein paar Zettel hatte er bei sich gehabt und ein Fläschchen aus seiner Apotheke, als er voll ahnungsvoller Erregung ans Saalmikrofon des Kirchentags trat, denn nur ein paar Minuten, und er würde sterben. Ute Scheub stand in Halle 1, einem Zweckbunker mit niedriger Decke, und fröstelte. Sie hatte diesen Ort immer gemieden.

Sie arbeitete sich durch die staubige Hinterlassenschaft aus der Pappkiste. In dem Wust von Manuskripten, Frontbriefen, Kriegstagebüchern, Stichwortzetteln, Studienpapieren und Mitgliedskarten von NS-Organisationen stieß sie nach und nach auf vierzehn Abschiedsbriefe ihres Vaters. So viele Male hatte er angesetzt und es doch nie vermocht, seine Botschaft für die Nachwelt zum Ausdruck zu bringen. Vierzehn Mal Scheitern an dem Versuch, das Lebensunglück hinter seinem Schweigen in Worte zu fassen. Wie seinem verstummten Leben konnte er seinem Tod keine Bedeutung abringen.

Auch Ute Scheub hatte immer neue Anläufe genommen, um dem Weg ihres Vaters nachzugehen. Als sie schließlich damit anfing, es niederzuschreiben, begannen ihre Albträume. Sie träumte von Giftkapseln und Gaskammern, von rachsüchtigen Verwandten und vom Vater, der nach seinem Recht verlangte. Erst als sie die Zeilen über seinen Tod zu Ende gebracht hatte, endeten diese Heimsuchungen. Das Gefühl der Bedrohung war erloschen.

> Irgendwann, als das Kapitel über den »Opfertod« meines Vaters beendet war, träumte ich auch, nun wäre ich mit allem »durch«. Ich wachte auf, erfrischt, lebenslustig, voll mit prickelndem Sauerstoff. Schlagartig wusste ich: das Gefühl, bedroht zu werden, hatte aufgehört. Mein Vater hatte aufgehört, mir Augst zu machen. Das blausaure Gespenst hatte aufgehört, herumzugiften.

Am Ende wurde aus ihrer Abrechnung eine Versöhnung. Beim Versuch, Ordnung und Sinn in die Geschichte ihres Vaters zu bringen, hatte sie die Anklagebank verlassen. Auch wenn sie nicht alles begreifen konnte, musste sie nicht mehr seine ewige Richterin sein. Der Fund vom Dachboden hatte ihr die Augen geöffnet für das einsame Kind in einem einsamen Mann.

Zitatnachweise

1. ZERRISSENE WELT

S. 17 *»Die Welt verschwand … des Unwirklichen trug.«* Erhart Kästner, *Zeltbuch von Tumilad,* Frankfurt am Main 1960, S. 7.

S. 18 f. *»Am Anfang der Gefangenschaft … einer Gruppe zugeteilt.«* Wolfram Matschoss, *Der Zweite Weltkrieg, wie ich ihn erlebte,* Deutsches Tagebucharchiv Emmendingen, DTB 3265, S. 22.

S. 20 *»Lass mich nicht allein … daß Du kommst.«* Berta Kohlschütter, *Liebesbriefe an meinen ersten Mann,* Deutsches Tagebucharchiv Emmendingen, DTB 115–2, Juni 1945, S. 2 f.

S. 20 *»Ich hab Dich … nach Dir sehne.«* Berta Kohlschütter, *Liebesbriefe,* Januar 1946, S. 29.

S. 21 *»Ich habe da … und geschrieben habe.«* Berta Kohlschütter, *Liebesbriefe,* S. 30.

S. 22 *»Gusti, ich darf … nicht geben darf.«* Berta Kohlschütter, *Liebesbriefe,* Juni 1945, S. 2.

S. 23 *»Hanns sagt, er wolle … Geradestehen.«* Alexandra Senfft, *Schweigen tut weh. Eine deutsche Familiengeschichte,* Berlin 2008, S. 98.

S. 24 *»Es ist nicht gut … das Entscheidende.«* Hanns Ludin zit. n. Alexandra Senfft, *Schweigen tut weh,* S. 37.

S. 24 *»Das Spiel geht nun zu Ende … selbst zuschreiben.«* Hanns Ludin zit. n. Alexandra Senfft, *Schweigen tut weh,* S. 44.

S. 24 *»Du kennst mein Herz … nicht durchschaute.«* Hanns Ludin zit. n. Alexandra Senfft, *Schweigen tut weh,* S. 44.

S. 26 f. *»Ich hätte eine lange … küssen, lang und fest.«* Wolfram Matschoss, *Briefe 1947–1948,* Deutsches Tagebucharchiv Emmendingen, DTB 3265, 14. 7. 1947, S. 17.

S. 27 *»Wenn wir in dieser Nacht … Alltags zu überwinden.«* Wolfram Matschoss, *Briefe,* 14. 7. 1947, S. 18.

S. 28 *»Wenn ich wieder bei Dir … übernehmen kann.«* Wolfram Matschoss, *Briefe,* 4. 4. 1947, S. 6a.

S. 28 *»Ob ich Dir damit aber … bisher nie gedacht.«* Wolfram Matschoss, *Briefe,* 17. 4. 1947, S. 33.

S. 29 *»Was bin ich froh … und Du mit mir.«* Wolfram Matschoss, *Briefe,* 9. 5. 1948, S. 39.

S. 29 *»Aber wenn ich wieder … nicht für einander bestimmt.«* Wolfram Matschoss, *Briefe,* 4. 4. 1947, S. 11.

2. REISEN DURCH DIE STUNDE EINS

S. 33 »*Die Bürger existieren weiter … in ihr leben.*« Stephen Spender, *Deutschland in Ruinen*, Heidelberg 1995, S. 39.

S. 34 »*Ungewöhnlich an diesem Buch … der Nazidiktatur.*« Stephen Spender, *Deutschland in Ruinen*, S. 19.

S. 36 »*Andere Beobachter … Gott und Schönheit.*« Stephen Spender, *Deutschland in Ruinen*, S. 25.

S. 36 f. »*Die Sonne schien heiß … ein Mädel weint.*« Unbekannter Autor, in: *Deutsche Kriegsgefangene in Ägypten*, www.suez42–48.de.

S. 37 f. »*Inmitten der Ruinen … gar nicht mehr gibt.*« Hannah Arendt, *Besuch in Deutschland*, Berlin 1993, S. 24.

S. 38 »*Es sieht so aus … verliebt hätten.*« Hannah Arendt, *Besuch in Deutschland*, S. 27.

S. 39 »*Die Menschen blieben … Wohnungen wohnen.*« Stephen Spender, *Deutschland in Ruinen*, S. 29.

3. DIE WELT DER FRAUEN

S. 48 »*Zum Teil haben sich … Glück verzichten werden.*« Meyer/Landesgesundheitsamt Berlin, 23. 10. 1950, zit. n. Franka Schneider, »Einigkeit im Unglück?« Berliner Eheberatungsstellen zwischen Ehekrise und Wiederaufbau, in: Klaus Naumann (Hrsg.), *Nachkrieg in Deutschland*, Hamburg 2001, S. 217.

S. 51 »*Nun stand ich da … war schrecklich.*« Elsa Köhler zit. n. Sibylle Meyer/Eva Schulze, *Von Liebe sprach damals keiner. Familienalltag in der Nachkriegszeit*, München 1985, S. 22.

S. 52 »*Einsam mußte ich mich … irgendwie weitergehen.*« Elsa Köhler zit. n. Sibylle Meyer/Eva Schulze, *Von Liebe*, S. 23.

S. 52 »*Der Sommer hat uns allen gutgetan.*« Elsa Köhler zit. n. Sibylle Meyer/Eva Schulze, *Von Liebe*, S. 24.

S. 53 »*Für mich war die Welt wieder in Ordnung.*« Elsa Köhler zit. n. Sibylle Meyer/Eva Schulze, *Von Liebe*, S. 29.

S. 54 »*Ich hab ihn kaum wiedererkannt … so schwach war er.*« Elsa Köhler zit. n. Sibylle Meyer/Eva Schulze, *Von Liebe*, S. 30.

S. 55 »*Ich seh noch meinen Mann … um den Brotkasten schleichen.*« Elsa Köhler zit. n. Sibylle Meyer/Eva Schulze, *Von Liebe*, S. 32.

S. 55 »*Ich hab versucht zu vermitteln … gar nicht verstehen.*« Elsa Köhler zit. n. Sibylle Meyer/Eva Schulze, *Von Liebe*, S. 31.

S. 56 »*Statt dessen mußte er … mir kaum helfen konnte.*« Elsa Köhler zit. n. Sibylle Meyer/Eva Schulze, *Von Liebe*, S. 32.

S. 57 »*Ich sah ihn … Nicht mal eine Abfindung.*« Jürgen Lodemann, *Der Solljunge*, Göttingen 1997, S. 11.

S. 58 *»Der Grundriß einer Ehe.«* Jürgen Lodemann, *Der Solljunge,* S. 30.

S. 59 *»In dieser Familie … nicht mal ein höherer Nazi.«* Jürgen Lodemann, *Der Solljunge,* S. 31.

S. 60 *»Sie tat es mit praktischer Energie.«* Jürgen Lodemann, *Der Solljunge,* S. 38.

S. 61 *»Sie kämpft, müht sich … nur ein ›Idi…‹ heraus.«* Jürgen Lodemann, *Der Solljunge,* S. 150.

S. 61 *»In Mutters Sicht … auch im Ansehen.«* Jürgen Lodemann, *Der Solljunge,* S. 149.

S. 63 *»Es ist alles noch so unklar … nie wirklich erreicht habe.«* Edith Sänger, *Tagebuch September–Dezember 1954,* Deutsches Tagebucharchiv Emmendingen, DTB 2157–1, 22. 9. 1954, S. 1.

S. 63 *»Irgend etwas hemmt mich … an der Ausführung.«* Edith Sänger, *Tagebuch,* 24. 9. 1954, S. 5.

S. 64 *»Fast immer sehe ich … selbst verschuldet habe.«* Edith Sänger, *Tagebuch,* 27. 9. 1954, S. 7.

S. 64 *»Bin ich denn eigentlich noch eine richtige Frau?«* Edith Sänger, *Tagebuch,* 28. 9. 1954, S. 11.

S. 64 *»Meine Mutter verfluchte … oft um nichts.«* Edith Sänger, *Tagebuch,* 28. 9. 1954, S. 22.

S. 65 *»Die Gedanken überstürzen … geschrieben habe.«* Edith Sänger, *Tagebuch,* 8. 10. 1954, S. 39.

S. 66 *»Ich fühlte mich dadurch … Verbrechen begangen hat.«* Edith Sänger, *Tagebuch,* 30. 11. 1954, S. 54.

S. 66 *»Aber trotzdem war ich … zum Vorschein kamen.«* Edith Sänger, *Tagebuch,* 2. 12. 1954, S. 70.

S. 67 *»Außerdem ist er öfters … ganz allein.«* Edith Sänger, *Tagebuch,* 2. 12. 1954, S. 66 f.

S. 67 *»Nach 1½ Stunde … ich mich nicht wehrte.«* Edith Sänger, *Tagebuch,* 3. 12. 1954, S. 78.

S. 67 *»Niemals hätte ich gedacht … so sehr verändert?«* Edith Sänger, *Tagebuch,* 3. 12. 1954, S. 79.

S. 68 *»Wenn er sich nur einmal … kann oder will es nicht.«* Edith Sänger, *Tagebuch,* 2. 12. 1954, S. 69.

S. 68 *»Was man nicht richtig kennt … Zustand zu ändern.«* Edith Sänger, *Tagebuch,* 2. 12. 1954, S. 67 f.

S. 71 *»Verächtlich aber war … füllen könnte.«* Lothar Franke, *Das tapfere Leben. Lebensfragen alleinstehender Frauen und Mütter,* Köln 1957, S. 31 f.

S. 72 *»Ich habe mich so sehr … das möchte ich.«* Berta Kohlschütter, *Liebesbriefe,* 19. 12. 1945, S. 17 f.

S. 72 *»Gusti, wenn Du kommst … und stehst vor unserer Tür.«* Berta Kohlschütter, *Liebesbriefe,* 19. 12. 1945, S. 13.

S. 73 *»Diese Briefe waren … verschollenen Ehemann.«* Detlev Boese über seine Mutter Berta Boese im Gespräch mit dem Verfasser, 7. 10. 2016.

S. 74 *»Ich habe so stark … angezündet wurde?«* Berta Kohlschütter, *Liebesbriefe*, 28. 12. 1945, S. 23.

S. 74 *»Warum ich nicht mehr … wohin sie gedacht waren.«* Berta Kohlschütter, *Liebesbriefe*, 28. 12. 1945, S. 30.

S. 75 *»Erla ist die meiste Zeit … allein durchzubringen.«* Alexandra Senfft, *Schweigen tut weh*, S. 110.

S. 76 *»Doktor, grüßen Sie mir meine liebe Frau.«* Hanns Ludin zit. n. Alexandra Senfft, *Schweigen tut weh*, S. 45.

S. 76 *»Sie kann oder will … nicht zu Ende denken.«* Alexandra Senfft, *Schweigen tut weh*, S. 87.

S. 77 *»Wenn sie sich … gar nicht zu denken.«* Alexandra Senfft, *Schweigen tut weh*, S. 120.

S. 77 f. *»Meine Großmutter hat … gebildet und kultiviert.«* Alexandra Senfft, *Schweigen tut weh*, S. 14.

S. 79 *»Das schmale, blasse Gesicht … Hingabe, Traurigkeit.«* Gisela Heidenreich, *Sieben Jahre Ewigkeit. Eine deutsche Liebe*, München 2009, S. 120 f.

S. 80 *»Ich bin doch nicht verhaftet … erledigen, dienstlich.«* Emilie Edelmann zit. n. Gisela Heidenreich, *Das endlose Jahr. Die langsame Entdeckung der eigenen Biografie – ein Lebensbornschicksal*, Bern/München/Wien 2002, S. 89.

S. 81 *»Fassungslos starrte sie … in eine Einzelzelle?«* Gisela Heidenreich, *Sieben Jahre Ewigkeit*, S. 26.

S. 82 *»Alles an und in mir … nicht mehr leben.«* Emilie Edelmann zit. n. Gisela Heidenreich, *Sieben Jahre Ewigkeit*, S. 51.

S. 83 *»Das ist die wertvollste Erkenntnis … weiss ich nicht.«* Emilie Edelmann zit. n. Gisela Heidenreich, *Sieben Jahre Ewigkeit*, S. 23.

S. 84 *»Meine Angehörigen haben … über das Gesicht laufen.«* Emilie Edelmann, 12. 12. 1947, zit. n. Gisela Heidenreich, *Sieben Jahre Ewigkeit*, S. 152.

S. 87 *»Erikas Zustand ist … gar nicht helfen.«* Erla Ludin zit. n. Alexandra Senfft, *Schweigen tut weh*, S. 124.

S. 88 *»Sie ist eigentlich … wieder sehr bewusst.«* Erla Ludin zit. n. Alexandra Senfft, *Schweigen tut weh*, S. 176.

S. 88 *»Wir beide … unsere strahlenden Augen.«* Horst Wagner zit. n. Gisela Heidenreich, *Sieben Jahre Ewigkeit*, S. 105.

S. 89 *»Ob – Du – mich … springen kannst?«* Emilie Edelmann zit. n. Gisela Heidenreich, *Sieben Jahre Ewigkeit*, S. 92.

S. 90 *»Wer mir am meisten … tut mir heute noch weh.«* Emilie Edelmann zit. n. Gisela Heidenreich, *Sieben Jahre Ewigkeit*, S. 20.

S. 91 *»In diesem Krieg … auch mit mir.«* Berta Kohlschütter, *Niederschrift über meine Einberufung zur Wehrmacht 1943*, Deutsches Tagebucharchiv Emmendingen, DTB 115–1, S. 2.

S. 92 *»Die Liebe zu deinem Vater … greifbare Wirklichkeit.«* Berta Kohlschütter, *Niederschrift*, S. 15.

S. 92 *»Detlev, wenn ich besser … von Dubno schreiben.«* Berta Kohlschütter, *Niederschrift*, S. 16.

S. 93 *»Sie legten sich … nicht fortgewiesen wurde.«* Hermann Fritz Gräbe, Bericht über die Ermordung der Juden von Dubno, in: Norbert Podewin (Hrsg.), *Braunbuch – Kriegs- und Naziverbrecher in der Bundesrepublik und in Berlin (West)*, Berlin (Ost) 1968, S. 71.

S. 97 *»Es kam ganz plötzlich … war ich plötzlich befreit.«* Brigitte Schubert, *Tagebücher 1956–1960*, Deutsches Tagebucharchiv Emmendingen, DTB 2338–4, 26. 11. 1956.

S. 97 *»Ich habe es satt … zu beschäftigen.«* Brigitte Schubert, *Tagebücher*, 11. 12. 1956.

S. 98 *»Früher kannte ich das … einrichten werden.«* Brigitte Schubert, *Tagebücher*, 5. 12. 1956.

S. 98 *»Ich werde ja noch öfter … nicht aufnahmefähig.«* Brigitte Schubert, *Tagebücher*, 26. 12. 1956.

S. 99 *»Ich hätte am liebsten ins Telefon gespuckt.«* Brigitte Schubert, *Tagebücher*, 5. 1. 1957.

S. 99 *»Dieses ständige Gefühl … so unfrei macht.«* Brigitte Schubert, *Tagebücher*, 13. 1. 1957.

S. 100 *»Jetzt bin ich nur noch … Alles zerronnen.«* Brigitte Schubert, *Tagebücher*, 9. 6. 1958.

4. GERUCH NACH ZUKUNFT

S. 103 *»Ich bin selber … geschichtliches Leid umfasste.«* Theodor Heuss, Silvesteransprache 31. 12. 1949, Bundesarchiv B 122/212, Bl. 5/6.

S. 104 *»Es gibt immer wieder … solch ein Augenblick.«* Josef Neckermann, *Erinnerungen*, aufgezeichnet von Karin Weingart und Harvey T. Rowe, Frankfurt am Main/Berlin 1990, S. 205 f.

S. 104 *»Die Familie war … das Unternehmen die Familie.«* Josef Neckermann, *Erinnerungen*, S. 207.

S. 106 *»Bei uns roch es … Schokoladenküche.«* Joachim Süss, Wir Nebelkinder, in: Michael Schneider/Joachim Süss (Hrsg.), *Nebelkinder. Kriegsenkel treten aus dem Traumaschatten der Geschichte*, Berlin 2015, S. 27.

S. 106 *»Man entkam der Geschichte einfach nicht.«* Joachim Süss, Wir Nebelkinder, S. 28.

S. 107 *»Was uns Stadtallendorfer … beschäftigte uns kaum.«* Joachim Süss, Wir Nebelkinder, S. 34.

S. 108 *»Wir haben so … tabula rasa zu machen.«* Konrad Adenauer im Bundeskabinett, Kabinettsprotokoll der Deutschen Bundesregierung vom 26. 9. 1949; vgl. Bundesarchiv, »Die Kabinettsprotokolle der Bundesregierung«.

S. 109 *»Man hat in den letzten … Allerdings einzelne!«* Dr. Franz Richter zit. n. Johannes Vollmert, Der Neubeginn: Die erste Bundestagsdebatte zur Regierungserklärung von Konrad Adenauer (20.–29. 9. 49), in: Armin Burkardt/Kornelia Pape (Hrsg.), *Sprache des deutschen Parlamentarismus. Studien zu 150 Jahren parlamentarischer Kommunikation,* Wiesbaden 2000, S. 201.

S. 112 *»Es war das Klima … aus Lautsprechern.«* Ernst Riggert, Das letzte Aufgebot, *Die Welt* vom 26. 4. 1951, zit. n. Heiko Buschke, *Deutsche Presse. Rechtsextremismus und nationalsozialistische Vergangenheit in der Ära Adenauer,* Frankfurt/New York 2003, S. 167.

S. 112 f. *»Otto Remer … entbräunte Herzen.«* »Remer-Partei: Schickt deutsche Maurer«, *Der Spiegel,* 18/1951, S. 6 f.

S. 117 *»Unser forderndes Wort … zerrieben werde.«* Theodor Heuss, Silvesteransprache 31. 12. 1949, Bl. 1.

5. DIE WELT DER MÄNNER

S. 122 *»Nach fast fünf Jahren … keine richtige Frau mehr.«* Leserbrief in: *Constanze. Zeitschrift für die Frau,* 1. Jg. März 1948, zit. n. Franka Schneider, Ehen in Beratung, in: Annette Kaminsky (Hrsg.), *Heimkehr 1948. Geschichte und Schicksale deutscher Kriegsgefangener,* München 1998, S. 193.

S. 123 *»Szenen wiederholen … nicht wiederkommen wird.«* Walther von Hollander, »Mann in der Krise«, in: *Constanze,* 1. Jg. März 1948 1, zit. n. Franka Schneider, Ehen in Beratung, in: Annette Kaminsky (Hrsg.), *Heimkehr 1948,* S. 196.

S. 123 f. *»Denn auch die einsichtigste … Hausvaters auftritt.«* Walther von Hollander, »Mann in der Krise«, in: *Constanze,* 1. Jg. Mai 1948 5, zit. n. Franka Schneider, Ehen in Beratung, in: Annette Kaminsky (Hrsg.), *Heimkehr 1948,* S. 197.

S. 126 *»Der Familie ging … zu bezeichnen.«* W. R., *Lebenszeiten.* Deutsches Tagebucharchiv Emmendingen, DTB 3240, 6–7, S. 2.

S. 127 *»Und nun diese … gestellte Situation!«* W. R., *Lebenszeiten,* S. 2.

S. 128 *»Emmy dagegen … als meine Frau.«* W. R., *Lebenszeiten,* S. 2.

S. 128 *»Niemand an diesem Tage … Familie bevorstand.«* W. R., *Lebenszeiten,* S. 5.

S. 129 f. *»Jetzt durfte ich zu ihr … und aufzubauen.«* W. R., *Lebenszeiten,* S. 6.

S. 131 *»Ich hatte es ohnehin … vor dem Krieg.«* W. R., *Lebenszeiten,* S. 7.

S. 132 *»Die drei waren meine Heimat … in den Jahren.«* Wilhelm Lehmann zit. n. Sibylle Meyer/Eva Schulze, *Von Liebe*, S. 153.

S. 132 *»Es war soviel … nichts war mehr wie früher.«* Hedwig Lehmann zit. n. Sibylle Meyer/Eva Schulze, *Von Liebe,* S. 160.

S. 133 *»Ich kannte meine Frau … ja auch kaum.«* Wilhelm Lehmann zit. n. Sibylle Meyer/Eva Schulze, *Von Liebe,* S. 161.

S. 134 *»Ich hab versucht … ihn wiederzufinden.«* Hedwig Lehmann zit. n. Sibylle Meyer/Eva Schulze, *Von Liebe,* S. 162.

S. 135 *»Aber als es … war's schrecklich.«* Wilhelm Lehmann zit. n. Sibylle Meyer/Eva Schulze, *Von Liebe,* S. 152.

S. 135 *»Ich wollte nicht mehr … kein Krieg mehr.«* Wilhelm Lehmann zit. n. Sibylle Meyer/Eva Schulze, *Von Liebe,* S. 158.

S. 137 *»Es ist zuzugeben … gewesen wären.«* Kurt Gauger, *Die Dystrophie als psychosomatisches Krankheitsbild,* München/Berlin 1952, S. V.

S. 140 *»Ein seltsamer Ort … auf Beute wartet.«* Michael Brenner, *Nachkriegsland. Eine Spurensuche,* Hamburg 2015, S. 15.

S. 141 *»Die Mühle konnte … die Erinnerungen.«* Michael Brenner, *Nachkriegsland,* S. 15.

S. 142 *»Bis zum Tod … viel bedeutet haben.«* Michael Brenner, *Nachkriegsland,* S. 30.

S. 143 *»Die Zeit zwischen Herbst … wie verschleiert.«* Michael Brenner, *Nachkriegsland,* S. 31.

S. 143 *»Karl verbrannte alle … in Gefangenschaft.«* Michael Brenner, *Nachkriegsland,* S. 32.

S. 145 *»Wie selbstverständlich … Glück aus Kriegstagen.«* Michael Brenner, *Nachkriegsland,* S. 15.

S. 145 *»Eines Abends hat er … ihn zu überstreichen.«* Michael Brenner, *Nachkriegsland,* S. 79.

S. 146 *»Diffus und unbestimmbar … zum Ausbruch.«* Michael Brenner, *Nachkriegsland,* S. 80.

S. 146 *»Karls ausdrücklicher Wunsch … gesprochen.«* Michael Brenner, *Kinder der Verlierer. Erinnerungen einer Generation,* Norderstedt 2010, S. 55.

S. 147 *»Dieser Satz war … wenig wissen sollten.«* Michael Brenner, *Nachkriegsland,* S. 17.

S. 148 *»Ich habe geglaubt … verkörpert waren.«* Manfred Augst zit. n. Ute Scheub, *Das falsche Leben. Eine Vatersuche,* München 2007, S. 165.

S. 148 *»Kannst Du … ist mirs recht.«* Manfred Augst zit. n. Ute Scheub, *Das falsche Leben,* S. 165.

S. 149 *»Weißt Du … einen Dreckwisch vorlegt.«* Kurt B. zit. n. Ute Scheub, *Das falsche Leben,* S. 166.

S. 149 *»Wir alle sind … unseres Lebens verloren.«* Manfred Augst zit. n. Ute Scheub, *Das falsche Leben,* S. 151.

S. 151 *»Vor allem im Wald ... Singvögel vorzuführen.«* Ute Scheub, *Das falsche Leben*, S. 28.

S. 151 *»Die Engel haben ... mitgenommen.«* Manfred Augst zit. n. Ute Scheub, *Das falsche Leben*, S. 29.

S. 152 *»Liebe Margarete ... etwas zu leicht nach.«* Manfred Augst zit. n. Ute Scheub, *Das falsche Leben*, S. 159.

S. 153 *»Du bist nicht sparsam ... hörst mir nicht zu.«* Ute Scheub, *Das falsche Leben*, S. 25.

S. 153 *»Er konnte keine ... nichts lieber als reden.«* Ute Scheub, *Das falsche Leben*, S. 36.

S. 154 *»Wer ist mein Partner ... meiner Auffassung.«* Manfred Augst zit. n. Ute Scheub, *Das falsche Leben*, S. 178.

S. 154 *»Wie konnte ich nur!«* Friedrich Lodemann, *Der große Irrtum. Erinnerungen des NSDAP-Mannes Friedrich Lodemann*, Berlin 2009, S. 15.

S. 155 *»Meine Art Idealismus ... für Egoismus.«* Friedrich Lodemann, *Der große Irrtum*, S. 31.

S. 155 *»Ich verstand die Welt ... nichts mehr.«* Friedrich Lodemann, *Der große Irrtum*, S. 134.

S. 155 *»Stammeln, brummen ... versucht hat.«* Jürgen Lodemann, *Der Solljunge*, S. 71.

S. 156 *»Mitten hinein ... bestraft werden.«* Friedrich Lodemann, *Der große Irrtum*, S. 144.

S. 157 *»Aber ich sage Euch ... wieder holen.«* Friedrich Lodemann zit. n. Jürgen Lodemann, *Der Solljunge*, S. 10.

S. 158 *»Da sehe ich ihn ... empor stemmen.«* Jürgen Lodemann, *Der Solljunge*, S. 41.

S. 162 *»Und Wilhelm hat ... sorgen müssen.«* Hedwig Lehmann zit. n. Sibylle Meyer/Eva Schulze, *Von Liebe*, S. 163.

S. 163 *»Ab da wurde es ... haben wir's dann geschafft.«* Wilhelm Lehmann zit. n. Sibylle Meyer/Eva Schulze, *Von Liebe*, S. 165.

S. 163 *»In und nach dem letzten Krieg ... eine Naturtatsache.«* Manfred Augst zit. n. Ute Scheub, *Das falsche Leben*, S. 182.

S. 164 *»Wir Kinder ... Vater direkt anzusprechen.«* Ute Scheub, Das falsche Leben, S. 31.

S. 165 *»Wenn Gefahr droht ... erfüllen kann.«* Manfred Augst zit. n. Ute Scheub, *Das falsche Leben*, S. 178.

S. 166 *»Nun zog er ... machte sich unberührbar.«* Ute Scheub, *Das falsche Leben*, S. 144.

S. 166 *»Da ich aber ... meinen Wutausbruch.«* Manfred Augst zit. n. Ute Scheub, *Das falsche Leben*, S. 75.

S. 168 *»Sollen wir unseren … einer wahnsinnigen Führung.«* Leserbrief in: *Deutsche Volkszeitung,* 1. Jg., Nr. 49, 8. 8. 1945, zit. n. Jörg Echternkamp, Arbeit am Mythos. Soldatengenerationen der Wehrmacht im Urteil der west- und ostdeutschen Gesellschaft, in: Klaus Naumann (Hrsg.), *Nachkrieg in Deutschland,* Hamburg 2001, S. 429 f.

S. 171 *»Auf und ab … was ich wollte.«* Josef Neckermann, *Erinnerungen,* S. 190.

S. 171 *»Das beschreibt unsere … einmal vernichtet wurde.«* Josef Neckermann, *Erinnerungen,* S. 207.

S. 172 *»Das Gespenst der Deklassierung … Wand vor mir.«* Josef Neckermann, *Erinnerungen,* S. 29.

S. 172 *»Ich blieb … und wurde so zum Ariseur.«* Josef Neckermann, *Erinnerungen,* S. 67.

S. 173 *»Ohne Beziehungen … und hatte welche.«* Josef Neckermann, *Erinnerungen,* S. 37.

S. 173 *»Wir haben schließlich … nicht zum Märtyrer.«* Josef Neckermann, *Erinnerungen,* S. 106.

6. AUFSTAND IM LAND DER ANGEPASSTEN

S. 178 *»Plötzlich kommt … am Schirm vorbei.«* Bernward Vesper, Erinnerungen an Lippoldsberg, zit. n. Gerd Koenen, *Vesper, Ensslin, Baader. Urszenen des deutschen Terrorismus,* Köln 2003, S. 66.

S. 179 *»Ich komme hierher … des Nationalen steht.«* Bernward Vesper zit. n. Gerd Koenen, *Vesper, Ensslin, Baader,* S. 67.

S. 179 *»Im erhabensten Sinne … gegen den Ungeist.«* Bernward Vesper zit. n. Gerd Koenen, *Vesper, Ensslin, Baader,* S. 69.

S. 186 f. *»Krieg und Gefangenschaft … in Gefahr.«* Anonym, »Das Leben«, in: Hans Venatier, *Ich bin nur eins Deiner Feuer. Ein Lesebuch zusammengestellt aus Werken – Aufzeichnungen – Briefen,* Lippoldsberg o. J., S. 10.

S. 187„ *»In der letzten Bankreihe … zu dienen.«* Bernward Vesper zit. n. Gerd Koenen, *Vesper, Ensslin, Baader,* S. 67 f.

7. DIE WELT DER KINDER

S. 193 *»Deshalb haben sie … bezeichnet werden.«* Hilde Thurnwald, *Gegenwartsprobleme Berliner Familien. Eine soziologische Untersuchung an 498 Familien,* Berlin 1948, S. 148.

S. 193 *»Als die deutschen Soldaten … flüstert dabei.«* Theodor Wild, 1945, *Tagebuch,* Deutsches Tagebucharchiv Emmendingen, DTB 540, 1–3, o. S.

S. 194 *»Weil meine Mutter … muß ich viel machen.«* Theodor Wild, Februar 1946, *Tagebuch,* o. S.

S. 194 *»Früher haben alle ... anderen Straßen.«* Theodor Wild, 1945, *Tagebuch,* o. S.

S. 195 *»Jetzt ärgert sich ... und versteckt.«* Theodor Wild, August 1945, *Tagebuch,* o. S.

S. 195 *»Ich habe mit denen ... 50 Dollar gekriegt.«* Theodor Wild im Gespräch mit dem Verfasser, 11. 5. 2016.

S. 196 *»Meine Mutter sagt ... weil sie die Sieger sind.«* Theodor Wild, 1945, *Tagebuch,* o. S.

S. 196 *»In der ersten Stunde ... ich alles wissen will.«* Theodor Wild, September 1946, *Tagebuch,* o. S.

S. 196 *»Niemand sagt mir die Wahrheit.«* Theodor Wild, 1945, *Tagebuch,* o. S.

S. 197 *»Ich habe viel ... wenn man erwachsen ist?«* Theodor Wild, Sommer 1949, *Tagebuch,* o. S.

S. 199 *»Zufälligerweise war ... jetzt nicht brauchen.«* Ilse Müller zit. n. Lu Seegers, Vater-Los – Der gefallene Vater in der Erinnerung von Halbwaisen in Deutschland nach 1945, in: José Brunner (Hrsg.), *Mütterliche Macht und väterliche Autorität. Elternbilder im deutschen Diskurs,* Tel Aviv 2008, S. 138.

S. 200 *»Dasselbe kann morgen ... weitermachen!« Der Landser,* Höllenkessel Cholm, Band Nr. 381, 1965.

S. 202 *»Diese Helden ... haben überlebt!«* Bruno Riedel, Eine moralisch völlig verwahrloste Zeit, in: Claudia Seifert, *Aus Kindern werden Leute, aus Mädchen werden Bräute. Die 50er und 60er Jahre,* München 2006, S. 53.

S. 202 *»Draußen herrschte ... sie beklauen würden.«* Bruno Riedel, Eine moralisch völlig verwahrloste Zeit, S. 54 f.

S. 203 *»Das ist ein Bild ... als Monster zurück.«* Bruno Riedel, Eine moralisch völlig verwahrloste Zeit, S. 61.

S. 204 *»Ich habe das so ... wenn man es schafft.«* Bruno Riedel, Eine moralisch völlig verwahrloste Zeit, S. 63.

S. 205 *»So hat meine Mutter ... allein gemeistert.«* Bruno Riedel, Eine moralisch völlig verwahrloste Zeit, S. 54.

S. 206 *»Wir passten auf ... jemandem nein sagen?«* Bruno Riedel, Raus aus diesem Land, aus dieser Enge, in: Claudia Seifert, *Aus Kindern werden Leute, aus Mädchen werden Bräute. Die 50er und 60er Jahre,* München 2006, S. 160 f.

S. 206 *»Du fehlst sehr.«* Erla Ludin an Erika Ludin, zit. n. Alexandra Senfft, *Schweigen tut weh,* S. 27.

S. 207 *»Du bist ein zerstreuter ... bekommen habe.«* Erika Ludin zit. n. Alexandra Senfft, *Schweigen tut weh,* S. 114 f.

S. 208 *»Er ist wohl kein so'n Guter gewesen.«* Erika Ludin zit. n. Alexandra Senfft, *Schweigen tut weh,* S. 109.

S. 208 *»Eri und Barbel ... zum Diktator hin.«* Alexandra Senfft, *Schweigen tut weh*, S. 68.

S. 209 *»Wahrheitsliebe ... Tätigkeitssinn.«* Hanns Ludin zit. n. Alexandra Senfft, *Schweigen tut weh*, S. 163.

S. 209 *»Wenn es schiefgeht ... nicht befolgen.«* Hanns Ludin zit. n. Alexandra Senfft, *Schweigen tut weh*, S. 163.

S. 210 *»Das waren wildfremde ... Bekannte vor.«* Erika Ludin zit. n. Alexandra Senfft, *Schweigen tut weh*, S. 146.

S. 210 *»Wenn sie so dasteht ... jeder berührt.«* Alexandra Senfft, *Schweigen tut weh*, S. 192.

S. 211 *»Ich glaub, ich muss aufpassen ... wie noch nie.«* Erika Ludin zit. n. Alexandra Senfft, *Schweigen tut weh*, S. 162.

S. 212 *»Die Buben feixten ... eine leichte Übung.«* Gisela Heidenreich, *Das endlose Jahr*, S. 226.

S. 212 *»Ich saß da ... stimmte mit mir nicht.«* Gisela Heidenreich, *Das endlose Jahr*, S. 226.

S. 215 *»Wie habe ich die Kinder ... festhalten können!«* Gisela Heidenreich, *Das endlose Jahr*, S. 149.

S. 215 *»Als meine Mutter ... am Bahnhof gewesen sei.«* Gisela Heidenreich, *Das endlose Jahr*, S. 150.

S. 216 *»Ein strahlender junger Mann ... noch besaß.«* Gisela Heidenreich, *Das endlose Jahr*, S. 150.

S. 217 f. *»Ich durfte niemandem ... geschwiegen.«* Gisela Heidenreich, *Sieben Jahre Ewigkeit*, S. 100 f.

S. 220 *»Hier hat die Mutter ... ein großer Tag.«* Ute Dehne-Niemann, *Der Spätheimkehrer. Ein Zeitdokument aus den Nachkriegsjahren*, April 2003, Deutsches Tagebucharchiv Emmendingen, DTB 1013, S. 6.

S. 221 *»Ich habe das gemalt ... die ganze Kindheit.«* Ute Dehne-Niemann im Gespräch mit dem Verfasser, 10. 5. 2016.

S. 222 *»auch so auf ihren Vati ... Vertrauen zu mir haben.«* Hermann Boller, Brief aus der Gefangenschaft, 27. 2. 1948, in: *Chronik der Familie Boller*, Privatbesitz.

S. 223 *»Ute schaut ... ›Schlammbeißer‹ aus.«* Ute Dehne-Niemann, *Der Spätheimkehrer*, S. 12.

S. 223 f. *»Ich hab' mir Dich aber viel schöner vorgestellt!«* Ute Dehne-Niemann im Gespräch mit dem Verfasser, 10. 5. 2016.

S. 224 *»Im ›Adler‹ merket ... wie es war.«* Ute Dehne-Niemann, *Der Spätheimkehrer*, S. 18.

S. 224 *»Der Mensch ... überstehen Kriege nicht.«* Ute Dehne-Niemann im Gespräch mit dem Verfasser, 10. 5. 2016.

S. 225 *»Irgend etwas ... glücklich zu machen.«* Ute Dehne-Niemann im Gespräch mit dem Verfasser, 10. 5. 2016.

S. 227 »*Lottoschein, vergessen … Schläge.*« Ute Dehne-Niemann, *Der Spätheimkehrer*, S. 26.

S. 227 »*Ich habe geheult … niemals Lottokönig.*« Ute Dehne-Niemann im Gespräch mit dem Verfasser, 10. 5. 2016.

S. 228 f. »*Wenn wir am Tisch … niemand mehr da wäre.*« Ute Dehne-Niemann im Gespräch mit dem Verfasser, 10. 5. 2016.

S. 229 »*Kuss auf Vaters Dünnhautglatze. Schmallippig.*« Ute Dehne-Niemann, *Der Spätheimkehrer*, S. 28.

S. 230 »*Entweder der Führer oder ich*« Monika Jetter, *Mein Kriegsvater. Versuch einer Versöhnung*, Hamburg 2004, S. 81.

S. 230 »*Offenbar waren wir … sich entlasten wollte?*« Monika Jetter, *Mein Kriegsvater*, S. 168 f.

S. 231 »*Aber nun schnell … Mutti nichts davon.*« Monika Jetter, *Mein Kriegsvater*, S. 38.

S. 231 »*Ich wollte überhaupt … vor allem mit ihm nicht.*« Monika Jetter, *Mein Kriegsvater*, S. 40.

S. 232 »*Mein liebes Kind … die keine sind.*« Monika Jetter, *Mein Kriegsvater*, S. 153.

S. 232 »*Er schien immer … erreicht mich nicht.*« Monika Jetter, *Mein Kriegsvater*, S. 135.

S. 233 »*Ich erinnere mich … tun kannst?*« Monika Jetter, *Mein Kriegsvater*, S. 159.

S. 237 »*Abgestorbene, tote Stätten … irgendwie mitverurteilt.*« Richard von Schirach, *Der Schatten meines Vaters*, München/Wien 2005, S. 198.

S. 237 »*Es war eine Vaterbeziehung … in einem Jahr ausmachten.*« Richard von Schirach, *Der Schatten meines Vaters*, S. 241.

S. 238 »*Meine Briefe waren … fotografiert werden.*« Richard von Schirach, *Der Schatten meines Vaters*, S. 244.

S. 238 »*Das Leben hatte mich … war mir nur recht.*« Richard von Schirach, *Der Schatten meines Vaters*, S. 222.

S. 239 »*Ein Fremder, den … Geheimnis umgab.*« Richard von Schirach, *Der Schatten meines Vaters*, S. 358.

S. 240 »*Wie ein stummer Gast … anwesend.*« Monika Jetter, *Mein Kriegsvater*, S. 126.

S. 240 »*Oft hatten sie blaue … nichts erfahren.*« Monika Jetter, *Mein Kriegsvater*, S. 126.

S. 241 »*Er war wie ein Gespenst.*« Monika Jetter, *Mein Kriegsvater*, S. 172.

S. 242 »*Nichts wurde uns … zum Hals stand.*« Monika Jetter, *Mein Kriegsvater*, S. 169.

S. 243 »*Das Schlimmste war … erlogen!*« Gisela Heidenreich, *Das endlose Jahr*, S. 137 f.

S. 245 *»Ich habe ihn sorgfältig … mit Handkantenschlag versehen.«* Gisela Heidenreich, *Das endlose Jahr,* S. 172.

S. 246 *»Eine Lüge hat … die übernächste bedingt.«* Gisela Heidenreich, *Das endlose Jahr,* S. 173.

S. 246 *»Die Tage zogen sich … was los war.«* Gisela Heidenreich, *Das endlose Jahr,* S. 183.

S. 246 *»In meiner ganzen … mit seinen Kindern.«* Tagebuch von Gisela Heidenreich, zit. n. Gisela Heidenreich, *Das endlose Jahr,* S. 184.

S. 247 f. *»Es passierte etwas … und mitzulachen.«* Gisela Heidenreich, *Das endlose Jahr,* S. 278.

S. 248 *»Als ob sie sich gestern … beschrieben hatte.«* Gisela Heidenreich, *Das endlose Jahr,* S. 284.

S. 249 *»Jeden Morgen blickte … es sehen und spüren.«* Michael Brenner, *Nachkriegsland,* S. 23.

S. 250 *»Ich war die Hoffnung … auf die Zukunft.«* Michael Brenner, *Nachkriegsland,* S. 17.

S. 250 *»Nie wäre ich auf den Gedanken … um Hilfe zu bitten.«* Michael Brenner, *Nachkriegsland,* S. 20.

S. 251 *»Wie alle Kinder fing ich an … mich versteckt.«* Michael Brenner, *Nachkriegsland,* S. 78.

S. 252 *»Dann rasteten die Erwachsenen … erst 1945 begonnen.«* Michael Brenner, *Nachkriegsland,* S. 11.

S. 253 *»Nichts stand so unverrückbar … werden wie ihr.««* Michael Brenner, *Nachkriegsland,* S. 86.

S. 254 f. *»Mir scheint … Versagen der Erwachsenen.«* Helmut Schelsky, *Die skeptische Generation. Eine Soziologie der deutschen Jugend,* Düsseldorf/Köln 1957, S. 488.

S. 255 *»Wir haben keine Lehrmeister mehr.«* Helmut Schelsky, *Die skeptische Generation,* S. 488.

S. 256 *»Groß und stark sein … mich mitnehmen lasse.«* Jürgen Lodemann, *Der Solljunge,* S. 15 f.

S. 256 *»Werde einst ein ganzer Mann!«* Friedrich Lodemann, *Der große Irrtum,* S. 7.

S. 256 f. *»So sieht es aus … wie es um uns steht.«* Jürgen Lodemann, *Der Solljunge,* S. 150.

S. 257 *»Nein, um Mutters willen … Anerkennung bei Mutter.«* Jürgen Lodemann, *Der Solljunge,* S. 151.

S. 257 *»Warum ertrug ich … Skelette gefischt hatte?«* Jürgen Lodemann, *Der Solljunge,* S. 36.

S. 258 *»Ich spürte, daß er … ich ihm zu sein schien.«* Jürgen Lodemann, *Der Solljunge,* S. 37.

S. 258 *»Nie mehr sich abstempeln … in Sollen.«* Jürgen Lodemann, *Der Solljunge,* S. 227.

S. 258 f. *»Von damals ist die Vorstellung … schlafen sollten.«* Bruno Riedel, Eine moralisch völlig verwahrloste Zeit, S. 57.

S. 259 *»Denn wenn dieser … wir damals kapiert.«* Bruno Riedel, Eine moralisch völlig verwahrloste Zeit, S. 60.

S. 260 *»Sie hatte sich irgendwann … meiner Mutter.«* Bruno Riedel, Raus aus diesem Land, aus dieser Enge, S. 165.

S. 260 *»Ich bin in Lederhosen … hatte ich nicht drauf.«* Bruno Riedel, Raus aus diesem Land, aus dieser Enge, S. 163.

S. 261 *»Einfach raus … aus dieser Enge.«* Bruno Riedel, Raus aus diesem Land, aus dieser Enge, S. 163.

S. 261 *»Dieses deutsche Grau … muss es zivilisieren.«* Bruno Riedel, Raus aus diesem Land, aus dieser Enge, S. 169.

S. 262 *»Im Leben, da hat höchst' Gewicht … sagt man nicht.«* Ute Dehne-Niemann, *Der Spätheimkehrer,* S. 14.

S. 262 *»Das Gefühl, für ihr Glück … bis zu ihrem Tod.«* Ute Dehne-Niemann in: *Chronik der Familie Boller,* Privatbesitz.

S. 263 *»Weinen darfst Du nicht … sehr beschäftigt.«* Ute Dehne-Niemann im Gespräch mit dem Verfasser, 10. 5. 2016.

S. 263 *»Er durfte das Lustige … beides nicht.«* Ute Dehne-Niemann im Gespräch mit dem Verfasser, 10. 5. 2016.

S. 263 f. *»Ich hätte mich … nicht brechen lassen.«* Ute Dehne-Niemann im Gespräch mit dem Verfasser, 10. 5. 2016.

S. 264 *»Ich weiß, dass ich fünf … hab ich gewonnen.«* Ute Dehne-Niemann im Gespräch mit dem Verfasser, 10. 5. 2016.

S. 265 *»Es fällt mir heute noch … zur Deckung zu bringen.«* Ute Dehne-Niemann in: *Chronik der Familie Boller,* Privatbesitz.

8. EIN GESPENST NAMENS JUGEND

S. 270 *»Mein Leben war armselig … Wesentliche jener Zeit.«* Christina Thürmer-Rohr zit. n. Helga Hirsch, *Endlich wieder leben. Die fünfziger Jahre im Rückblick von Frauen,* München 2012, S. 7.

S. 273 *»Als sie nicht bedient … und den Wirt.«* Jugendschöffengericht Tiergarten 1 Ju Ms 2/56 (60/55), zit. n. Günther Kaiser, *Randalierende Jugend. Eine soziologische und kriminologische Studie über die sogenannten »Halbstarken«,* Heidelberg 1959, S. 42.

S. 275 *»Sie umringten ihn … Steinhagel überschüttet.«* Landgericht Hannover 2 Kls 3/56, zit. n. Günther Kaiser, *Randalierende Jugend,* S. 37.

S. 277 *»In hinteren Reihen … durch die Flucht.« Der Spiegel,* 45/1958, S. 78 f.

S. 279 *»Letzter Lagebericht ... in die Flucht.«* *Westdeutsche Allgemeine Zeitung*, 3. 12. 1956, zit. n. Thomas Grotum, *Die Halbstarken. Zur Geschichte einer Jugendkultur der 50er Jahre*, Frankfurt am Main/New York 1994, S. 77.

S. 280 *»Ein kleines Kofferradio streut ... brausen sie fort.«* Karl H. Nicolaus in: *Die Zeit*, 42/1958.

S. 281 *»Sie demolieren Kinderspielplätze ... Parkuhren um.«* Günther Kaiser, *Randalierende Jugend*, S. 26.

S. 284 *»Die Halbstarken waren ... zur Kenntnis genommen.«* Werner Krabbe zit. n. Winfried Sträter, »Das konnte ein Erwachsener nicht mit ruhigen Augen beobachten«. Die Halbstarken, in: Christa Jancik (Hrsg.), *Vom Lagerfeuer zur Musikbox. Jugendkulturen 1900–1960*, Berlin 1985, S. 160.

S. 284 *»Das konnte ein Erwachsener ... beobachten.«* Werner Krabbe zit. n. Winfried Sträter, »Das konnte ein Erwachsener«, S. 152.

S. 285 *»Die Leute haben ... aber doch wußte.«* Werner Krabbe zit. n. Winfried Sträter, »Das konnte ein Erwachsener«, S. 153.

S. 285 *»Von den Halbstarken selber ... erinnern!«* Werner Krabbe zit. n. Winfried Sträter, »Das konnte ein Erwachsener«, S. 163.

S. 286 *»Trotz geöffneter Tür ... zu sehen war.«* Marion Schwarz, *Würgerspeise und Lackschuhe. Kindheitserlebnisse einer Heidelbergerin*, Mannheim 2009, S. 179.

S. 288 *»Sonst sah man sie nie ... wohl übersehen.«* Marion Schwarz, *Würgerspeise und Lackschuhe*, S. 65.

S. 288 *»Was fehlte meiner Mutter ... zufrieden stellen?«* Marion Schwarz, *Würgerspeise und Lackschuhe*, S. 104.

S. 289 *»Das Spielen mit Jungen ... zu bekämpfen.«* Marion Schwarz, *Würgerspeise und Lackschuhe*, S. 151.

S. 290 *»Ein weiterer Umgang ... zogen wir um.«* Marion Schwarz, *Würgerspeise und Lackschuhe*, S. 188.

S. 291 *»Die Kneipe war ... bis abends voll.«* Frank Bartelt im Gespräch mit dem Verfasser, 10. 5. 2016.

S. 291 *»Da kam einer rein ... einen ohne Arm.«* Frank Bartelt im Gespräch mit dem Verfasser, 10. 5. 2016.

S. 292 *»Und ich hab mir gedacht ... nichts bieten!«* Frank Bartelt im Gespräch mit dem Verfasser, 10. 5. 2016.

S. 292 *»Ich hatte kein Kinderzimmer ... kam da raus.«* Frank Bartelt im Gespräch mit dem Verfasser, 10. 5. 2016.

S. 293 *»Halbstark sein! ... eine Genugtuung.«* Frank Bartelt im Gespräch mit dem Verfasser, 10. 5. 2016.

S. 294 *»An die Schwachen! ... nicht gelehrt habt.«* Anonym zit. n. Günther Kaiser, *Randalierende Jugend*, S. 113.

S. 304 »*Keine Gespräche … zur Welt gekommen.*« Michael Brenner, *Nachkriegsland*, S. 35.

S. 305 »*Mich ließ das Ganze unberührt … verbannt.*« Michael Brenner, *Nachkriegsland*, S. 35.

S. 305 »*Mich berührt dieses … Glück erlebt.*« Michael Brenner, *Nachkriegsland*, S. 36.

S. 306 »*Zunehmend beherrscht mich … in diesen Stunden.*« Michael Brenner, *Nachkriegsland*, S. 40.

S. 307 »*Was ich über Karls … meines Vaters.*« Michael Brenner, *Nachkriegsland*, S. 43.

S. 307 »*Warum hat sie das alles … gelebten Lebens?*« Gisela Heidenreich, *Sieben Jahre Ewigkeit*, S. 15.

S. 308 »*Wenn Du sagst … von Dir Besitz ergriffen …*« Gisela Heidenreich, *Sieben Jahre Ewigkeit*, S. 21.

S. 309 »*Ich habe registriert … Liebe zu glauben.*« Gisela Heidenreich, *Sieben Jahre Ewigkeit*, S. 173.

S. 309 »*Sie wollte, dass ich eines Tages … darüber zu sprechen.*« Gisela Heidenreich, *Sieben Jahre Ewigkeit*, S. 408.

S. 310 »*Mir kam es immer vor … nicht erwünscht waren.*« Monika Jetter, *Mein Kriegsvater*, S. 17.

S. 310 »*Es wird der Tag kommen … zum Menschen findet.*« Monika Jetter, *Mein Kriegsvater*, S. 64.

S. 311 »*Entschuldige, ich bin unterworfen.*« Monika Jetter, *Mein Kriegsvater*, S. 161.

S. 311 »*Das hatte zu der Fremdheit … zu reden.*« Monika Jetter, *Mein Kriegsvater*, S. 211.

S. 312 »*Als mein Bruder und ich … wie ein Tabubruch.*« Alexandra Senfft, *Schweigen tut weh*, S. 11.

S. 313 »*Ich will aber nicht mehr … zerrieben hat.*« Alexandra Senfft, *Schweigen tut weh*, S. 21.

S. 314 »*Die Pappe ist alt … brüchig auflösendes Papier.*« Ute Scheub, *Das falsche Leben*, S. 10.

S. 315 »*Ich kannte die Aufgeregtheit … fleckig werden lässt.*« Günter Grass, *Aus dem Tagebuch einer Schnecke*, Göttingen 1997, S. 169.

S. 315 f. »*Jetzt könnt Ihr wahrscheinlich … für Euch alle.*« Manfred Augst zit. n. Ute Scheub, *Das falsche Leben*, S. 10.

S. 316 »*Den schreibt man mit Pathos … Dachboden finden.*« Ute Scheub, *Das falsche Leben*, S. 12 f.

S. 317 »*Irgendwann, als das Kapitel … aufgehört, herumzugiften.*« Ute Scheub, *Das falsche Leben*, S. 261.

Quellen und Literatur

ZEITGENÖSSISCHE BERICHTE UND TAGEBÜCHER

Hannah Arendt, *Besuch in Deutschland*, Berlin 1993.

Curt Bondy/Jan Braden/Rudolf Cohen/Klaus Eyferth, *Jugendliche stören die Ordnung. Bericht und Stellungnahme zu den Halbstarkenkrawallen*, München 1957.

Kurt Gauger, *Die Dystrophie als psychosomatisches Krankheitsbild*, München/Berlin 1952.

Victor Gollancz, *In Darkest Germany*, London 1947.

Günter Grass, *Aus dem Tagebuch einer Schnecke*, Göttingen 1997.

Günther Kaiser, *Randalierende Jugend. Eine soziologische und kriminologische Studie über die sogenannten »Halbstarken«*, Heidelberg 1959.

Erhart Kästner, *Zeltbuch von Tumilad*, Frankfurt am Main 1960.

Berta Kohlschütter, *Niederschrift über meine Einberufung zur Wehrmacht 1943*, Deutsches Tagebucharchiv Emmendingen, DTB 115–1.

Berta Kohlschütter, *Liebesbriefe an meinen ersten Mann*, Deutsches Tagebucharchiv Emmendingen, DTB 115–2.

Wolfram Matschoss, *Briefe 1947–1948*, Deutsches Tagebucharchiv Emmendingen, DTB 3265.

Wolfram Matschoss, *Der Zweite Weltkrieg, wie ich ihn erlebte*, Deutsches Tagebucharchiv Emmendingen, DTB 3265.

Edith Sänger, *Tagebuch September-Dezember 1954*, Deutsches Tagebucharchiv Emmendingen, DTB 2157–1

Helmut Schelsky, *Die skeptische Generation. Eine Soziologie der deutschen Jugend*, Düsseldorf/Köln 1957.

Helmut Schelsky, *Wandlungen der deutschen Familie in der Gegenwart. Darstellung und Deutung einer empirisch-soziologischen Tatbestandsaufnahme*, Stuttgart 1955.

Brigitte Schubert, *Tagebücher 1956–1960,* Deutsches Tagebucharchiv Emmendingen, DTB 2338–4.

Stephen Spender, *Deutschland in Ruinen*, Heidelberg 1995.

Hilde Thurnwald, *Gegenwartsprobleme Berliner Familien. Eine soziologische Untersuchung an 498 Familien*, Berlin 1948.

Theodor Wild, *Tagebuch*, Deutsches Tagebucharchiv Emmendingen, DTB 540, 1–3. Da seine Eltern zum Zeitpunkt der Niederschrift noch unverheiratet waren, schrieb der junge Theodor sein Tagebuch unter dem Nachnamen seiner Mutter: Gruschka.

NACHTRÄGLICHE ERINNERUNGEN UND FAMILIENGESCHICHTEN

Michael Brenner, *Kinder der Verlierer. Erinnerungen einer Generation*, Norderstedt 2010.

Michael Brenner, *Nachkriegsland: Eine Spurensuche*, Hamburg 2015.

In beiden Texten beschäftigt sich der Autor mit seiner Kindheit und Jugend im Hamburg der Nachkriegsjahre; im Mittelpunkt steht dabei das schwierige Verhältnis zu seinen Eltern, insbesondere seinem Vater Karl Brenner.

Chronik der Familie Boller, Privatbesitz.

Ute Dehne-Niemann, *Der Spätheimkehrer. Ein Zeitdokument aus den Nachkriegsjahren*, April 2003, Deutsches Tagebucharchiv Emmendingen, DTB 1013.

Aus Anlass des sechzigsten Geburtstags ihres Bruders hat die Autorin ein Bilderbuch über ihre Kindheitserlebnisse mit ihrem vom Krieg heimgekehrten Vater Hermann Boller gemalt und gedichtet.

Gisela Heidenreich, *Das endlose Jahr. Die langsame Entdeckung der eigenen Biografie – ein Lebensbornschicksal*, Bern/München/Wien 2002.

Gisela Heidenreich, *Sieben Jahre Ewigkeit. Eine deutsche Liebe*, München 2009.

In beiden Büchern setzt sich Gisela Heidenreich sowohl mit der langen Suche nach ihrem Vater und der eigenen Identität auseinander als auch mit dem verwirrenden Doppelleben ihrer Mutter Emilie Edelmann.

Monika Jetter, *Mein Kriegsvater. Versuch einer Versöhnung*, Hamburg 2004.

Friedrich Lodemann, *Der große Irrtum. Erinnerungen des NSDAP-Mannes Friedrich Lodemann*, Berlin 2009.

Einige Jahre nach Kriegsende legt der ehemalige NS-Funktionär Lodemann Rechenschaft darüber ab, wie und weshalb er sich dem Nationalsozialismus verschrieben hatte.

Jürgen Lodemann, *Der Solljunge*, Göttingen 1997.

Der Sohn des früheren Parteigenossen Friedrich Lodemann beschreibt hier seine Erziehung und seine Emanzipation von einem Elternhaus, in dem man sich nach 1945 mehr und mehr auseinanderlebt.

Josef Neckermann, *Erinnerungen*, aufgezeichnet von Karin Weingart und Harvey T. Rowe, Frankfurt am Main/Berlin 1990.

Bruno Riedel, Eine moralisch völlig verwahrloste Zeit, in: Claudia Seifert, *Aus Kindern werden Leute, aus Mädchen werden Bräute. Die 50er und 60er Jahre*, München 2006, S. 52–68.

Bruno Riedel, Raus aus diesem Land, aus dieser Enge, in: Claudia Seifert, *Aus Kindern werden Leute, aus Mädchen werden Bräute. Die 50er und 60er Jahre*, München 2006, S. 160–169.

W. R., *Lebenszeiten*, Deutsches Tagebucharchiv Emmendingen, DTB 3240, 6–7.

In seinen Lebenserinnerungen beschreibt der Verfasser seine Heimkehr aus Krieg und Gefangenschaft und den tragisch verlaufenden Neuanfang mit seiner Familie. Aus persönlichkeitsrechtlichen Gründen sind in diesem Fall sämtliche Eigen- und Ortsnamen anonymisiert.

Ute Scheub, *Das falsche Leben. Eine Vatersuche*, München 2007.
Die Autorin ist die Tochter eines früheren SS-Mannes, der sich im Jahr 1969 öffentlich das Leben nahm. Ein Zufallszeuge dieser Begebenheit war der Schriftsteller Günter Grass, der ihn unter dem Namen »Manfred Augst« in seinem *Tagebuch einer Schnecke* auftreten ließ.

Richard von Schirach, *Der Schatten meines Vaters*, München/Wien 2005.
Der Sohn des ehemaligen NS-Reichsjugendführers und Gauleiters von Wien Baldur von Schirach schildert seine Kindheit in Beziehung zu seinem bis 1966 im Gefängnis sitzenden Vater. Dessen eigene Erinnerungen unter dem Titel *Ich glaubte an Hitler* tragen nichts zu dieser Familiengeschichte bei.

Alexandra Senfft, *Schweigen tut weh. Eine deutsche Familiengeschichte*, Berlin 2008 (Erstausgabe: Claassen 2007).
Alexandra Senfft ist die Tochter von Heinrich Senfft und Erika Ludin. Ihre Großeltern mütterlicherseits waren Erla und Hanns Ludin, der als NS-Kriegsverbrecher hingerichtet wurde. In ihrer Familiengeschichte stützt sich Senfft u. a. auf den lebenslangen Briefwechsel zwischen ihrer Mutter Erika und Großmutter Erla.

Marion Schwarz, *Würgerspeise und Lackschuhe. Kindheitserlebnisse einer Heidelbergerin*, Mannheim 2009.

WEITERFÜHRENDE LITERATUR

Ute Benz, »Maikäfer, flieg! Dein Vater ist im Krieg.« Aspekte der Heimkehr aus familialer Sicht, in: Annette Kaminsky (Hrsg.), *Heimkehr 1948. Geschichte und Schicksale deutscher Kriegsgefangener*, München 1998, S. 176–191.

Heiko Buschke, *Deutsche Presse. Rechtsextremismus und nationalsozialistische Vergangenheit in der Ära Adenauer*, Frankfurt/New York 2003.

Norbert Frei, Die langen Fünfziger, in: *Die Zeit*, 8/2006.

Michael Geyer, Der Kalte Krieg, die Deutschen und die Angst. Die westdeutsche Opposition gegen Wiederbewaffnung und Kernwaffen, in: Klaus Naumann (Hrsg.), *Nachkrieg in Deutschland*, Hamburg 2001, S. 267–318.

Svenja Goltermann, *Die Gesellschaft der Überlebenden. Kriegsheimkehrer und ihre Gewalterfahrungen*, München 2009.

Rudolf Großkopf, *Unsere 50er Jahre. Wie wir wurden, was wir sind*, Frankfurt am Main 2005.

Thomas Grotum, *Die Halbstarken. Zur Geschichte einer Jugendkultur der 50er Jahre*, Frankfurt am Main/New York 1994.

Helga Hirsch, *Endlich wieder leben. Die fünfziger Jahre im Rückblick von Frauen*, München 2012.

Annette Kaminsky (Hrsg.), *Heimkehr 1948. Geschichte und Schicksale deutscher Kriegsgefangener*, München 1998.

Gerd Koenen, *Vesper, Ensslin, Baader. Urszenen des deutschen Terrorismus*, Köln 2003.

Wolfgang Kraushaar, *Die Protestchronik 1949–1959. Eine illustrierte Geschichte von Bewegung, Widerstand und Utopie*, Hamburg 1996.

Thomas Kühne, Zwischen Vernichtungskrieg und Freizeitgesellschaft. Die Veteranenkultur der Bundesrepublik (1945–1995), in: Klaus Naumann (Hrsg.), *Nachkrieg in Deutschland*, Hamburg 2001, S. 90–113.

Kaspar Maase, *BRAVO Amerika. Erkundungen zur Jugendkultur der Bundesrepublik in den fünfziger Jahren*, Hamburg 1992.

Sibylle Meyer/Eva Schulze, *Von Liebe sprach damals keiner. Familienalltag in der Nachkriegszeit*, München 1985.

Bodo Mrozek, Halbstark! Aus der Urgeschichte der Popkultur, in: *Merkur*, Heft 701, 62/2008.

Klaus Naumann (Hrsg.), *Nachkrieg in Deutschland*, Hamburg 2001, S. 630–635.

Norbert Podewin (Hrsg.), *Braunbuch – Kriegs- und Naziverbrecher in der Bundesrepublik und in Berlin (West)*, Berlin 1968.

Uta Poiger, *Jazz, Rock, and Rebels. Cold War Politics and American Culture in a Divided Germany*, Berkeley 2000.

Franka Schneider, Ehen in Beratung, in: Annette Kaminsky (Hrsg.), *Heimkehr 1948. Geschichte und Schicksale deutscher Kriegsgefangener*, München 1998, S. 192–216.

Michael Schneider/Joachim Süss (Hrsg.), *Nebelkinder. Kriegsenkel treten aus dem Traumaschatten der Geschichte*, Berlin 2015.

Hermann Schulz/Hartmut Radebold/Jürgen Reulecke, *Söhne ohne Väter. Erfahrungen der Kriegsgeneration*, Bonn 2005.

Claudia Seifert, *Aus Kindern werden Leute, aus Mädchen werden Bräute. Die 50er und 60er Jahre*, München 2006.

Winfried Sträter, »Das konnte ein Erwachsener nicht mit ruhigen Augen beobachten«, Die Halbstarken, in: Christa Jancik (Hrsg.), *Vom Lagerfeuer zur Musikbox. Jugendkulturen 1900–1960*, Berlin 1985, S. 137–170.

Zeittafel

1945

7./8. Mai	Wehrmachtsvertreter unterzeichnen die bedingungslose Kapitulation. Der Zweite Weltkrieg hinterlässt auf deutscher Seite 11 Millionen Kriegsgefangene, 2 Millionen Kriegsversehrte, 20 Millionen Obdachlose, 14 Millionen Vertriebene und Flüchtlinge.
Mai	In Flensburg gründen zwei ehemalige Offiziere den Suchdienst zur Auffindung von vermissten Personen. Der britische Schriftsteller Stephen Spender beginnt im Auftrag der Alliierten Kontrollkommission seine Reisen durch Deutschland.
30. Juli	Der Alliierte Kontrollrat nimmt in Berlin die Arbeit als höchste Regierungsgewalt in Deutschland auf.
2. August	Das Potsdamer Abkommen regelt die Politik der Siegermächte für Deutschland. Im Zuge der Entnazifizierung sollen alle Bereiche der Gesellschaft von NS-Einflüssen gesäubert werden.
September/Oktober	Der Schulbetrieb in allen vier Besatzungszonen ist wieder aufgenommen.
20. November	In Nürnberg beginnt der Prozess gegen die Hauptkriegsverbrecher des Dritten Reiches.

1946

15. Januar	Berta Boese aus Passau schreibt den letzten Liebesbrief an ihren vermissten Ehemann Gustav.
5. März	Die US-Behörden übertragen die Entnazifizierung an deutsche Spruchkammern. Alle Deutschen über 18 Jahre sollen per Fragebogen auf ihre politische Belastung geprüft werden.
22. Juli	Die ersten Heimkehrer aus sowjetischer Kriegsgefangenschaft treffen in Deutschland ein.
1. Oktober	Im Nürnberger Hauptkriegsverbrecherprozess fällt das Internationale Militärtribunal zwölf Todesurteile, sieben Haftstrafen und drei Freisprüche.

15. Oktober	Im Berliner Admiralspalast hat der erste deutsche Nachkriegsfilm, »Die Mörder sind unter uns«, Premiere.
29. Oktober	Die Volkszählung erfasst in den vier Besatzungszonen 66 Millionen Einwohner. 37 Millionen Frauen stehen 29 Millionen Männer gegenüber.

1947

8. Januar	Im Rahmen der Umerziehung wird erstmals der Film »Die Todesmühlen« über die NS-Konzentrationslager gezeigt.
27. Januar	Wegen der Kältewelle stellen in der US-Besatzungszone drei Viertel der Industriebetriebe den Betrieb ein. Berliner Krankenhäuser behandeln bis zu tausend Menschen täglich mit Erfrierungen.
13. Februar	Das Heimkehrerdrama »Draußen vor der Tür« von Wolfgang Borchert wird im Nordwestdeutschen Rundfunk ausgestrahlt.
5. Juni	US-Außenminister Marshall präsentiert sein Aufbauprogramm für Europa. Im Rahmen des Marshallplans schicken die USA bis 1952 umfangreiche Hilfslieferungen nach Westdeutschland.
18. Juli	Sieben verurteilte Kriegsverbrecher werden in das alliierte Gefängnis Spandau verlegt, darunter der ehemalige Reichsjugendführer und Gauleiter von Wien Baldur von Schirach.
9. Dezember	Der frühere Gesandte des Deutschen Reiches in der Slowakei Hanns Ludin wird in Bratislava als Kriegsverbrecher hingerichtet.
11. Dezember	Die frühere »Lebensborn«-Mitarbeiterin Emilie Edelmann kehrt aus dem Nürnberger Justizgefängnis heim zu Mutter und Tochter.

1948

21. Juni	Die Währungsreform macht in den westlichen Besatzungszonen die D-Mark zum Zahlungsmittel. In der sowjetischen Zone löst kurz darauf die Ostmark die bisherigen Zahlungsmittel ab.
23. Juni	Nach drei Jahren Gefangenschaft in Ägypten wird der ehemalige Marinesoldat Wolfram Matschoss in Norddeich-Mole von seiner Frau Hanny empfangen.

24. Juni	Die Sowjetunion blockiert die Zufahrtswege nach West-Berlin. Anschließend versorgt die englisch-amerikanische Luftbrücke fast ein Jahr lang die West-Berliner Bevölkerung. Die Anzahl der Ehescheidungen erreicht im Jahr 1948 in den vier Besatzungszonen die Rekordmarke von 125 000.

1949

23. Mai	Der Parlamentarische Rat in Bonn verkündet das Grundgesetz für die Bundesrepublik Deutschland. Darin ist u.a. die Gleichberechtigung von Mann und Frau festgeschrieben.
30. Mai	Der Deutsche Volkskongress in Berlin bestätigt die Verfassung der DDR, die im Oktober in Kraft tritt.
Juli	In Lippoldsberg an der Weser lässt der völkische Dichter Hans Grimm seine alljährlichen Dichtertreffen wieder aufleben.
14. August	Die Bürger West-Deutschlands wählen den ersten Deutschen Bundestag, der wenig später Konrad Adenauer als Bundeskanzler bestimmt.
7. Oktober	Mit Gründung der DDR wird Otto Grotewohl als Ministerpräsident mit der Bildung einer Regierung beauftragt.
9. Oktober	Auf dem Frauenkongress in Bad Pyrmont bildet sich der Deutsche Frauenring, der die Interessen von Frauen vertreten will.
13. Dezember	Der Spätheimkehrer Hermann Boller wird im Aufnahmelager Bad Hersfeld von seiner Familie in Empfang genommen.
21. Dezember	Der Deutsche Frauenring protestiert gegen die »Zölibatsklausel« im Beamtengesetz. Demnach müssen verheiratete weibliche Beamte entlassen werden, wenn das Einkommen des Mannes für die Versorgung ausreicht.
31. Dezember	In seiner Silvesteransprache konstatiert Bundespräsident Theodor Heuss mit Blick auf das kommende Jahrzehnt eine »seltsame Mengung der Gefühle«.

1950

1. März	Zum letzten Mal werden in der Bundesrepublik Lebensmittelkarten ausgegeben.
24. April	Das Erste Wohnungsbaugesetz fördert den sozialen Wohnungsbau zur Beseitigung der Wohnungsnot.

1. Mai	In der DDR tritt das »Gesetz der Arbeit« in Kraft, das Frauen von der Hausarbeit entlasten und im Arbeitsprozess Männern gleichstellen soll.
19. Juni	Gemäß dem Heimkehrergesetz erhalten frühere Kriegsgefangene besondere Rechte und Vergünstigungen.
8. Juli	Mit seiner Ernennung zum Ministerialdirektor startet der Mitverfasser der Nürnberger Rassengesetze Hans Globke seine Karriere im Bundeskanzleramt.
5. August	Vertriebenenverbände unterzeichnen die »Charta der deutschen Heimatvertriebenen«, die neben dem Verzicht auf Vergeltung das »Recht auf Heimat« postuliert.
7. September	Der erste deutsche Nachkriegsfarbfilm »Schwarzwaldmädel« läuft in den bundesdeutschen Kinos an.
9. Oktober	Bundesinnenminister Gustav Heinemann tritt aus Protest gegen Adenauers Pläne zur Wiederbewaffnung zurück.
20. Dezember	Das Bundesversorgungsgesetz BVG regelt die Renten für Kriegsopfer, Beschädigte und Hinterbliebene, Witwen und Waisen.

1951

18. Januar	Im Frankfurter Turmpalast-Kino hat der Film »Die Sünderin«, aus dem wegen einer angedeuteten Nacktszene ein Skandal gemacht wird, Premiere.
6. Mai	Bei den Landtagswahlen in Niedersachsen gewinnt die neonazistische Sozialistische Reichspartei SRP um Otto Ernst Remer elf Prozent der Stimmen.
11. Mai	Ein Ergänzungsgesetz zum Artikel 131 des Grundgesetzes ermöglicht es »Minderbelasteten«, wieder Beamte zu werden.
11. Juni	Josef Neckermann eröffnet am Frankfurter Ostbahnhof die neue Firmenzentrale seiner Neckermann Versand KG.
21. Juni	Die UNESCO in Paris beschließt, die Bundesrepublik Deutschland als Mitglied aufzunehmen.
5. August	Zu den »III. Weltfestspielen der Jugend« in Ost-Berlin reisen zwei Millionen Jugendliche aus beiden Teilen Deutschlands an.
19. Oktober	US-Präsident Harry Truman erklärt den Kriegszustand mit Deutschland für beendet.

1952

3. Januar	Das Gesetz zum Schutz der Jugend tritt in Kraft. Es verbietet u. a. Jugendlichen unter 18 Jahren Alkoholgenuss und unter 16 das Rauchen.
20. Februar	Der unter dem Pseudonym Dr. Franz Richter untergetauchte NS-Parteifunktionär Fritz Rößler wird im Deutschen Bundestag enttarnt.
17. März	Das Wohnungsbauprämiengesetz begründet die Bausparförderung in der Bundesrepublik.
6. April	In Bonn und anderen Städten protestieren Studenten gegen die Aufführung des Veit-Harlan-Films »Verwehte Spuren«.
1. September	Das Lastenausgleichsgesetz reguliert die Verluste, die durch Zerstörungen und Vertreibungen in Kriegs- und Nachkriegszeit entstanden sind.
10. September	Im Luxemburger Abkommen sichert die Bundesrepublik Israel 3 Milliarden D-Mark Entschädigung für die jüdischen NS-Opfer zu.
23. Oktober	Das Bundesverfassungsgericht verbietet die Sozialistische Reichspartei SRP.

1953

1. April	In der Bundesrepublik verlieren sämtliche Gesetze ihre Gültigkeit, die mit der Gleichberechtigung von Mann und Frau unvereinbar sind. Da das Familienrecht noch nicht dem Grundgesetz angepasst ist, müssen in Streitfällen die Gerichte entscheiden.
19. Mai	Ein Bundesvertriebenengesetz regelt die Rechtslage und Eingliederungsfragen von Flüchtlingen und Vertriebenen.
17. Juni	Streiks in Ost-Berlin weiten sich aus zum Arbeiteraufstand gegen das Regime, der von sowjetischen Soldaten und Volkspolizisten niedergeschlagen wird.
6. September	Bei der zweiten Wahl zum Bundestag gewinnen die Unionsparteien deutlich. Adenauer bleibt Bundeskanzler.
20. Oktober	Franz-Josef Würmeling tritt sein Amt als erster Bundesminister für Familienfragen an. Der ehemalige NS-»Ostforscher« Theodor Oberländer wird Bundesvertriebenenminister.

1954

1. Januar	In seinem Buch *Haus ohne Hüter* veröffentlicht Heinrich Böll die Geschichte zweier vaterlos aufwachsender Schulfreunde.
23. März	Bayern beschließt als letztes Bundesland das Ende der Entnazifizierung.
4. Juli	Mit einem 3:2-Sieg über Ungarn wird die Bundesrepublik im »Wunder von Bern« Fußballweltmeister.
13. November	Das Kindergeldgesetz gewährt für jedes dritte und weitere Kind den Anspruch auf Kindergeld in Höhe von 25 Mark.
	Der Zentralausschuss für Jugendweihe appelliert an Eltern und Erzieher zur Einführung der Jugendweihe in der DDR.
	Der Rechtsausschuss des Bundestags lehnt es ab, unverheirateten Frauen die offizielle Anrede »Frau« zuzugestehen. Die Bezeichnung »Fräulein« bleibt im behördlichen Sprachgebrauch gültig.

1955

25. Januar	Die UdSSR erklärt den Kriegszustand mit Deutschland für beendet.
29. Januar	Auf einer Kundgebung in der Frankfurter Paulskirche verabschieden die Teilnehmer das »Deutsche Manifest« gegen die Wiederbewaffnung.
9. Februar	Ein Erlass des Bundesinnenministeriums stellt es jeder unverheirateten Frau frei, sich »Frau« oder »Fräulein« zu nennen.
5. Mai	Mit den »Pariser Verträgen« erlischt das Besatzungsstatut, die Bundesrepublik wird bedingt souverän.
9. Mai	Die Bundesrepublik tritt der NATO bei.
14. Mai	Die Vertreter der Sowjetunion, der DDR und anderer Staaten unterzeichnen den Warschauer Pakt.
5. August	In Wolfsburg rollt der millionste VW Käfer vom Band.
12. September	In Moskau verhandelt Kanzler Adenauer die Rückführung der letzten deutschen Kriegsgefangenen, die »Heimkehr der Zehntausend«.
12. November	Mit der Ernennung der ersten 101 Freiwilligen ist die Gründung der Bundeswehr vollzogen.

1956

14. Januar	In Hessen treffen die letzten Spätheimkehrer aus sowjetischer Gefangenschaft ein.
18. Januar	Die DDR-Volkskammer beschließt die Schaffung der Nationalen Volksarmee.
17. August	Das Bundesverfassungsgericht erklärt die Kommunistische Partei Deutschlands für verfassungsfeindlich und verfügt ihre Auflösung.
27. September	Im Essener Ufa-Palast feiert der Film »Die Halbstarken« Premiere.
2. Oktober	Bei den Berliner Festwochen kommt es zur deutschen Erstaufführung des Theaterstückes »Das Tagebuch der Anne Frank«.
9. November	Auf dem Höhepunkt der Halbstarkenkrawalle liefern sich in Gelsenkirchen an sechs aufeinanderfolgenden Abenden Hunderte Jugendliche Straßenschlachten mit der Polizei.
	Die Anzahl der Ehescheidungen fällt im Jahr 1956 erstmals seit Kriegsende unter 70 000.

1957

Februar	Mit seinem Buch *Wohlstand für Alle* formuliert Bundeswirtschaftsminister Ludwig Erhard das Programm für das deutsche Wirtschaftswunder.
6. Februar	Die Nachfolgefirmen der IG Farben verpflichten sich zu Entschädigungszahlungen an frühere KZ-Zwangsarbeiter.
10. Mai	Das Bundesarbeitsgericht erklärt die »Zölibatsklausel« in Arbeitsverträgen für grundgesetzwidrig.
15. September	Bei der Bundestagswahl erreichen die Unionsparteien mit dem Slogan »Keine Experimente« die absolute Mehrheit. Zum dritten Mal wird Adenauer Bundeskanzler.
23. Oktober	Der Bundesgerichtshof erkennt die Züchtigungsbefugnis der Lehrer gegenüber Schülern an.
1. November	In Frankfurt wird die Prostituierte Rosemarie Nitribitt erwürgt in ihrer Wohnung gefunden. Der nie aufgeklärte Mord entwickelt sich zur meistdiskutierten Affäre der Nachkriegszeit.

1958

2. Januar — Das Kulturministerium der DDR ruft auf zum Kampf gegen die »westliche Dekadenz« in der Unterhaltungs- und Tanzmusik der DDR.

19. April — Menschenmassen strömen zu den Kundgebungen der Aktion »Kampf dem Atomtod« gegen die atomare Aufrüstung der Bundeswehr.

23. April — Im Ulmer Einsatzgruppenprozess steht zum ersten Mal die Vernichtung der Juden im Mittelpunkt eines großen Verfahrens.

30. Mai — Richard von Schirach besucht im Kriegsverbrechergefängnis Spandau zum ersten Mal allein seinen Vater Baldur.

Mai — Die 17-jährige Monika Jetter verlässt ihr Berliner Elternhaus, um in Malmö eine Ausbildung als Tänzerin zu absolvieren.

1. Juli — Das Gleichberechtigungsgesetz, mit dem das Ehe- und Familienrecht im Sinne des Grundgesetzes von 1949 angepasst wird, tritt in Kraft. Die Ehefrau erhält mehr Befugnisse, ihr Recht auf Erwerbstätigkeit bleibt eingeschränkt.

1. Oktober — Elvis Presley trifft in Bremerhaven als US-Wehrpflichtiger zu seinem Dienst in der Bundesrepublik ein.

26. Oktober — Das Konzert des Rock 'n' Rollers Bill Haley im Berliner Sportpalast endet in blutigen Krawallen.

1. Dezember — Die Ludwigsburger Zentralstelle zur Verfolgung nationalsozialistischer Verbrechen nimmt ihre Arbeit auf.

1959

29. Juli — Das Bundesverfassungsgericht korrigiert das Gleichberechtigungsgesetz, indem es die Vorrechte des Vaters bei der Kindererziehung aufhebt.

24. September — Premiere des Films »Rosen für den Staatsanwalt«, der die schlechte Aufarbeitung des Nationalsozialismus im Nachkriegsdeutschland anprangert.

22. Oktober — Premiere des Antikriegsfilms »Die Brücke«, der den sinnlosen Einsatz von Kindersoldaten im Endkampf zeigt.

24. Dezember — Nachdem in Köln die Synagoge mit Nazi-Parolen verschandelt wird, kommt es zu einer Welle antisemitischer Schmierereien im ganzen Land.

1960

12. Februar	Die Kultusminister der Bundesländer beschließen eine stärkere Berücksichtigung des Nationalsozialismus im Schulunterricht.
9. August	Nach dem Jugendarbeitsschutzgesetz ist Kinderarbeit verboten. Jugendliche ab 14 dürfen beschränkt beschäftigt werden.
1. Oktober	Das aus Flüchtlingssiedlungen und alten Munitionsanlagen hervorgegangene Stadtallendorf erhält die Stadtrechte.

1961

30. März	Atomwaffengegner nehmen in zahlreichen Städten der Bundesrepublik an Ostermärschen gegen die Aufrüstung teil.
11. April	In Jerusalem beginnt der Prozess gegen den ehemaligen SS-Obersturmbannführer Adolf Eichmann wegen millionenfachen Mordes.
3. Mai	Der frühere deutsche Besatzungssoldat in Belgien Karl Brenner kehrt nach Brüssel zurück, um seine erste Familie zu besuchen.
13. August	Bewaffnete Volkspolizisten der DDR riegeln Ost-Berlin gegen West-Berlin ab und beginnen mit dem Bau der Berliner Mauer.
17. September	Mit dem Ergebnis der Bundestagswahl wird Konrad Adenauer zum vierten Mal Bundeskanzler.

1962

November	Am Frankfurter Bahnhof begegnet Gisela Edelmann ihrem bis dahin vermisst geglaubten Vater Ernst Kemper.

1963

15. Oktober	Konrad Adenauer tritt mit 87 Jahren als Bundeskanzler zurück.

1965

25. September	Nach ihrem Fernsehauftritt im »Beat Club« wird der Song »Halbstark« der »Yankees« um Frank Arkady Bartelt zum Hit. Er wird später immer wieder gecovert, u. a. von den »Toten Hosen«.

1966

30. September — In Berlin-Spandau holen Richard und seine Brüder ihren Vater Baldur von Schirach nach 20 Jahren Haft mit einer Mercedes-Limousine ab.

1969

19. Juli — Auf dem Evangelischen Kirchentag in Stuttgart nimmt sich der ehemalige SS-Mann »Manfred Augst« das Leben. Der ehemalige SS-Mann Günter Grass macht ihn später zu einer literarischen Figur.